JN303283

国際商取引における契約不履行

英米物品売買契約をめぐる商学的考察

中村嘉孝

同文舘出版

はじめに

　近年の経済発展には目覚しいものがあり，それに伴う国際商取引の量的拡大が顕著である。筆者が専攻する「貿易契約論」の従来の研究は，貿易取引における契約的側面について法学的および商学的観点から複眼的に考察するものであったが，近年の経済発展に付随する国際商取引の拡大によりその対象範囲は膨大になり，かつ質的高度化が顕著である。例えば我国では従来，貿易取引の大半を占めていた物品売買の相対的割合が縮小し，反比例的に技術提携契約，特許等知的財産権に関する契約，モノとサービスを複合的に組み合わせたプラント輸出等，サービス取引が関与する割合が急拡大している。また並行してコンピュータおよびそのネットワークの構築が高度に洗練され，結果として商取引効率の飛躍的向上がもたらされている。こうした商取引の質的高度化の傾向は今後より一層加速していくであろう。

　企業間の国際商取引では，そうした活動の主体となる当事者の国籍，言語，文化，宗教，価値観等は多岐にわたっており，逆説的に各当事者がこうした広範囲に多種多様な状況にあるからこそ，差異を源泉とする価値が発生する。本質的に同一の資源・商品が時と場所を適切に移動することにより価値が増大する，という性質を円滑かつ効率的に実現するために，金銭を媒介とする商取引がある。その結果，経済的豊かさが実現され，自由市場における任意の各当事者はともに長期的観点から経済的利益を享受し，それゆえ国際商取引が成立している。商取引の根本は，本質的に両者が長期的観点から利益を享受する，というプラスサムの原理，つまり Win-Win 関係が成立する点にある。

　またその反面，利益の源泉がリスクの源泉にもなっており，広範囲な多種多様な相違による問題も必然的に発生する。一般に国際商取引ではその契約において，売主および買主がそれぞれ契約上の義務を完全に履行することにより終結する。しかし往々にして，一方または双方の当事者が契約上の義務を履行し

ない，または不完全な履行となる場合がある。それらを迅速かつ合理的に解決できれば良いが，言語，文化，慣習，法制度，社会制度，商取引慣習，経済水準等において異なる当事者間で行われる国際商取引では容易でない場合が多々見られる。

　本論は，国際商取引，特に物品売買取引における契約不履行に関して，その主流である英米の法理論を商学的見地から複眼的に考察を試みたものである。貿易契約論の研究は，貿易慣習，定型取引条件，運送，保険，国際金融，国際民事訴訟等，貿易取引における個々の契約的側面を対象とする。筆者は商取引における契約不履行に一貫して興味を抱いてきた。その理由は二つある。一つは，契約不履行に関する商学的見地からの研究が極めて乏しいことがある。例えば紛争解決というプロセスにおける法的制度の研究，つまり訴訟や仲裁の法理論的研究は商取引法や国際民事訴訟法の分野において法学者の研究が見られ，社会的制度として十分に機能する段階とは言い難いが，法理論的にはほぼ固まりつつあると言えるだろう。法理論の整合性が高められ法制度が整備されることは確かに重要ではあるが，契約不履行の現実に直面して最も直接の利害関係を有しているのは当該の商取引業者であり，商取引の当事者という商学的観点からの包括的な考察が必要不可欠である，との信念からである。つまり国際商取引における契約不履行の問題を当事者の権利義務，債権債務という法理論の観点だけでは必要条件となりうるが十分条件を満たすまでには至らず，さらにそうした法理論をも参考としつつ当該業界内の秩序，商取引の継続性，利益の長期的展望等を総合的に勘案して判断する，という商学的観点からの考察が不可欠であり，現実的に有益であると考えるからである。またそうした商学的な観点からの研究が，当事者の立場からの商取引における紛争の本質の把握を容易にし，指針となり，また真に意義深いものであると考えるからである。

　もう一つは，商取引が無事終結した場合には表面化しなかった潜在的な国際商取引に特有の諸問題が，契約不履行という具体的事態の発生により表面化し，それらに共通する何らかの興味深い法則を発見しうるのではないか，そしてそこから何らかの普遍的原理を導き得るのではないか，と考えたからである。筆

者は学問，学術という領域における研究とは，アリストテレス（前384-322)が仰せの通り（『ニコマコス倫理学』第10巻第9章），普遍性，抽象性の原理原則を導くことにあると考える。また英米の法理論をその対象としたのは，国際商取引における影響力が最も大きいからである。例えば英語という言語は英米諸国との取引だけでなく第三国間の取引においても商取引全般に用いられ，現に貿易慣習，インコタームズ，運送，保険，国際金融，契約書等はその多くが英語で作成され，英語でコミュニケーションがなされているのが現状である。また契約書の準拠法や裁判管轄は英米となる事例が多い。つまり国際商取引における英米の影響力が単に言語だけではなく，その背後にある英米の貿易慣習の影響力が現実的に絶大であるからである。また本論で「国際商取引」という文言は，対消費者取引をも含む広義の「国際取引」と区別し，企業間の取引という意味において用いる。

　国際商取引における契約の締結，契約違反，救済方法，損害賠償の算定，紛争処理等の具体的内容は，契約内容，商慣習，各国の法により判断される。そのため関連する法学的知識，それら制度の検討・整備は重要であるが，現実の国際商取引紛争は，法学的制度・理論を参考にしつつ訴訟ではなく，商学的な観点からの迅速かつ効率的な和解による解決が大半である。そうした法と商の性質の相違・乖離に何らかの原理原則が確立しうるのではないか，との問題意識を常に念頭におきながら，実証的調査研究を中心に商学的見地からの普遍性を発見しようと試みた。

　本論の構成は次の通りである。
　第1章では，英米における契約違反の救済制度として，一方または双方の当事者が故意に履行しなかった場合，被害当事者に対する救済方法の法理論について考察する。具体的には損害賠償と特定履行の二種類あるが，英米においてはあくまでコモン・ロー上の損害賠償による救済が原則であり，エクイティ上の特定履行（強制履行）や差止命令は例外的である。そうした救済制度に関して歴史的な沿革やそれぞれの救済制度を比較検討する。

第2章では，英米における損害賠償の一般原則として，損害賠償理論に関する法理論を考察する。損害賠償額の算定基準として，1854年イギリスでのHadley v. Baxendale事件判決で確立された予見可能性の原則が現在でも基本とされている。現にイギリス1979年物品売買法第50条から第54条，また日本民法においても第416条に規定され現在に至っている。ここでは通常損害，特別損害という分類であったが，その後アメリカに導入され発展し，履行利益，信頼利益，原状回復利益の三種類に分類され，理論的により緻密に発展している過程を考察する。

　第3章では，予見可能性と契約を破る自由として，長期間にわたり損害賠償額の算定基準として君臨していた「予見可能性」の基準の有効性について筆者は疑義を抱き，その影響力が徐々に低下し，代わって近年アメリカで発展してきている経済的均衡という原則がより一層重要になってくるのではないか，という主張を展開する。ここでは予見可能性を唯一の絶対的基準とするべきではなく，経済的均衡といった観点からの基準をも合わせて，かつ長期的な業界内の一企業という商学的見地からの要因を複合的に採用すべきことを提言した。また「法と経済学」を契約法に適用した「契約を破る自由」について商学的見地からの反論を紹介し，商学的観点による分析の重要性について指摘した。

　第4章では，イギリスのフラストレーション(Frustration)理論について考察する。これはイギリス契約法において当事者の故意ではなく，ある種の不可抗力的要因の発生により契約上の履行が挫折する(frustrate)状況が生じた場合，履行当事者を免責する法理論である。この理論は元来リスクが高い貿易取引の事例から発展したものであるが，実際に後発的な事態がフラストレーションに該当するとして免責が認められた例は，今までにごくわずかしかない。例えば政治的要因からスエズ運河が閉鎖され海上輸送の時間・コストがともに当初の予定より数倍になったという場合であっても，フラストレーションは認められていない。それゆえ商取引の当事者はこの法理論は現実的でないと批判するが，筆者は法理論であるフラストレーション理論の厳格性を基本的に支持する。なぜならば契約を締結することの意義は，両当事者が将来的な不確実リスクを固

定するためにあるという根本を法は堅持すべきであると考えるからである。後発的事態の発生により履行状況が多少変動しても，経済的レベルでの範囲内において解決可能であれば，安易に契約上の履行責任を免除すべきではない。法理論はその安定性・厳格性，整合性の点にこそ，その存在意義があるからである。一方で実際の商取引では，法理論を参考にしつつ長期的な安定的取引という商学的観点からの運用・主張がより重要であり，個別的結果の妥当性いわゆる柔軟な状況判断が重視される。原理原則としての法理論は骨格として重要であり，当事者はそれらを十分踏まえたうえで，法理論的根拠に基づく主張を，いつ，どういった状況においてどの程度強硬に主張するべきか，撤回すべきか，といった経営戦略上の具体的な運用面については，長期的な取引の継続性・安定性等を総合的に勘案した商学的観点から判断する。

　第5章では，アメリカにおけるImpracticability理論を考察する。これは前章のフラストレーション理論がアメリカに導入され，frustration（挫折）より幅広くかつ一層現実的な概念としてImpracticability（実行困難性）理論が確立する過程を見ていきたい。現実にアメリカ統一商法典（UCC）第2編第615条や，第二次契約法リステイトメント第261条において"impracticable"という文言が使用されている。ただし英米法においては契約上の義務は絶対責任を原則とする伝統が継受されており，現実にはイギリスと同様，アメリカにおいても契約不履行に関する免責はほとんど認められていない。筆者も基本的には，この理論の厳格な解釈を支持する。その根拠は，法理論は厳格性それ自体にその存在価値があると考えるからである。ただし現実の商取引紛争を解決するにあたり，従来のフラストレーション理論やImpracticability理論による厳格な法理論による判断は現状にそぐわない場合があり，経済学的観点からの「法と経済学」における上位リスク負担者（superior risk bearer）原則からの判断の方が現実的合理性を有しており重要である。この原則はその後発的事態の発生をより安価に防止・回避できる立場にある当事者がその発生リスクを負担する，というものである。また日米におけるビジネスパーソンの契約意識に関する実証調査では，実際の商取引は長期的な展望から行われており，契約の変更や不履

行を法理論としてではなく,業界の評判や関連取引先との関係等長期的な展望から判断していることが導かれている。これは日米同様であり,商取引の普遍性がみられる。これらから英米の免責理論に関して,商学的見地からの検討の重要性を強調する。

　第6章では,国際商取引における契約書の裏面に印刷条項として記載されている不可抗力条項の現実的な効力について検討する。結論として,この条項は予想外の後発的事態の発生について万能なものではなく,それぞれの取引の実情に合致するよう個別に検討・修正し作成すべきであると考える。また不可抗力条項はその本質において,一定の不可抗力に該当する事態により契約を終了させる効力を生じさせるため,長期的な取引関係の継続という商学的観点からすると,本来の目的と離齬をきたす恐れがある。そのため筆者の提言として,当事者が再協議する義務を主たる目的とするHardship条項,禁止的事項を具体的に列挙するProhibition条項,取引価格を物価や一定の指数に連動するよう取り決めるEscalation条項等,状況の変化に柔軟に対応することが可能な,当該商取引を終了させるのではなく継続させる複数の条項を個々の取引状況に応じて起草・検討し,適切に組み合わせて利用することが望ましい。

　第7章では,アメリカにおける代替的紛争処理制度として,当事者の故意・不可抗力によるものを問わず,契約不履行または不完全履行による問題の解決において第三者の介入を必要とする紛争へと発展した場合のアメリカの制度について紹介する。現実の国際商取引における紛争の大半は法的手段である訴訟の判決ではなく,商学的見地から合理的とされる仲裁や調停,和解等の訴訟外の紛争処理制度によって解決されており,アメリカでは特に訴訟に代替する(alternative)という意味での代替的紛争処理制度(Alternative Dispute Resolution; ADR)の台頭が顕著である。このADR制度自体が商学的発想であり,当事者にとっては紛争の100%近い理論的「解決」を求めているのではなく,個々の紛争の80%程度の迅速な「処理」を求めていることに根本があるように思われる。そうした観点から利用が急増している根拠について商学的観点から考察する。

第8章では，契約不履行という概念について，今後国際商取引の指針となるリステイトメントである UNIDROIT 国際商事契約原則の Hardship および Force Majeure の規定を検討することにより，将来的な方向性を展望しつつ考察を深めていく。

本論の結論は簡潔には次の通りである。
　国際商取引における契約不履行の問題は，法理論の厳格性・整合性と商学的観点からの柔軟性・長期的合理性の二元論により規律することが最も効率的であり現実的に有益である。法理論は現実の商取引に合理的根拠を提供できるよう微調整する必要はあるが，根本原理は堅持すべきである。しかし現実の国際商取引における契約不履行においては，紛争の深刻度合いについて個々の事例や当事者によりかなり幅がある。また契約上の債務（義務）について，いわゆる白（免責）または黒（有責）と明確に判断しがたいグレイゾーン（曖昧な領域）が現実には圧倒的に多く存在する。白黒が明確であれば法的制度による解決は法理論的には容易で確実であるが，商学的観点からすると，法的サービスを利用するには，付随する時間を含めた手続面でのコストがかかり，現実的に有益でない場合も多々ある。現実には大半が程度問題のグレイゾーンにあり，明確な場合を含めグレイゾーンに属する問題を現実的に有利な条件内容で解決するためには，法理論を基本としつつ，商学的観点からの総合的勘案がより重要である。アメリカの ADR が近年急速に拡大しているように，筆者は商学的原理による紛争「処理」制度の整備が重要であると考える。商学的観点からすると，最終的強制力を持つ法制度・法理論は厳格に堅持され安易に崩されるべきではない。法学的理論は商学的観点からの交渉における基本的前提条件・基準となるべきものであるからである。商学的観点から現実的に有利な交渉結果を得るための方法は複数あり，法理論をいつどのような状況においてどの程度主張すべきかについて，総合的に勘案し判断することとなる。極論すれば，たとえ自社の主張が膨大なコストをかけて法廷論争により認められ勝訴し法理論・制度的に勝利しても，その後業界内において相手にされず，当該取引市場に参入できない

事態に陥り実質上干上がってしまう，という商学的敗北では意味がない。そもそも費用を上回る利益を得ることができなければ商学的に無意味である。自然人と同様，企業にとって going concern という点からも深刻であり，国際商取引における契約不履行を骨格としての法理論の厳格性を基礎とし，ある程度の柔軟性を持った商学的観点からの制度構築が重要である。「法は厳格に，商は柔軟に」である。商学的観点からすると，曖昧な領域の存在が商取引の継続的安定性をもたらし，また当該領域における紛争の法理論的「解決」よりも，効率的「処理」という観点からの制度構築が重要である。

本論において「商学的見地」という文言が多用されているが，客観的な定義はない。そのため筆者の私見として，「商取引当事者」という観点から数十年・数百年にわたって当該当事者が所属する業界内において，安定的な商取引を継続するための観点という意味で使用する。具体的には反復的取引による長期的な観点，取引の安定性，取引関係の継続，当事者間の関係重視，信頼性や評判といった要因を核として，市場での信頼性を長期的に向上させていくために総合的に勘案した価値判断，という意味で用いる。

以上各章において，法的安定性という法学的理論を，長期的な観点からの個別的結果の妥当性をいう商学的観点から考察することにより，国際商取引における契約不履行の研究において，商学的観点の重要性を論理的に展開していきたい。

本書の多くの部分は，これまで発表してきた論文を基礎として，その内容に修正を施し，原典・資料を Up-to-date して構成したものである。初出一覧は次の通り。

　第1章・第2章　「契約違反の救済について—英米物品売買を中心として—」修士論文（同志社大学大学院商学研究科，1995年3月）

　第3章　「予見可能性の有効性と契約を破る自由について（上）（下）」JCAジャーナル第42巻第7号・第42巻第8号（社団法人国際商事仲裁協会（現・日本商事仲裁協会）1995年6・7月）

　第4章　「イギリスのフラストレーション理論と不可抗力条項について」商

学論集第 31 巻第 1 号(同志社大学大学院, 1996 年 8 月)

　第 5 章 「アメリカにおける Impracticability に関する商学的見地からの一考察」商学論集第 31 巻第 2 号(同志社大学大学院, 1997 年 3 月)

　第 6 章 「国際取引における不可抗力条項」商学論集第 31 巻第 1 号(同志社大学大学院, 1997 年 8 月);「英米における貿易契約条項の有効性」商学論集第 33 巻第 2 号(同志社大学大学院, 1999 年 3 月)

　第 7 章「国際商取引における代替的紛争処理制度」商学論集第 32 巻第 2 号(同志社大学大学院, 1998 年 3 月);「国際取引における ADR」日本商業英語学会研究年報第 57 号(1998 年 9 月);「国際取引における代替的紛争処理制度の実証的調査に関する一考察―アメリカを中心として―」日本貿易学会研究年報(JAFT)第 36 号(1999 年 3 月)

　第 8 章「UNIDROIT 原則における不履行の概念」神戸外大論叢第 54 巻第 5 号(神戸市外国語大学, 2003 年 10 月)

　またこれらの論文を「国際商取引における契約不履行に関する研究―英米物品売買契約をめぐる商学的考察―」(神戸市外国語大学研究叢書第 39 冊, 神戸市外国語大学外国学研究所, 2006 年 3 月)としてまとめたものを, 若干加筆修正して出版したものが本書である。本書の出版を快諾していただいた神戸市外国語大学外国学研究所に感謝申し上げたい。

　本書の完成は, 多数の方々のご指導のお陰である。ここに記して謝意を表したい。まずは大学院の指導教授である同志社大学名誉教授の中村弘先生。「およそ小技曲芸を執りても, また必ず師あり学ありて, 後にその事成る。大小の大事, あに師なく学なくして, 事を成すべきの理あらんや」という(貝原益軒『慎思録』巻第二, 十八)。私は実に優れた師の下で学ぶことができ, たいへん幸運であった。論文作成上の技術面だけでなく, それ以上に学問に対する謙虚さ, 真摯さという最も大切な「学問に取組む姿勢」を直接学ぶ機会が与えられたことは, 私にとって一生の宝である。また学部ゼミナール時代より懇切丁寧にご指導いただいている関西学院大学商学部教授の則定隆男先生, 大学院時代より

ご指導いただいている同志社大学商学部教授の亀田尚己先生に感謝申し上げたい。また本学教授の植田淳先生には公私にわたり並々ならぬご指導をいただいており，感謝申し上げたい。また近年の大学を取り巻く状況がより厳しくなる中においても，研究活動が可能な環境を与えて下さっている勤務校である神戸市外国語大学，およびその設置者である神戸市に感謝申し上げたい。

また研究学術書の厳しい出版事情にもかかわらず出版をお引き受け下さった同文舘出版株式会社，筆者にとっては初めての出版作業についても，懇切丁寧にご教示いただいた市川良之取締役・出版部長に感謝申し上げたい。

最後に私事で恐縮であるが，私を育ててくれた父母，中村英之・まき，院生時代より支えてくれている妻，郁子に感謝したい。

2006年9月

中村　嘉孝

CONTENTS

第1章 英米における契約違反の救済制度 3

1 契約の意義 —— 3
2 英米における救済制度の経緯 —— 8
3 エクイティ上の救済方法 —— 12
4 損害賠償と他の救済方法との比較 —— 18

第2章 英米における損害賠償の一般原則 23

1 損害賠償制度の経緯 —— 23
2 Hadley v. Baxendale 事件判決 —— 25
3 アメリカにおける損害賠償理論とその発展 —— 33
4 通常損害と特別損害 —— 41

第3章 予見可能性と「契約を破る自由」 53

1 予見可能性の限界 —— 53
2 経済的見地からの「契約を破る自由」 —— 59
3 「契約を破る自由」に対する商学的見地からの考察 —— 63
4 商学的見地からの複眼的考察 —— 69

第4章 イギリスのフラストレーション理論 73

1 共通の錯誤および危険負担との区別 —— 74
2 フラストレーション理論とその発展 —— 75
3 貿易取引におけるフラストレーション理論 —— 79

4　フラストレーション理論の制限 —— 82
　5　フラストレーション理論と不可抗力条項 —— 88
　6　損害賠償額の予定 —— 91
　7　商学的見地からのフラストレーション理論の限界 —— 93

第5章　アメリカにおける Impracticability 理論 ・・・・・・・・・・・・・・・・・ 97

　1　歴史的経緯 —— 98
　2　法の経済分析 —— 100
　3　UCC および第二次契約法リステイトメント —— 103
　4　実証的研究にみる商学的考察 —— 110
　5　法理論の商学的見地からの考察 —— 115

第6章　国際商取引における不可抗力条項 ・・・・・・・・・・・・・・・・・・ 123

　1　不可抗力の意味と歴史的経緯 —— 124
　2　契約における不可抗力条項の位置づけ —— 128
　3　不可抗力条項の構成 —— 130
　4　UCC および CISG における規定 —— 133
　5　ICC のモデル不可抗力条項 —— 137
　6　契約条項の組み入れ —— 142
　7　不可抗力条項の起草 —— 145
　8　商学的見地からの免責約款の意義 —— 148

第7章　アメリカにおける代替的紛争処理制度 ・・・・・・・・・・・・・・・ 153

　1　代替的紛争処理制度の内容 —— 153
　2　国際民事訴訟の問題点 —— 158
　3　代替的紛争処理の利点と問題点 —— 161
　4　代替的紛争処理制度に関する実証的調査 —— 176
　5　商学的観点からの代替的紛争処理制度 —— 182

第8章　UNIDROIT原則における不履行の概念 ……………… 187

1　国際商取引における UNIDROIT 原則の意義 —— 187
2　Hardship に関する規定 —— 191
3　Hardship の効果 —— 197
4　不可抗力に関する規定 —— 201
5　商学的見地からの考察 —— 204

おわりに …………………………………………………… 209
引用文献一覧 ……………………………………………… 213
和文索引 …………………………………………………… 225
欧文索引 …………………………………………………… 229
判例索引 …………………………………………………… 233

国際商取引における契約不履行
―英米物品売買契約をめぐる商学的考察―

第1章
英米における契約違反の救済制度

　本章においては，英米における物品売買取引における救済方法，特にその主たる制度である損害賠償の認められる範囲について考察する。はじめに，その前提となる「契約」について，次に英米における救済制度について歴史的経緯を振り返り，衡平法(equity)の救済制度である特定履行(specific performance)，差止命令(injunction)について説明し，最後に損害賠償とそれ以外の救済制度について概観し，次章の損害賠償が救済制度においてどのような位置にあるのかの認識を深めていきたい。

1 契約の意義

　まず根本となる「契約(contract)」の定義について見ていきたい。コモン・ローにおける契約の定義については，二つがある[1]。第一は，法が強制する約束(a contract as a promise or set of promises which the law will enforce)[2]，もう一つは，法により認められ強制されうる義務を生じさせる合意(an agreement giving rise to obligations which are enforced or recognized by law)をいう[3]。近年は後者が主流である。イギリス契約法の権威であるTreitel教授は「契約とは法により認められ，強制される義務が発生する合意をいう[4]」という後者の立場をとる。

---

[1] Hugh G. Beale, general editor, *Chitty on Contracts*, §1-001 (29th ed. 2004).
[2] *Eg.*, Pollock, *Principles of Contract* 1 (13th ed. 1950).
[3] *E.g.*, Guenter H. Treitel, *The Law of Contract* 1 (11th ed. 2003); Chitty, *A practical Treatise on the Law of Contract* 1-2 (1834). 訳文は筆者による。

またアメリカの第二次契約法リステイトメント(Restatement (Second) of Contracts)第1条の契約の定義では，「契約とは一個または一組の約束であり，その違反に対して法が救済を与え，または何らかの形でその履行を義務として認めるものをいう[5]」としている。アメリカ契約法の権威である Farnsworth 教授は，「法律家が契約という文言を専門的に使う場合には，法的な強制力をもつ(enforceable)，または少なくとも何らかの方法で法的拘束力を持つ約束，という意味で利用している[6]」と述べている。アメリカ契約法の権威 Corbin 教授は「契約とは法的に直接または間接に強制される約束をいう[7]」と述べている。またアメリカ統一商法典(Uniform Commercial Code; UCC)第1編第201条第12

---

[4] Treitel, *supra* note 3, at 1. 原文は次の通り "A contract is an agreement giving rise to obligations which are enforced or recognized by law."。

[5] Restatement (Second) of Contracts §1 (1979). 訳文は樋口範雄『アメリカ契約法』16頁(弘文堂，1994年)による。また Restatement とは，アメリカ法律協会(American Law Institute)がアメリカ法の主要分野のうち判例を中心に発達した諸領域を取り上げ，法域によって立場が異なる点についてはその内容を検討し，当該準則の合理性を重視しつつ取捨選択し，これを条文の形にまとめ，かつ説明(comments)と例示(illustrations)を付したもの。契約法のほか不法行為法，信託法，不動産法，代理法等がある。これは制定法(statute)でないため厳密には法源としての効力はないが，当事者や判決中にもよく引用され，事実上の権威はかなり高い。契約法については，1932年に主たる起草者 Samuel W. Williston，特別助言者 Arthur L. Corbin による(第一次)契約法リステイトメント(Restatement of Contracts)が採択され，次いで Robert Braucher と E. Allan Farnsworth を起草者とした第二次契約法リステイトメントが1979年に承認，1981年に公表された。現在契約法の分野ではこの第二次が最新のものである(田中英夫編集代表『英米法辞典』727-728頁(東京大学出版会，1991年))。

[6] E. Allan Farnsworth, *Contracts* 3 (4th ed. 2003). 契約(contract)の定義について次の2つが詳しい。Richard A. Lord, *A Treatise on the Law of Contracts by Samuel Williston* (*Williston on Contracts*), §1: 1-§1: 4(vol. 1, 4th ed. 1990); Joseph M. Perillo, *Corbin on Contracts*, §1. 3(vol. 1, Revised ed. 1993).

[7] Arthur Linton Corbin, *Corbin on Contracts*, §3 at 5 (One Volume edition, 1952). 原文は "A contract is a promise enforceable at law directly or indirectly."。

[8] *Uniform Commercial Code Official Text and Comments* (2005 Edition). 訳文はアメリカ法律協会統一州法委員会全国会議編・田島裕訳『UCC2001—アメリカ統一商法典の全訳』8頁(商事法務，2002年)を参考にした。UCC は一般に「統一商法典」と訳され，これはアメリカ各州の商取引を近代化かつ統一するため，National Conference of Commissioners on Uniform State Laws(統一州法委員全国会議) と American Law Institute(アメリカ法律協会)が中心となり，American Bar Association(アメリカ法律家協会)の協力を得て作成された統一州法案のことである。アメリカでは各州に法律があり，商取引において州際(interstate)取引の際に各州の民商法が異なれば取引実務上不便であるため，商取引の初めから終わりまでの間に通常生ずる一切の局面について規定する，という趣旨でこの UCC をモデル法として提案したものである。現在コロンビア特別地区を含めたすべての州で採用されているが，フランス法の影響が強いルイジアナ州だけは第2編(Sales)，第6編，第9編は採用していない。また Restatement と異なり，これは制定法である(田中英夫編集代表，前掲注5，876頁)。

項の契約の定義では「契約(contract)は，合意(agreement)と区別され，UCCおよび他の適用される法準則によって効果が付与される当事者の合意から生じる法的債務全体を意味する[8]」と少し異なった観点から定義づけしている。その他の英米契約法の文献から最大公約数的な定義として「契約とは，法的強制力のある約束をいう」と導くことができるであろう。この「強制力ある(enforceable)」という文言は，契約の定義に関する箇所で英米の文献にはよく使用されている。[9]しかしこの「強制力ある」という語の使用に対して，イギリス契約法の権威である Atiyah 教授は次のような鋭い指摘をしている。「法が契約を強制することに強い異議はない。実際，法律家たちは契約についてそれが強制されるものである，と考えているからである。ただし厳密には正しくなく，誤解を招くものである[10]」と述べている。その根拠として「裁判所は現実には，契約自体を強制できない，そしてまた当事者に約束を履行するよう命令することさえもごく稀にしかしない。一般に法は契約の履行を実際に強制することはできず，単に契約違反に対して救済手段を与えるにすぎない[11]」と述べている。これは損害賠償を第一次的救済方法としている英米法においては的確な指摘である。その点を考慮してか，第二次契約法リステイトメントでは強制力のある(enforceable)という単語は使用されず，代わりに「法が救済を与える(The law gives a remedy)[12]」と表現している。ただし「法により強制される」義務とは，その違反に対して法が特定的救済(specific relief)つまり義務の現実的履行(actual performance)を命令すること，または損害賠償の救済を与える義務のことであり，「法により認められる」義務とは，強制されないが一定の法的効力を付与される義務をいう，と解釈できる。[13]

「完全に満足する契約という文言の定義はいまだかつてなされたことはない[14]」

---

[9] 例えば Beale, general editor, *supra* note 1, §1-001 at 3-4.
[10] Patrick S. Atiyah, *An Introduction to the Law of Contract*, §2. I at 37 (5th ed. 1995).
[11] *Ibid*. ただし第6版(Stephen A. Smith と共著，2005)では注10の文章とともに削除されている。
[12] Restatement (Second) of Contracts §1. 原文は次の通り "A contract is a promise or a set of promises for the breach of which the law gives a remedy, or the performance of which the law in some way recognizes as a duty."。

という意見はもっともであるが，完璧を目指してかなり厳密に定義できれば，その必要性は満たされると思われる。商学的な観点からすると，「強制力ある(enforceable)・拘束力ある(binding)」と抽象的にとらえるよりも，第二次契約法リステイトメントの「救済を与える」という実質的な規定の方が適切であろう。ここで重要な点は「法が救済を与える根拠は何か」である。

この点につき，第二次契約法リステイトメント第1条の条文，コメント，例示には特段規定がない。英米法において近年，大陸法的概念である「意思の合致(meeting of minds)」が導入されつつあり，意思は契約法の根本原理とされるとの説明が散見されるが[15]，原則的には英米契約法における根本的概念である「約因(consideration)」がなければ法は救済を与えない。この約因については諸説あるため以下概説するにとどめる。第二次契約法リステイトメント第71条では「約因とは約束者がその約束と引換に求め，受約者の約束と引換に与えた履行または約束である」[16]としている。またFarnsworth教授は「約束に対し何も与えられていなければ法的効力は得られない，つまり法的効力がなければ契約ではなく，契約法の核心は交換(exchange)にある」[17]と述べている。すなわち，ある約束が破棄されたとしても，その約束に対して何らかの約因が存在するような取引でない限り，当該約束を法的に保護しない，ということである[18]。

以上から，契約の定義についてまとめると，「契約とは法が救済手段を与える約束のことであり，英米法ではその根拠として当該約束に，原則として約因(consideration)の存在を必要とする」といえる。

次に契約行為，契約法の意義について考察したい。契約を行う根拠として二

---

[13] 望月礼二郎『英米法（新版）』325頁（青林書院，1997年）。強制し得ない契約(unenforceable contract)とは，契約の受約者（債権者）は裁判所に訴えて自己の債権を強行することができないけれども，その契約を自己の利益を守るための抗弁事由(defense)として援用できるというもの（同書352頁）。

[14] Joseph M. Perillo, *Calamari and Perillo on Contracts*, §1.1 (5th ed. 2003). 原文は次の通り "No entirely satisfactory definition of the term 'contract' has ever been devised."。

[15] Patrick S. Atiyah, *Essays on Contract* 12 (Revised ed. 1990).

[16] Restatement (Second) of Contracts §71. また田中英夫編集代表，前掲注5，183-184頁参照。

[17] Farnsworth, *supra* note 6, at 4.

[18] 樋口範雄，前掲注5，183頁。

つ考えられる[19]。第一に，契約する両当事者にとって何らかの利益が存在すること。自然人や企業は何らかの利益を享受するために契約を締結するのであり，自由意思に基づく判断が行われる商取引においても同様である。第二に，リスクの分散・対処のためであること。契約とは元来，将来の履行を伴う交換取引のために締結されるものであり，本質的に不確定要素が存在する[20]。そのため当事者は取引による利益追求の履行過程において，発生する可能性のリスクを回避・確定し，最小限にして利益を最大限確保しようと試みる。そのため事前にお互いのリスク負担を明確にするため契約を締結する。また「法と経済学」の観点からすると，損害発生をより安価に防止・回避できる当事者が当該リスクを負担することが経済学的にみて望ましく，そうしたリスク配分は最終的により安価に損害の発生を防止することにより，結局両当事者の利益となる[21]。また商取引は両当事者がお互いに相手方の物品・金銭の対価を評価し利益を享受することから行われる[22]。そのため原則的に物品の交換によってその価値をより高く評価する当事者へ流通することとなり，結果的に資源の効率的分配が実現されることとなる。実際の取引では契約と現物の引渡しには幾分かの時間的および空間的ずれがあり，そこに契約の必要性がある。また逆に言うと，将来の履行をともなう交換取引を契約法が保護しなければ，即時履行が不可能な取引の成立を妨げることになり，限られた資源が効率よく運用されることを阻害することになってしまう[23]。契約法の意義からすると，稀少な社会的資源の効率的な交換取引を促進することを導く制度としてあるべきであり，そのためには将来の交換取引を保護することが重要であり，そこに契約法の意義がある。そこで契約法はどのようにして当事者利益を保護するのかが重要になる。この点につ

---

[19] 同書19頁。
[20] 商取引では即時売買は少なく，an agreement to sell（売買の合意，未履行の売買契約）が一般的である（亀田尚己・小林晃・八尾晃『国際商取引入門』21頁（文眞堂，2004年））。そのため現金での即時売買や，即時の物々交換は契約といえない，という（樋口範雄，前掲注5，17頁）。
[21] 樋口範雄，前掲注5，19頁。ただし実際の商取引においては両者の力関係から短期的には効率的でない場合もある。
[22] 同書。
[23] 樋口範雄，前掲注5，29頁。

いては第2章で詳述するが，原則的には，契約違反の被害者救済は，履行利益（expectation interest）が保護される[24]。

次に，契約法における救済の目的について検討する。Farnsworth教授は「アメリカ契約法における救済の目的は，債務の現実的履行の強制ではない。どうやって債務者に約束を守らせるかではなく，どうすれば人々が契約関係に入るのを促進するかである。つまり安心して契約を締結できる法制度の確立こそ目的である」[25]と述べている。つまり契約法の役割は，契約の締結行動を促進することである。それではどのようにすれば促進することができるのだろうか。人は往々にして，契約したことについて後悔する。そのような場合でさえも，履行を強制されるのであれば慎重にならざるを得ない。そのため契約法は相手の契約違反により経済的損失を被らないこと，また自らの違反において利益となる救済法が整備されることが必要である。つまり相手方に履行利益の賠償さえすれば，それ以上は責任を免除するということを法が保障することにより，安心して契約を締結できることとなる[26]。つまり商取引を促進するためのリスクを一定範囲内に限定するものとして法的な契約があるといえるであろう。以上から，契約の本質的意義と救済方法は密接に結びついているといえる。これらの根本的な目的は，資源の効率的な交換を促進すること，自発的な商取引の促進であり，それにより経済的に豊かな社会が実現されることになる。

次に，英米における救済制度の歴史的経緯，救済制度の内容について見ていきたい。

2 英米における救済制度の経緯

英米法における契約違反に対する法的救済制度は，大きくコモン・ロー上の

---

[24] Farnsworth, *supra* note 6, at 730; UCC §1-305 (Remedies to be Liberally Administered).
[25] Farnsworth, *supra* note 6, at 730.
[26] 樋口範雄，前掲注5，62頁。

ものとエクイティ上のものとに二分される。[27]現在英米における救済は,原則としてコモン・ロー上の救済,すなわち損害賠償が基本である。その大きな理由として,イギリスの裁判制度が大きく影響している。そのためイギリスの裁判制度の経緯を簡潔に振り返り,それぞれの裁判制度の中心的救済制度について以下,概観したい。

英米の私法は,コモン・ロー(common law,普通法)とエクイティ(equity,衡平法)の二つの判例法体系から成立している。[28]各法体系は元来,別個の裁判所で運用され手続も別であったが,19世紀に両裁判所の融合(merger)により,大部分の法域で裁判所が統合され,手続も統一された。[29]コモン・ローとは,ノルマン人のイギリス征服(1066年)後,国王の裁判所が裁判を通して各地のゲルマンの慣習法を素材として作り上げた全国に共通する(common)判例法のことである。[30]ウィリアム1世(1027頃—1087)はノルマンコンクエスト後,各地の慣習法を尊重していたが,国王裁判所の裁判官が各地に巡回して裁判する,という巡回裁判制度を確立し,慣習法を次第に統一していった。[31]この法の素材は各地で使用されていたゲルマン慣習法であったため,これを「王国の一般慣習法(universal custom of the realm)」であると考え,「コモン・ロー(共通の法)」と呼ばれるようになり,[32]14世紀までには地方裁判所とコモン・ロー裁判所を中心とする一般的裁判所の機能が確立された。[33]

---

[27] Farnsworth, *supra* note 6, at 735; J. Beatson, *Anson's Law of Contract* 589 (28th ed. 2002). ただし提供労務相当金額の請求(*quantum meruit*)を加えて分類しているものとして,中村弘『貿易契約の基礎』320頁(東洋経済新報社,1983年),原状回復(restitution)をコモン・ロー上の救済から独立させて分類しているものとして,望月礼二郎,前掲注13,426-427頁がある。本稿は物品売買契約を対象としているため,簡潔に二分類とした。

[28] 田中和夫『英米法概説』252頁(再訂版,有斐閣,1981年)。なおコモン・ローという文言には,①Equityと対比され中世に起源をもつ法体系を指す場合,②制定法と対比され判例法を指す場合,③大陸法(Civil law)と対比される場合,の三つの用法があるとされる(田中英夫『英米法総論(上)』6頁(東京大学出版会,1980年))。

[29] 田中英夫,前掲注28,10頁。イギリスにおける契約法の変遷について(主として17世紀以降の詳細)は,Patrick S. Atiyah, *The Rise and Fall of Freedom of Contract* (1979)参照

[30] 田中和夫,前掲注28,255頁。

[31] 同書。

[32] 同書256頁。

[33] 望月礼二郎,前掲注13,24頁。またWales, Scotland, Irelandの連合王国(United Kingdom)の各地域の法の詳細については,田中英夫,前掲注28,7-8頁参照。

一方エクイティの成立をみると，14世紀初頭以降，コモン・ロー裁判所による国王への直訴が増大し，本来この処理は国王評議会(King's Council)で行うものであったが，14世紀半ば以降，次第に大法官(Chancellor)個人に任せられるようになった。大法官は訴訟開始令状，その他裁判関連の令状(writ)の発給を通じて裁判事務に密接な関わりもちはじめ，その後大法官が扱う事件は15世紀に急増し，15世紀後半には大法官府(Chancery)の中に裁判活動に専念する部署ができ，大法官裁判所(Court of Chancery)と呼ばれ，既存の三つのコモン・ロー裁判所に比肩する第四の中央裁判所の実質を備えるに至った。その後15世紀後半に大法官裁判所が国王評議会から正式に独立した。

　エクイティ上の救済は，コモン・ロー上の救済では不十分とされる場合に救済手段を与える目的で発生したものである。エクイティ上の救済は，被害者の財産に対して働く(The law acts *in rem*)というコモン・ローに対し，人に対して働く(Equity acts *in personam*)という原則がある。この「人に働く」とは，裁判所が被告に一定の作為・不作為を命ずることであり，前者が特定履行(specific performance)，後者が差止命令(injunction)となる。大法官は通常の法や手続に拘束されず実質的な正義・衡平(equity)の実現を目的としているため，エクイティ裁判所(Court of Equity)と呼ばれ，そこで宣言される法は，エクイティ(衡平法)と呼ばれるようになった。このようにコモン・ローとエクイティの二つの裁判制度が確立され，16世紀初頭は対立したが17世紀末以降は協調

---

[34] コモン・ローの手続において，当事者の尋問が認められていなかったことが，大きな欠陥要因であった。そのため詐欺・脅迫による場合でも捺印証書"deed"に記されたことは尋問されないため取り消しできなかった。これに対し大法官は，中世を通じ全て聖職者の出身であり，懺悔聴聞の経験から当事者尋問を有効に行うことができ，エクイティがこうした場合に救済を与えたのは，当事者尋問の権利を背景として成立した(田中英夫，前掲注28, 96頁)。
[35] 国王裁判所として王座(King's Bench)，民訴(Common Pleas)，財務(Exchequer)の三つの裁判所があった(田中和夫，前掲注28, 256頁)。
[36] 望月礼二郎，前掲注13, 25-26頁。
[37] 田中和夫，前掲注28, 260頁。
[38] 田中英夫，前掲注28, 13頁。原則として未履行契約(executory contract)を対象とし，裁判所の裁量(discretion)により行われる(伊藤正己編『英米法概論』第3章291, 292頁(青林書院, 1961年))。
[39] Farnsworth, *supra* note 6, at 740. またコモン・ロー上の訴訟はAction at Lawであり，エクイティではSuite in Equityであり，判決もそれぞれJudgmentとDecreeと区別されている(田中英夫，前掲注28, 10-11頁)。
[40] 望月礼二郎，前掲注13, 26頁。

的となり,その後19世紀後半までコモン・ローのみを適用するコモン・ロー裁判所と,エクイティを適用するエクイティ裁判所という二重体制が継続した。[41]

しかしコモン・ローとエクイティとが別々の法体系で,別々の裁判所で扱われていたことにより,例えばコモン・ロー裁判所での訴訟においてエクイティ上の抗弁を主張することは認められない等,多くの不都合があった。これらの不都合を解消するため,1873年および1875年最高法院法(Supreme Court of Judicature Acts 1873 & 1875)により統合され,最高法院(Supreme Court of Judicature)[42]が設置され,そのうちの高等法院(High Court of Justice)の異なる部門(division)により運営されることになった。その一部門である王座部(King's Bench Division)または女王座部(Queen's Bench Division)では主としてコモン・ローの法則のみが問題となる事件を取り扱い,エクイティ部(Equity Division)では主として衡平法の原則が問題となる事件を扱うことになった。[43]このように一つの裁判所において両方の救済方法を与えることが可能となったのであるが,元来エクイティの出現がコモン・ロー上の救済制度の欠陥を補充する,という歴史的な経緯から現在でも契約違反における英米の救済方法の原則は,コモン・ロー上の損害賠償とされ,それが十分な救済とならない場合にのみ,例外的にエクイティ上の救済手段を訴求できるにすぎない,とされる。[44]

英米においてコモン・ロー上の救済方法がなぜエクイティ上のものよりも優先するのか,という問題については,イギリスの司法制度発展の歴史的経緯として,エクイティ裁判所がコモン・ロー裁判所を補充する,という構造を基本として発展してきたことが最も大きい要因であろう。[45]ただし近年の傾向として,エクイティ上の救済手段を例外とするのではなく,アメリカ統一商法典の規定

---

[41] 田中和夫,前掲注28,265-270頁。
[42] 田中英夫編集代表,前掲注5,830-831頁。"Supreme Court"の邦訳につき「最高司法裁判所」とするものもあるが(同書270頁),イギリスの裁判制度における訳としては,「最高法院」を支持するものが多いため(例えば田中英夫,前掲注28,163頁),この訳語を用いる。
[43] 田中和夫,前掲注28,271頁。
[44] 同書283-285頁。
[45] 樋口範雄,前掲注5,50頁。

からも，広く容認しようとする傾向が見られる。なぜそうした傾向があるのだろうか。次にそれぞれの救済方法について見ていきながら考察していきたい。

3 エクイティ上の救済方法

特定履行・差止命令について Beatson 教授は次のように述べている。「特定履行の命令は，裁判所が両当事者の取り決めた契約を，その契約条件通りに被告に対して履行を命ずることにより行われる。また差止命令とは，契約上してはならない(禁止条項)という消極的(negative)な規定であって契約の違反を差し控えることを命ずることを言う[46]」。つまり特定履行とは，契約の違反者に対して契約通り履行せよ，と命ずることであり，差止命令とは，違反行為をしてはならない，と命ずることであり，両者ともエクイティ上の救済(equitable remedies)である[47]。特定履行については，1979年イギリス物品売買法(The Sale of Goods Act 1979；SGA)の第52条に規定され明文化されているが[48]，これらエクイティ上の救済手段は裁量的手段とされているため，裁判所が当該契約の具体的内容を検討・考慮し，適切であると判断された場合のみ用いられることとなる。

ここで問題となるのは「何が適切な場合となるのかの基準」である。大きく

---

[46] Beatson, *supra* note 27, at 638. ここでいう消極的(negative)とは「何もしないこと」を意味し，契約においては一般に禁止条項的な性質のものをいう。通常"Injunction"は違法な行為の差止めのために用いられるが，不作為義務の違反があったときは，それにより生じた違法状態の除去のために積極的な行為を命ずる(作為的差止命令；mandatory injunction)ことも可能である(田中英夫『英米法総論(下)』§744, 562-565頁(東京大学出版会, 1980年))。

[47] "specific performance"の訳について，現在日本の文献においては「特定履行」が定着しているといえるだろう。わずかに「強制履行」との邦訳が散見され(例えば，守屋善輝『英國契約法概説』49頁(有斐閣, 1974年))，その内容から，日本民法第414条の強制履行に相当する概念であろう。筆者が察するところ，日本民法との差異を明確にするために「特定履行」としたのか，もしくは単に"specific"を「特定」と訳したと思われる。エクイティ上の救済については，Frendrick Henry Lawson, *Remedies of English Law*, Part Three (Specific Remedies), Ch. 9-15 at 173-227 (2d ed. 1980)参照。

[48] これは1893年に従来の動産売買に関する判例が法典化され，契約に関する判例法を前提として作成され，その後修正され1979年版に至る(田中英夫編集代表, 前掲注2, 748頁)。また"The Sale of Goods Act"の訳について，法学者は「動産売買法」とすることが多く，商学者は「物品売買法」とすることが多い。

二つの基準がある。第一に，損害賠償による救済で十分な場合，エクイティ上の救済は認められない。第二に，裁判所がこれら命令の実効性を確保しうる立場にない場合には認められない，とされる。つまり第一の原則から，市場で金銭を支払うことにより容易に同等物品の入手が可能な場合には認められない。ただし土地・建物取引等の不動産売買の場合には伝統的に特定履行が認められているが，これは本論の対象範囲外である。またその物品が客観的に特別な価値(unique value)，稀少価値(rarity)を有する場合には特定履行が認められる。ここで重要な点は，客観性があること，その判断の裁量権は裁判所に属することである。ただ「エクイティ上の救済を求める者は，汚れや偽りがあってはならない(He who comes to Equity must come with clean hands.)」というエクイティ上の格言には留意すべきである。また裁判所がエクイティ上の救済手段の現実的履行を最終確認する必要がある場合には認められない。例えば雇用契約等の人的サービス契約や建築契約等がこれに該当するが，これらサービス取引は本論の対象範囲外である。イギリス契約法の権威書である *Anson's Law of Contract* では，エクイティ上の救済が認められない場合を三つに分類している。第一に，両当事者の合意の欠如，つまり，両当事者間に履行しなければ強制的に履行されることについての事前合意があったか否か，ということである。第二に，人的サービス契約(contracts of personal service)の場合。これは当該本人の意思に反して従事させることは不適切である，という考えに基づいている。これは物品売買契約でないため本論の範囲外である。第三に，不適切(unsuitability)な場合，契約内容が曖昧な場合がある。例えば電子計算機100台を CIF London, 10万米ドルという条件で売買契約を締結し，当該商品の機種・性能等につき何ら規定がない場合，慣習的に両者の意思が黙示的に推定可能な場合等を除き，特定履行は不適切とされる。また裁判所が常時，監督する

---

[49] 望月礼二郎，前掲注13, 453頁。
[50] Beatson, *supra* note 27, at 633-634.
[51] *Id.* at 634.
[52] *Id.* at 633-637. エクイティ上の救済とは，一方が他方に対し特定的救済(specific relief)となることをするよう，またはしないように命令(order)することをいう(Robert N. Leavell et al., *Equitable Remedies, Restitution and Damages cases and materials*, Ch. 3 Sec. 1 at 280 (7th ed. 2005))。

必要がある契約内容のものについてもエクイティ上の救済は認められない。

アメリカにおいても原則的にはイギリスの理念を受け継いでおり，Farnsworth教授は，エクイティ上の救済を制限するものとして，裁判所の裁量的制限(discretionary limitations)と現実的な制限(practical limitations)の二つをあげている[53]。基本的な枠組みはイギリスと同様であるが，アメリカにおいて注目すべきことは，近年エクイティ上の救済がより広く認められる傾向にあることがあげられる[54]。エクイティ上の救済はコモン・ロー上の損害賠償による救済が不十分な場合にのみ認められる，という原則は絶大な歴史的影響力からまだ根強く，コモン・ローとエクイティが融合された後百年以上経過してもなお，イギリス物品売買法の規定に見られるように揺るぎない。しかし近年アメリカではこの原則を柔軟に解釈し，特定履行が認められる傾向にある。例えば統一商法典第1編第305条では「本法の定める救済方法は，損害を受けた当事者をその相手方が完全に契約を履行したのと同等の地位に置く，という目的が達成されるよう柔軟に運用されなければならない」とされ，第2編第716条第1項では「物品が独特のもの(unique)であるか，またはその他適切な事情のもとでは契約の特定履行を命ずることができる」と規定されている[55][56]。また同条項の公式コメント(official comment)2では「不代替物(unique goods)とは何か」について新たな概念が導入されている[57]。そこでは契約を特徴づけるような全ての状況を考慮して独自性(uniqueness)の基準が決定されなければならない，とされる。また独自性だけが唯一の基準ではなく，その他適切とされる状況においても認められるとされ，明らかに特定履行を認める条件を幅広く設定し，より当事者本位の合理的救済を制度として確立しようとする姿勢が感じられる。特に現代

---

[53] Farnsworth, *supra* note 6, at 741-742. エクイティ上の救済の主要な使命は，原告の正当な立場の保護であるべきである，という(David Schoenboard et al., *Remedies: Public and Private*, Ch. 2, B at 36 (2d ed. 1996))。また一方では，個人の権利(personal rights)ではなく所有権(rights of property)のみを保護しうるものである，ともいう(Doug Rendleman, *Cases and Materials on Remedies*, Ch. 3, 3 (Equity cannot protect personal, political, or religious rights) at 177 (6th ed. 1999)))。

[54] *Id.* at 743；樋口範雄，前掲注5，50頁。

[55] 訳文は，樋口範雄，前掲注5，56-57頁を参照し筆者が若干修正した。

[56] 同書57頁。

[57] 訳文は，田中英夫編集代表，前掲注5，880頁。英語では"unique chattel"ともいう。

的な方法として，通常は履行利益である被害者の法的に認められた適切な利益保護について，どの救済方法がより効果的であるのかを比較して決定する，という方向になりつつある[58]。

それではなぜアメリカにおいてエクイティ上の救済方法が，従来と比較してより広く認められる傾向があるのだろうか。逆に損害賠償が認められるための要件を考察することにより，その理由について以下述べていきたい。

契約違反における損害賠償責任が認められるためには，大きく二つの要件がある。第一に，違反によって被った損害額の算定につき，十分な確実性をもって立証可能であること[59]。例えば株式の譲渡契約においてその違反により買主がその企業の支配権を確保できなかった場合，その損失を金銭的に評価することは困難である。また必要量購入契約（requirement contract）[60]において，生産に必要不可欠な原材料の供給が中断した場合，損失の算定は困難である。UCC第2編第716条コメント2から同コメント5において，入手可能な市場や供給源が特別な場合には特定履行を認める，とある[61]。これらから，現実に契約違反による損害が発生し，厳密ではないにしてもある程度の正確さをもって金銭的算定が困難な場合，エクイティ上の救済が認められる可能性がある，と考えることができる[62]。第二に，金銭でもって約束していた履行の代替品の購入が，現実的に不可能であること。つまり代替品の入手が比較的容易であればエクイティ上の救済は認められない。裁判所は，代替品が存在しない場合，入手がかなり困難な場合または不当に負担を強いて入手しなければならない場合には特定履行を認める傾向にある[63]，といえるだろう。

---

[58] Farnsworth, *supra* note 6, at 746-747.
[59] *Id.* at 747-748.
[60] この契約は，買主がその事業のために必要とする物品を必要な時期に必要な量だけ売主が供給する，という契約である（田中英夫編集代表，前掲注5，723頁）。英米契約法の原則からすると，約因（consideration）の問題が残るが，UCC §2-306(1) & comment 1 においてこの契約の有効性が認められている。
[61] UCC §2-718 comments 2-5 において，入手可能な市場や供給源が特別な場合を含み，生産量一括購入契約（output contract；売主が生産する物品の全部を買主が購入する売買契約をいう。田中英夫編集代表，前掲注5，723頁）や，必要量購入契約の場合は，典型的な特定履行を認める契約である，とされている。
[62] 樋口範雄，前掲注5，58頁。

一般に物品売買契約は市場経済社会を前提としており，特別な(unique)物品などの例外を除き，同等の物品(similar goods)は市場で入手可能なものであるとされる。しかし近年の傾向として，上記UCCの規定から明らかなように「不代替物(unique goods)」また「その他の適切な状況」の解釈が拡大され，契約を取り巻く全ての状況を考慮して判断される傾向がある。また買主が代替品を入手できない(inability to cover)ことは，特定履行を認める有力な根拠となる。またその種の商品が市場全体で不足しているため適切な市場価格で入手できない場合にもUCCの規定[64]により，特定履行が認められる傾向にある[65]。

　契約違反の救済につき基本方針がUCC第1編第305条第1項にあるので，ここに示しておきたい。「この法律で定められている救済は，違反当事者が完全に履行したのと同じ状況に被害当事者をおく，という最終目的を達成できるよう柔軟に運用されなければならない[66]」。こうした規定から，アメリカではかなり柔軟に対応していこうとする姿勢が見られる。とはいえまだ損害賠償が第一次的救済手段である，という原則を崩すまでには至っておらず，対等な救済手段にもなっていない[67]。

　以上まとめると，英米における救済制度は損害賠償というコモン・ロー上の救済が原則であり，それが不十分な場合にのみ特定履行・差止命令というエクイティ上の救済が認められる。1875年にコモン・ローとエクイティの裁判所が融合されて以来，この原則が守られてきたが，近年，特にアメリカでは柔軟な姿勢が顕著に見られる。その原因として筆者は次のように考える。

　こうした傾向の根本的原因として，近年の科学技術の急速な発達による商品の高付加価値化，いわゆるハイテク製品の相対的増加があると思われる。財の高品質化である。かつて"Unique Goods"といえば，特定の絵画や，一部の伝統技術による特別な製品が主とされ，またその種の製品は対消費者を主とし

---

[63] 同書。
[64] UCC §2-716.
[65] Farnsworth, *supra* note 6, at 750.
[66] 訳文は，樋口範雄，前掲注5, 56-57頁による。
[67] 樋口範雄，前掲注5, 58頁。

て想定したものであり，工業(半)製品としての物品売買契約の対象商品としては，ごく例外的であった。しかし近年，先進国における貿易取引において取引される商品の質が劇的に変化しつつあり，高付加価値製品(資本財)の割合がかなり高まっている。そうした商品，半製品はかなり技術水準が高く，それゆえ大量生産品ではなく"unique goods"に分類され，結果として特定履行を法制度としても認めざるをえなくなってきた，という背景があるのではないだろうか。

また司法の市場化，いわゆる司法サービスの質的変化もあるのではないだろうか。つまり司法サービスを利用する立場からの満足度が重視される傾向がある。裁判制度を利用するのは企業であり，発生した問題を長期的視野から合理的・効率的な解決を図る，という商学的観点(需要)に対し，合理的な解決を法制度的に整備する(供給)ということが迫られている。つまり需要にある程度合致したPragmaticな制度を整備し供給しないと，需要と供給のミスマッチングから司法制度の利用が減少し，その存在意義自体が問われることになる。

そのため，商学的合理性(commercial rationality)の基準が今後，より一層重要になってくるのではないか。合理性(rationality)という文言では，国民性，民族，宗教，風土，歴史等から，また同じ国民であっても個人的な主観は多種多様であり，それゆえさまざまな解釈が可能であり，客観的な定義が不可能で曖昧な言葉である。しかし，商学的という形容詞をつけると，かなり客観的定義が可能になる。それでは「商学的合理性」とは何であろうか。

自然人および法人は，共同して活動することによりそれぞれの生産性を格段に向上することを可能にするという性質がある。単発取引では長期間にわたる安定的・効率的な取引活動は難しい。商取引の主体である企業は社会関係において，経済的合理性を確保しつつ，関係を継続的に維持する存在である。経済的観点からすると，商取引は何らかの経済的合理性を有しているものであり，商学的観点からすると存続するための将来的な商取引の継続が不可欠である。そのため法理論を根本にしながら取引の安定的な継続関係を優先し，長期的観点からの総合判断を行う傾向が本質的にある。つまり長期的な商取引の継続関

係における経済的利益の確保が商学的合理性といえるだろう。そこでは法的または経済的数値化が困難であるとされる信頼(reliance)や名声(reputation)が，商取引の潤滑油としてより重要な役割を果たしており，法的な合理性(論理的整合性，公平性等)や経済的合理性を含め，それらを包括し長期的な観点からの総合的な合理性に基づく価値判断が最も重要とされる。一般に企業活動は特定の業種・産業という比較的狭い社会における反復継続的な活動が主であるため，その内部においては信頼や名声は絶大な威力をもつこととなる。商取引における信頼，名声は，資産計上化しがたいオフバランス的価値を持つものとして，取引を円滑にする。[68]そのため商学的合理性が企業の行動基準となり，それに適合するかのように法的解釈も柔軟になってきていると思われる。その点アメリカはイギリスと比較して現実主義的(pragmatic)側面が強く，論理的整合性を確保しつつ全当事者にとって満足いくための解決手段を提供しようという傾向がみられる。アメリカはイギリスから社会制度全般を受け継いだが，現在では逆にイギリスに影響を与えつつある。実際イギリスではアメリカ契約法から影響を受け，少しずつではあるがエクイティ上の救済をより柔軟に認めようとする傾向が散見される。[69]

　これらエクイティ上の救済が広まる傾向の根本原因について考察すると，損害賠償の救済が商学的合理性に適わないことが多くなってきたのではないか，との根本的な疑問が大きくなってくる。この点，次に損害賠償と他の救済方法とを比較し考察を深めたい。

4 │ 損害賠償と他の救済方法との比較

　損害賠償については第2章で詳述することとし，ここではエクイティ上の救

---

[68] ここで「潤滑油」とは，それ自体で価値を生み出すわけではないが，物事を円滑にすることに不可欠な要素であり，その成果は取引数量として資産計上化可能なオンバランスに間接的に現れることとなる。潤滑油自体は何ら生産するものではないが，機械(商取引)にとって潤滑油(信頼・評判)は不可欠である。
[69] Treitel, *supra* note 3, at 1020. しかしイギリス貴族院では，まだなお厳格な傾向であるという(*Ibid*.)。

済との関係について説明し，次いで商学的見地からの契約違反の救済一般について考察したい。

アメリカ契約法の救済方法は，原則として損害賠償である。これは制度自体に損害賠償を第一次的救済方法とする原則が存在しており，大きく五つある。[70]第一に，契約違反の損害賠償では，懲罰的損害賠償(punitive damages)は認められない。第二に，予定損害賠償(liquidated damages)の規定がある場合，合理的金額の範囲内で認められる。第三に，通常発生するであろうと想定可能な範囲内(in the ordinary course of events)に制限される。これを通常損害(general damages)といい，契約当事者の個別事情に関わらず契約違反によって通常生ずると考えられる客観的損害をいう。[71]第四に，精神的損害に対する賠償は認められない。第五に，弁護士費用は原則として，各当事者が負担する。これらの制限が損害賠償原則を実質的に補強していると考えられ，その制限において被害者が満足する救済がなされることが目的とされる。

アメリカではUCC第1編第305条の規定にあるように，従来の救済法の原則を柔軟に運用しようとしている。具体的には特定履行というエクイティ上の手段をより広く認めつつある。これは被害当事者にとって満足な救済が損害賠償ではなく，実は特定履行にある場合が過去に比べて多くなっていることを示している。この理由をどう説明すればよいのだろうか。樋口教授は二つの理由を挙げておられる。[72]第一に，履行利益(expectation interest)の賠償が十分でないことが多くなってきていること。第二に，被害当事者が代替品を容易に入手しにくい状況が多くなってきていること。しかしこれらの理由から，なぜ十分な賠償が難しくなり，代替品の入手が困難であるのか，という根本の疑問が生じる。

筆者はこの点につき，近年頻繁にみられる付加価値の高い商品の多品種少量生産といった経済構造の質的変化が原因であると考えている。18世紀後半か

---

[70] 樋口範雄，前掲注5, 53-54頁。
[71] 同書296頁。
[72] 同書60-62頁。

らイギリスの産業革命以後，大量生産が可能になり，工業化時代に突入した。20世紀において英米を中心とする先進諸国では，本格的な大量生産大量消費の時代が始まり，統一された規格，同類の製品が大量に効率的に生産され，一般民衆の生活レベルの劇的な向上をもたらした。このような大量生産大量消費は豊かさの象徴でもあり，物質の量的側面の過剰なまでの供給という点での豊かさであった。しかし20世紀後半においては，社会的な面と人間の本質的な面から，質的変化が生じてきた。つまり前者では，量的な過剰供給に伴う環境汚染，原料資源の有限性という質的問題が表面化しはじめ，それが製品の質的側面の向上につながった。後者では，大量の規格品だけでは満足しなくなり，商品やサービスに独自性を求めはじめた。供給側の企業としては，そこで初めてマーケティング（marketing）という発想が生じ，企業は商品・サービスにつき，市場の需要に基づいた独創性あるもの，付加価値の高いもの，という質的向上を模索し始めた。いわゆるポスト工業化社会としての情報化社会の到来であり，消費者は規格品に飽き足りなくなった。並行して科学技術の発達により生産効率が劇的に向上するとともに，特定の技術を持った企業しか生産できない商品が増加し，不特定物といわれる商品の割合が相対的に低下している。専門性が細分化し高度化が急速に進展している。注文生産はその典型であろう。高度工業製品や特殊技術を必要とする商品はもちろんのこと，従来は不特定物の典型であった農産物等においてもその傾向が見られる。例えば特定の農家が無農薬や特定肥料・土壌において栽培した農作物，生産履歴を記録し追跡できる農作物，生産者の顔写真付の農作物等があり，消費者が直接そうした特定の農家に注文する，という注文生産に近似した商取引の形態が工業品だけでなく不特定物の典型であった農産物にまで拡大しつつある。科学技術の劇的な向上が効率的な供給をもたらし，その結果経済的豊かさが実現した。そのため需要者側（消費者）が経済的余裕をもつことから供給者により高度な要求を行うこととなったといえるだろう。

　従来，不代替物とは[73]，美術工芸品，ロケットや航空機等一部の超高度な技術が要求される工業製品のみであると解釈され，その他は一般の製品として，一

定の値幅で市場にて代替的な調達が可能なものであったとされた。そのため従来は一部の特殊商品を除き，一般の取引契約の不履行が発生した場合，ほとんど市場で代替調達が可能であったため，特定履行ではなく損害賠償で被害当事者はほぼ満足し，むしろ効率性ゆえに当事者側もそれを求めていた。法理論的にも不代替品の要件に該当しないため特定履行は認められず，ゆえに損害賠償が中心となっており，現実に有効であった。法制度の需要側である契約違反の救済を求める当事者に損害賠償を求める傾向があったため，供給側の法制度もそれに適合するよう，損害賠償を主，特定履行を従とする制度が構築されてきた。しかし20世紀後半以降，先進国では経済構造の質的側面が劇的に進化し，一般に売買されている商品における不代替物の割合が農作物にいたるまで広範囲に拡大されつつある。そのため被害当事者としては，契約商品が不代替物であるという認識であるにもかかわらず，従来の法理論の枠組みにより代替物と認識され，その結果市場算定の損害賠償による救済が行われることとなる。しかし当事者は不代替品と認識しているため，本質的に損害賠償では不満足であり，ゆえに当事者である企業は司法制度に不満を募らせることとなる。こうした商取引における商品の実質的な質的変化が根本的原因であり，これが制度としてUCCの救済方法の基本方針に取り入れられ[74]，それによりエクイティ上の救済が幅広く採用され始めているのではないだろうか。こうした経済構造の質的変化につき，将来逆行するとは想定し難いため，エクイティ上の救済を柔軟に検討する，という法制度のあり方としては好ましいであろう。社会的な土壌が異なるためその速度は異なるが，イギリスにおいてもエクイティ上の救済を柔軟に運用できるよう法制度の整備を検討すべきであろう。まずは判例の蓄積を重ね，物品売買法の改正により明文化として採用する，という中長期的な修正が好ましい。また商学的見地からすると経済が高度化するにつれて損害賠償や特定履行等の司法的救済制度について本質的に満足し得なくなる状況が多く

---

[73] 個性の強い動産のことをいい，例えば著名な画家の絵画のように代替品が存在しないか，または著しく入手が困難なものをいう（田中英夫編集代表，前掲注5，880頁）。
[74] UCC §1-305(1).

なるかもしれない。

　こうした状況において，商学的観点からどうすべきであろうか。商取引は長期的な経済的利益の確保という観点から活動している。物品売買取引における取扱商品の種類は鉱物資源・農作物から各種レベルの工業（部）品にいたるまで多岐にわたる。その際，まず当該商品が不代替物に該当するか否かを検討し，もし該当すれば，売買契約締結の際に，産地，製造方法，仕様書その他特定の情報をできる限り具体的内容を契約書に記載することが望ましい。それにより法的リスクをある程度回避ないし軽減できることとなる。ただし，商学的に重要なものとして，売買のタイミングがある。同一の商品[75]においても，その価値は時と場所により変化する。つまり当該商品が「適時に」供給されて価値は最大化されるのが原則であるから，裁判により特定履行を勝ち取ったとしても，その履行には不代替物であるがゆえにそれだけ時間がかかり，本来の価値を生じえなくなる[76]。そうした意味で，商学的な観点から見ても，原則的な救済制度が損害賠償であることは，商学的合理性にも適合しているといえるだろう。これについては次章で詳細に検討していくことにしたい。

---

[75] ある物が商品（good）となるためには，4つの前提が必要であるという。①人間的需要の認識・予想，②物により需要を満足させるのに適した客観的諸性質，③当該適性の認識，④この物を支配すること（Carl Menger, *Principles of Economics* 52 (Translated by James Dingwall & Bert F. Hoselitz, Libertarian Press, 1994)）。訳文はカール・メンガー著八木紀一郎・中村友太郎・中島芳郎訳『一般理論経済学1』41頁（みすず書房，1982年）を参考に筆者が作成した。

[76] 商取引における目的物はほとんどの場合不特定物である，という意見（内田貴『民法Ⅱ債権総論』67頁（東京大学出版会，1997年））もあるが，資本財の割合が急上昇している我が国の貿易取引の現状からすると，区別する意義が本質的にあるのか否か，という根本的問題が生ずる。特定物売買については，SGA第17条に規定がある。

第2章
英米における損害賠償の一般原則

　前章において英米の救済制度の歴史的経緯と近年の傾向について述べた。
　損害賠償を原則としながらも近年，特にアメリカで特定履行が認められる判例が漸増し，今後その傾向は強まりそうである，という。筆者はその理由につき，先進国の経済構造の質的変化にあることを指摘した。しかし商取引の本質的性格から，エクイティ上の救済は相対的には漸増するものの，法理論の本質からコモン・ロー上の救済である損害賠償と対等にはなりがたいものである，と考えている。
　本章では，商取引における救済制度の中心となるコモン・ロー上の手段である損害賠償について考察する。まず一般原則について，次いで英米における損害賠償の原理的判例である Hadley v. Baxendale 事件判決を紹介し，さらにアメリカにおける損害賠償の算定基準である三つの利益について説明し，最後に各法理論に関する限界を，商学的観点から考察する。

1 | 損害賠償制度の経緯

　まず「損害賠償」の定義についていくつか見ていきたい。イギリスの McGregor 教授は「損害賠償とは，不法行為または契約違反という権利侵害に対して勝訴することで得られる金銭上の補償である」[1]と述べ，「この補償は無条件に与えられる一定の金額という形式でなされる」[2]と説明している。その目的は「被った損害，損失，権利侵害に対して原告に補償を与えること」[3]として

いる。文中に補償(compensation)という語句が頻繁に見られるが，一般には「提供された役務に対して受領される補償および何らかの利益(remuneration and other benefits received in return for services rendered)[4]」とされる。これらを総合的に考えると，損害賠償とは「被った損害に対する金銭上の補償のこと」といえる。法の関心事は，契約違反者(a party in breach)の過失の度合いにより罰することではなく，被害当事者(an aggrieved party)が被った損害を算定することである，とされる[5]。そして損害賠償には大きく二種類あり，補償的でないもの(non-compensatory)と補償的なもの(compensatory)がある[6]。前者のものとして，名目的損害賠償(nominal damages)があり，これは実質的な損害を被らない場合であっても全ての契約違反に対して訴因が存在するため，契約違反の事実存在のみで，損害の立証なく原告は勝訴するが，ただし賠償金額は1ドルや1ポンドといった名目的金額のみである[7]。この機能としては二点ある[8]。第一に金銭賠償が目的でないこと。つまり原告に権利があることを確認するための一種の宣言判決(declaratory judgment)としての機能。第二に，原則として裁判費用(court cost)は被告負担，弁護士費用は当事者負担とされるが，原告の勝訴によりこれら費用が被告負担とされることもある。これにより原告を救済するという機能(rescue operation)がある。また同じく前者のものとして，懲罰的損害賠償(punitive damages)がある。アメリカ法は悪質な不法行為について懲罰的損害賠償を認めている。これは加害者の制裁，懲罰を目的とし，主として

---

[1] Harvey McGregor, *McGregor on Damages*, §1-001 at 3 (17th ed. 2003). 原文は次の通り "Damages … are the pecuniary compensation, obtainable by success in an action, for a wrong which is either a tort or a breach of contract…."。

[2] *Id.* §1-021 at 12-13.

[3] *Id.* §1-021 at 12. 原文は "The object of an award of damages is to give the claimant compensation for the damage, loss or injury he has suffered."。また damage, loss, injury の明確な区別はなされておらず，一般に経済的補償の必要性を生じさせる物質的な意味で使用されている。広義の解釈として，Nippon Yusen Kaisha v. Acme Shipping Corp. [1972] 1 W. L. R. 74, CA, 狭義の解釈として，Louis Dreyfus & Cie v. Parnaso Cia Naviera [1959] 1 Q. B. 408 がある(*Id.* §1-021 at 12 n. 58)。

[4] Bryan A. Garner, editor in chief, *Black's Law Dictionary* 301 (8th ed. 2004).

[5] Michael H. Whincup, *Contract Law and Practice*, §13. 4 at 320 (4th ed. 2001).

[6] Joseph M. Perillo, *Calamari and Perillo on Contracts* §14. 1 (5th ed. 2003).

[7] 樋口範雄『アメリカ契約法』313頁(弘文堂，1994年)。

[8] Dan B. Dobbs, *Law of Remedies* 221-222 (2d ed. 1993).

不法行為において認められており，物品売買等の契約違反の場合には原則的に認められていない。この点につき Farnsworth 教授は「懲罰的損害賠償は契約違反において認められるべきではない。なぜなら社会的に違反することがより好ましい状況においても履行を奨励することになるからである」と社会全体の効率性の観点からその理由を説明している。ただし例外として契約違反の場合であってもそれが信託上の義務違反(a violation of fiduciary duties)となる場合には懲罰的損害賠償が認められることもある，とされる。UCC では契約違反の場合には懲罰的損害賠償は認められない，という原則を維持しており，その根本的原理として「必要とされる損害賠償を支払うことで被害当事者を適切な立場におく限り契約違反を認めるべきである」とする効率的契約違反(the efficient breach of contract)の原理がある。

　日本法を含む大陸法系諸国においては，債務不履行(契約違反)による損害賠償請求権が発生する要件として「履行できないことが正当であるとする特別の事由」が存在しないという客観的要件と，債務者の故意・過失など「債務者の責めに帰すべき事由が存在する」という主観的要件が必要とされてきた。これに対し英米の契約法体系諸国においては「故意・過失の有無にかかわらず契約違反者に対し契約責任を課しうるもの」とされてきた。これら英米法の特徴をふまえたうえで，損害賠償の原則を確立した重要な判例である Hadley v. Baxendale 事件判決について見ていきたい。

2 ｜ Hadley v. Baxendale 事件判決

　英米における損害賠償の法準則の発展は，18世紀半ば以降のことであった

---

[9] *Id.* at 790.
[10] E. Allan Farnsworth, *Contracts* 737（4th ed. 2004）.
[11] *Id.*
[12] UCC §1-305 (1) & comment 1.
[13] Dobbs, *supra* note 8, at 791.
[14] 木下毅『英米契約法の理論(第2版)』395頁(東京大学出版会，1985年).
[15] 同書.
[16] 9 Exch. 341, 156 Eng. Rep. 145 (1854).

とされる。[17]損害賠償の算定(assessment)は当初から陪審(jury)によってなされ，手続面での基準はあったが，算定において準拠すべき実体法の基準を定めるものは18世紀半ばまでほとんど存在していなかった。[18]事実審の裁判官は賠償額の認定について陪審員と同じ判断資料を持っていたため，その説示(instruction)において陪審による賠償額の実質的基準を示していたが，それが発展して上訴審裁判所が評価算定についての実体法的基準を確立するようになった。[19]はじめは個々の契約類型についての個別的な基準を主とし，物品売買の契約違反に対する損害賠償の法準則は物品の契約価格と引渡し時およびその場における市場価格との差額に限定されていた。[20]つまりHadley事件判決[21]以前の損害賠償に関する法準則は，履行利益つまり得べかりし利益(lost profit)を認めない立場であった。[22]そうした中，1854年のイギリスにおいて，損害賠償の分野では最も有名なHadley事件の判決が出された。事件の概要は次の通りである。

　原告はグロスター(Gloucester)にある製粉工場(grist mill)主であり，被告は物品の運送を請け負った運送会社である。原告は製粉機のシャフトが折れたため工場の操業を停止した。原告はシャフトの代替品を作成する見本として，折れたシャフトをグリニッチ(Greenwich)にある機械業者まで届ける必要があった。1853年5月12日に故障し，原告は従業員を13日に被告の運送業者に派遣し問い合わせをした。その際，原告従業員は被告運送業者に対し，運送する目的物が折れたシャフトであること，原告が製粉工場の経営者であること，を告げた。しかし工場の操業停止の原因が専ら当該シャフトの折損であること，予備のシャフトは存在しないこと，については告げていなかった。[23]被告側従業員は，

---

[17] 望月礼二郎『英米法(新版)』427頁(青林書院，1997年)。
[18] 同書428頁。
[19] 同書。
[20] 木下毅，前掲注14，398頁。
[21] 注16参照。
[22] 木下毅，前掲注14，398頁。
[23] 望月礼二郎，前掲注17，442頁；樋口範雄，前掲注7，286-287頁。ただしここで事実に関するReporterの記述は「原告の従業員は製粉工場の操業が停止しており，シャフトはすぐ配達されなければならない」としていたのに対して，裁判所の記述(statement)では「契約時に配達される物品は折れたシャフトで，原告はその製粉工場の経営者である」とされた。もしReporterの記述が採用されていれば，結果は違ったものになっていたはずであろう(Perillo, *supra* note 6, §14.5 at 568 n.4)。

いつでも正午までに持ってくれば翌日にはグリニッチに配達できる，と答えた。そこで原告は翌日の14日正午前に被告へそのシャフトを持ち込み，運送料として2ポンド4シリングを支払った。しかし被告の過失により配達が5日間遅延してしまった。そのため結果として新しいシャフトの製造・交換も遅れ，その間工場の操業停止期間が延長してしまった。そこで原告は被告に対し，操業停止期間中における得べかりし利益(当初請求は300ポンド)の賠償を請求した。第一審裁判所の陪審員は，原告勝訴として50ポンドの賠償を認めたが，上訴審のAlderson判事はこれを破棄した。その際，損害賠償を認めるための原理が闡明され，現在でもHadleyルールとよばれる重要な原則となっている。その判決文において損害賠償法のルールの確立を強調し，もし陪審がなんら明確な基準なしに賠償額を認定することを許せば，それは最大の不正を導くことになろう，と述べている。[24] それに続いて述べられた原則は次の通りである。

　契約違反に対して認められる損害賠償は，(1)その契約違反それ自体から自然に(naturally)つまり事物の通常の成り行きに従って(according to the usual course of things)発生すると公正かつ合理的に(fairly and reasonably)考えられるような損害，(2)その契約違反の蓋然的な結果(probable result)として両当事者が契約締結時に予期していたと合理的に判断されうる損害，のいずれかまたは両方である，とした。[25] この原則からすると，契約締結時に特別の事情(special circumstances)が原告から被告に通知されていたならば，つまり当該事情が両当事者に知らされていたならば，契約違反から生ずる損害賠償は解約違反から通常(ordinarily)生じた損害となる。[26] しかし，もし特別な事情が相手当事者(契

---

[24] 原文は次の通り "If the jury are left without any definite rule to guide them, it will, in such cases as these, manifestly lead to the greatest injustice"。訳文は樋口範雄，前掲注7，287頁を参照し筆者が若干修正を加えた。

[25] 原文は "Where two parties have made a contract which one of them has broken, the damages which the other party ought to receive in respect of such breach of contract should be such as may fairly and reasonably considered either arising naturally, i. e., according to the usual course of things, from such breach of contract itself, or such as may reasonably be supposed to have been in the contemplation of both parties, at the time they made the contract, as the probable result of the breach of it." 訳文は，中村弘『貿易契約の基礎』326-327頁(東洋経済新報社，1983年)，木下毅，前掲注14，399頁，望月礼二郎，前掲注17，442-443頁，樋口範雄，前掲注7，287頁をそれぞれ参考にし，筆者が作成した。

約違反者)に知らされていなければ，特別の事情に基づく損害賠償責任は発生しない，とされる。なぜなら，もし特別の事情があることが知らされていたならば，両者はそのような場合における損害賠償に対して特別条項(special terms)について交渉し合意していた可能性があるからである[27]。この事件では，被告運送人に告知されたことは，運送する品物が折れたシャフトであり原告(運送依頼人)が製粉工場の経営者である，ということだけであった。この事実だけでは運送人はシャフトの運送遅延により相応期間の工場操業停止による収益喪失を予見できない。工場には予備のシャフトがあるかもしれないし，単に折れたシャフトの運送にすぎないのかもしれず，また工場の操業停止はシャフトが原因ではなく他の機械の故障によるのかもしれない。最終的に裁判所は，原告が求めた工場を操業していたならば得られたであろう利益，つまり逸失利益(lost profit)の賠償を認めなかった。

　これら判決から，契約違反に対する損害賠償として認められる範囲基準は，(1)契約違反から通常当然に生ずる損害，(2)契約締結時に両当事者が契約違反から生ずると推測される損害，とに区分された。前者を通常損害(general damages)，後者を特別損害(special damages)とし，契約違反に関する損害賠償は通常損害と特別損害の範囲に限定される，という原則が確立された[28]。通常損害を客観的(objective)算定方法，特別損害を主観的(subjective)算定方法とする見方もある[29]。

　Hadley事件で以上のような損害賠償の原則が確立されたが，現実的にはその解釈が困難な場合がある。通常損害とは当事者の事情とは関係なく必然的に生ずる損害，とされる。例えば運送契約の違反における通常損害は何か，という問題について「不合理な遅延期間の船舶の借入価値(rental value)に制限される」とした事例がある[30]。これをHadley事件に当てはめてみると，シャフトの

---

[26] 中村弘，前掲注25，327頁。
[27] 同書。
[28] 樋口範雄，前掲注7，289頁。ただしHadley事件の判決においては，通常損害(general damages)や特別損害(special damages)という文言は使用されていない。
[29] Whincup, *supra* note 5, §13.6 at 321.

運送遅延により必然的に発生する損害は具体的にどのようになるのだろうか。二点考えられる。[31] 一つは遅延した分の運送料の差額。例えば仮に運送期間が2日間と7日間に運送料の相違があればその差額が通常生ずる損害に該当し、相違や当初から区別がなければ発生し得ない。これを市場価格(market value)原則という。もう一つは、シャフトが使用できなかった5日間に同等のシャフトの借り入れが可能であれば、その借り入れ料が通常損害となる。ただしシャフト貸借市場の存在が前提であり、それが存在しなければ算定は難しい。これをレンタル価値(rental value)原則という。Hadley事件で出された二つのルールは当初、論理的関係が明確でなく、かつて両ルールは別個の基準とされたこともあったが、1949年控訴院による Victoria Laundry (Winsor) Ltd. v. Newman Industries, Ltd. 事件により明確にされた。[32] 概要は次の通りである。

原告(洗濯染色業者)はその事業拡大のため、より大きいボイラー機器を被告(機械製造業者)から購入する契約を締結した。納期は6月5日であったが、ボイラーを移動させる際に傷つけてしまい、引渡しが遅れ11月8日に納品された。原告はその遅延期間における逸失利益(lost profit)を求めて損害賠償を請求し、内訳はその期間の稼動により得られたはずであった一般的利益(general damages)と、軍需省から特別に有利な注文を受けていれば得られたはずの利益(special damages)であった。同控訴院は被告が①原告が洗濯染色業者であること、②商売上すぐにボイラーを必要としていたこと、の二点を十分に認識していたことを考慮した上で、Hadley原則の第一原則である通常合理的に予期できる利益の賠償(general damages)は認めたが、第二原則である軍需省からの特別大きな利益の賠償(special damages)については、被告が特別事情を知らなかったのであるから認められない、とした。この事件の Asquith 判事はHadley事件の第一原則と第二原則との論理的関係を次のように説明した。

---

[30] New Orleans & N. E. R. Co. v. J. H. Miner Saw Mfg. Co., 117 Miss. 646, 657, 78 So. 577, 578 (1918). 要旨は Robert S. Summers & Robert A. Hillman, *Contract and Related Obligation*, Ch. 3, Sec. 4 at 246 (4th ed. 2001)参照.

[31] 樋口範雄、前掲注7、289頁。

[32] 2 K. B. 528 (1949).

「契約違反の場合には，被害当事者は現実に生じた損害のうち契約締結時にその違反から発生するであろうと合理的に予見しえた(reasonably foreseeable)部分のみである」としている[33]。何が契約時に損害を予見しえたかは，契約時に両当事者，少なくとも違反当事者が有していた知識(knowledge possessed)により判断される。その場合の当事者が有していた知識には二種類あり，見做される知識(imputed knowledge)と現実の知識(actual knowledge)がある。この前者がHadleyルールの第一原則に該当し，契約違反者が現実に有していたかどうかに関係なく有していたと仮定される(assumed)知識である。また後者はHadleyルールの第二原則に該当し，ある契約違反が通常の場合よりも大きな損害を引き起こすであろう，という特別の事情を知っていた場合にはより大きな損害に対して賠償しなければならない，とした。

以上からHadley原則をまとめると，契約違反による損害賠償の範囲は，契約締結時にその違反から発生するであろうと合理的に予見された損害賠償に限定される，ということである。合理的に予見可能であったかどうかは契約締結時における両当事者が有した知識によって判断されることとなる[34]。つまり損害が「事物の通常過程(the ordinary course of things)」により生じたものであれば現実に予見可能であったかどうかは問わずに賠償責任が生ずる。しかし「特別の事情」により生じたものであれば，賠償責任を課す必要条件として，当該「特別の事情」が当事者に知らされていなければならない[35]。しかしこの「通常の過程」と「特別の事情」との区別が現実的に大変難しく微妙な場合があり，予見可能性の判断は個々の事例を具体的に検証する必要があるため，区別が固定的でなく流動的になる傾向がある[36]。結局はいかなる範囲まで損害を賠償させ

---

[33] 原文は"The aggrieved party is only entitled to recover such part of the loss actually resulting as was at the time of the contract reasonably foreseeable as liable to result from the breach."。
[34] 平井宜雄『損害賠償法の理論』129頁(東京大学出版会，1971年)。
[35] 同書。
[36] Harvey McGregor, *Mayne and McGregor on Damages* 127 (12th ed. 1961).
[37] McCormicは，アメリカの判例を分析し裁判官の判断に影響を与える二つの要因を挙げている。第一は，被告が負担すべき賠償額と，被告がその契約によって得るはずの代償または利得との均衡，第二に被告に帰せられる過失(fault)の程度，とされる(平井宜雄，前掲注34, 134頁注75)。

るのが適当であるのか，という判事の価値判断によって決定されることになる。[37]
しかし Hadley 事件での第一原則，第二原則が前掲の Victoria Laundry 事件で予見可能性の要件に統合され，結局契約違反について賠償されうる損害は，契約締結時に当事者により予見された範囲のものに限る，という一般準則が確立されるに至った。これを「Hadley 原則」という。[38]

　Hadley 原則確立以前の物品売買取引の契約違反に対する損害賠償の原則は，物品の契約価格と引渡し日時・場所による市場価格との差額に損害賠償が制限されていた。[39] この物品売買の原則は，18 世紀終りロンドン証券取引所における取引が最初のものとされ，それが個人的財産の全ての売買に適用されるようになった。[40] この Hadley 原則の斬新さは，それ以前の損害賠償に関する原則は，履行利益や特別損害を認めない，という点で共通していたことに対し，[41] 予見可能性という要件を案出し，かつ特別の事情が通知された場合に限り契約違反から生じた逸失利益をも請求しうることを制度的に確立したという点にある。[42] その後この予見可能性により厳しい制限を加えようとする動きがあり，危険引受の黙約 (tacit agreement) という法理が登場した。[43] これは契約締結時にその債務に付随するリスクを引き受けることを黙示に合意した場合を除き，裁判所は特別損害に対してその責任を課さない，というものである。つまり単に損害が予見できるような事実を相手当事者に通知するだけでは不十分であるとし，[44] この

---

[38] 望月礼二郎，前掲注 17，441 頁。
[39] Grant Gilmore, *The Death of Contract* 57 (2d ed. 1995).
[40] *Id*. at 141 n. 121.
[41] *Id*. at 56-57.
[42] 木下毅，前掲注 14，400 頁。この Hadley 事件の判決は，フランス人の学者 Pothier の著書 (R. J. Pothier, *A Treatise on the law of Obligations, or Contracts* (W. D. Evans transl. 1806))から導かれたものであるとされる(Calamari, *supra* note 6, §14.5 at 568 n. 2)。またこの記念すべき判決は，Pothier から導かれ，引用したアメリカの事件の多くに先を越されていた。つまりアメリカの裁判所は Hadley 事件以前に制限的な損害賠償の法則が確立されており，例えば Sedwick, *Treatise on the Measure of Damages* (1847)はこれらを体系化したものとして権威がある (Morton J. Horwitz, *Book Review*, Grant Gilmore, *The Death of Contract*, 42 U. Chi. L. Rev. 787, 792 (1975))。またこの時代背景は 19 世紀の法における革新は，大陸法の影響を受けている学者の学術論文を吸収し，イギリスのコモン・ロー判決の決定において取り入れていくことが奨励されていた(R. Danzig, *Hadley v. Baxendale: A study in the Industrialization of the Law*, 4 J. Leg. Stu. 257 (1975))。
[43] 木下毅，前掲注 14，400 頁。
[44] Farnsworth, *supra* note 10, §12.14 at 794.

危険引受の黙約理論が導入された事例がある[45]。ここでアメリカの有名な判例 Lamkins v. International Harvester Co. 事件を紹介する[46]。

　原告は農夫であり，被告からトラクターを約1,400ドルで購入する契約をし，契約時に夜間でも作業ができるようにと20ドルの照明装置が必要である旨伝えた。しかしトラクターが引き渡されたとき照明装置は装着されておらず，そのため25エーカーの大豆の作付けができなかった。そこで原告はその損失540ドルの損害賠償を請求した。最終的に裁判所はこの請求を認めなかった。なぜなら被告がその照明装置の装着を怠った場合に生ずる穀物の収穫に関する損失リスクまで引き受けているとは考えにくく，認めることは不合理になると判断したからであった。この判決をした裁判所は根本的に，違反当事者が負担するリスクと受け取る対価(consideration)が不均衡な場合には，たとえ特別の事情が違反者に知らされていたとしても，当該リスクを違反当事者に課すことは非常に酷である，という考えがある[47]。このように必ずしもHadley原理が万能というわけではない[48]。

　またイギリスではHadley事件後，Hadley原則をより厳格に解釈した「危険引受の黙約」が適用された事例が見られる[49]。これは，予見できる結果的損害(consequential damages)の危険を負担させるには，リスクを引き受ける(assume)という黙示の意思表示(manifestation of intent)を必要とする，というものである。しかし前出のVictoria Laundry事件では[50]，Hadley原則を逆に緩和しており[51]，近年イギリスでは「危険引受の黙約」はほとんど使われていない[52]。

　アメリカでは，1903年にホームズ裁判官(Oliver Wendell Homes)が契約と不

---

[45] イギリスでは，Saw Mill Co. v. Nettleship, L. R. 3 C. P. 499, 506 (1868)，アメリカではGlobe Refining Co. v. Lauda Cotton Oil Co., 190 U. S. 540, 543 (1903)が有名な事例として挙げられる。
[46] 207 Ark. 637, 182 S. W. 2d 203 (1944).
[47] Summers & Hillman, *supra* note 30, at 250. アメリカではAppliances, Inc. v. Queen Stove Works Inc. 事件(228 Minn. 55, 36 N. W. 2d 121 (1949))においても否定されている。
[48] Summers & Hillman, *supra* note 30, at 250.
[49] Perillo, *supra* note 6, §14.5 at 570.
[50] 注32参照。
[51] Perillo, *supra* note 6, §14.5 at 570 n. 14.
[52] *Id.* §14.5 at 570-571.

法行為との境界が曖昧になることを懸念し，この概念を導入した。ただし現在，この考えに賛同するものはほとんどいない。現在のアメリカではこの「危険引受の黙約」はそれが過度に制限的(overly restrictive)であり，学説的にも不十分(doctrinally unsound)という理由から一般には認められていない。そのため現実に知っていたか否かにかかわらず，契約締結時において知っているという合理的な理由(reason to know)さえあれば責任を負う，とされる。またUCCのコメントでは，後続的損害賠償の危険引受の黙約基準(The 'tacit agreement' test for recovery of consequential damages)は明確に否定されている。

イギリスでは現実の行為と損害の疎遠性(remoteness of damage)はHadley原則に基づき物品売買法第50条第2項・第51条第2項に規定され，これが賠償範囲の原則とされている。アメリカにおいてもHadley原則は基本的に継承されているが，Hadley原則を導入しつつ自ら損害賠償の法理論を緻密に発展させていったアメリカの損害賠償理論について以下検討していきたい。

3 アメリカにおける損害賠償理論とその発展

18世紀半ば以降の損害賠償理論の発展は，一般に陪審の判断をコントロールするという目的があり，アメリカで顕著であった。そのためには実体的法準則を発展させる必要があったため，損害賠償の分野においてはHadley原則以外の理論はほとんどアメリカにおいて独自に発展したものであるとされる。こ

---

[53] Gilmore, *supra* note 39, at 56-57. 逸失利益の賠償について，契約違反においては認められていなかったが，不法行為においては認められていた。契約違反においても逸失利益が認められる傾向が強まっている原因として，産業が発達し商取引契約が増加していることがあげられている。

[54] Globe Refining Co. v. Lauda Cotton Oil Co., 190 U. S. 540, 23 S. Ct. 754, 47 L. Ed. 1171 (1903) (Perillo, *supra* note 6, §14 .5 at 570-571).

[55] Perillo, *supra* note 6, §14. 5 at 570-571.

[56] Farnsworth, *supra* note 10, §12. 14 at 794.

[57] UCC §2-715(2) & comment 3.

[58] UCC §2-715(2) comments 2 & 3.

[59] A. G. Guest, general editor, *Benjamin's Sale of Goods*, §16-042 at 844-846 (6th ed. 2002). 訳については「(原因行為と)損害の疎遠性」とある(田中英夫編集代表『英米法辞典』718頁(東京大学出版会，1991年))。

[60] 望月礼二郎，前掲注17，428-429頁。

れらの中で最も重要なものとして，1937年に"*The Reliance Interest in Contract Damages*"というタイトルの論文(以下「Fuller & Perdue 論文」という)が公表された。[61] アメリカ契約法における損害賠償は履行利益(expectation interest)の賠償を基本としている。[62] しかしこの論文では，従来十分な検討がなされていなかった信頼利益(reliance interest)の賠償が現実の判例において行われていること，そしてそれは履行利益の賠償かまたは賠償責任を全て認めないのか，という all or nothing の二者択一しか認めない伝統的な契約法理に対して，信頼(reliance)という中間的な救済を認めており，それが重要な機能を果たしている点が指摘された。[63] これこそが真に商学的感覚であると考える。また内田貴教授は「信頼を保護するという目的は，合理的な信頼を裏切る行為はそれにより発生した損害を填補する責任が生ずる，という契約法上のルールが存在するからであろう」と指摘されている。[64] この Fuller & Perdue 論文により，契約違反に対する救済につき契約当事者の保護される範囲について，履行利益(expectation interest)，信頼利益(reliance interest)，原状回復利益(restitution interest)の三つに分類され，その後の学説や判例はこの区別を基礎として発展し，現在では第二次契約法リステイトメントに規定されるまでに至り，法理論としても確立されている。[65] 原則的には賠償される範囲が大きい順に，履行利益，

---

[61] Lon L. Fuller & William R. Perdue, *The Reliance Interest in Contract Damages*, 46 Yale L. J. 52, 373 (1937).

[62] UCC 1-305(1) "Remedies provided by [this Act] must be liberally administered to the end that the aggrieved party may be put in as good a position as if the other party had fully performed but neither consequential or special damages nor penal damages may be had except as specifically provided in [the Uniform Commercial Code] or by other rule of law.".

[63] 内田貴『契約の再生』122頁(弘文堂，1990年)。

[64] 同書。また契約における信頼利益の賠償については，Andrew Burrows, *Remedies for Torts and Breach of Contract* , Ch. 5 (Contractual reliance damages) at 64-72 (3d ed. 2004)参照。

[65] Restatement (Second) of Contract § 344. 重要な内容を含んでいるので，訳文を参考のため掲載する。「第344条救済方法の目的　本リステイトメントの定める諸規則に基づいて与えられる裁判上の救済は，受約者(promisee)の有する以下の利益のうちの一つ，または複数の利益を保護するためのものである。(a)履行利益，すなわち契約が履行されていれば受約者がおかれていたであろう立場に受約者をおくことにより，交換取引の便益を取得する利益。(b)信頼利益，すなわち契約が締結されていなければ受約者がおかれていたであろう立場に受約者をおくことにより，契約に対する信頼から生じた損失を填補される利益。(c)原状回復利益，すなわち受約者が相手方に与えた利益を自己のものに回復する利益」。訳文は，樋口範雄，前掲注7，63-64ページを参考に筆者が作成した。

信頼利益，原状回復利益となり，法の救済力が強い，すなわち賠償が認められ易い順に，原状回復利益，信頼利益，履行利益となる。それでは以下，詳細に検討していく。

　まず原状回復利益であるが，Fuller & Perdue 論文によると，「不正な損失と不正な利益との結合からなる原状回復利益は，救済範囲において最も必要性の高いものである」とされる。[66] 原状回復の目的は，約束の強制的な履行ではなく不当利得の防止であり，そこで問題とされるのは被害当事者ではなく違反当事者である。つまり被害当事者を契約が締結されていなかったならば，いたであろう立場におく，というものである。具体的には違反当事者は契約することによって受け取った金銭やサービスの全てを吐き出す(disgorge)ことが要求される。[67] 一般には信頼利益や履行利益よりも小さい。なぜなら信頼利益は被害当事者の契約を信頼して行動した分の支出についても賠償が認められ，履行利益はそれにプラスして逸失利益までも含められるからである。一方，原状回復利益では逸失利益や信頼して行動した費用を賠償として認められず，単に違反当事者が違反により利益を得ることを防止するだけだからである。ただしこの基準により救済を求める場合が例外的にある。物品売買契約では稀であるが，代表的な例として契約を履行すると損失となる契約(losing contract)がある。[68] 契約の根本的前提として当事者は利益を期待して契約を締結するものであり，これと矛盾するように感じられるが，現実には契約時に利益があると想定して契約したが，その後の状況の変化により損失となる場合もある。損失となる契約であっても，自らが契約違反をすれば救済されるのではなく，当然相手方に対し賠償しなければならない。ここでは契約締結後，損失となる契約において相手当事者が違反した場合のみ原状回復利益に基づく救済が有効となる。もし履行利益に基づく救済を主張する場合，履行すれば利益ではなく損失となるため不合理である。同様の状況において，信頼利益を主張した場合，違反がなかっ

---

[66] Fuller & Perdue, *supra* note 61, at 56.
[67] Farnsworth, *supra* note 10, §12. 1 at 733-734.
[68] 樋口範雄，前掲注7，75-76頁。

たならば(履行していたならば)原告(被害当事者)には損失が生じたであろうことを立証されると，その損失分は信頼利益から減額されることとなる。しかしそれが原状回復利益に基づくものであれば減額はない。なぜならば原状回復は，不当利得を吐き出させることが目的であり，その限りで原告の事情(この場合履行すれば損失が発生するという事実)は無視できるからである。[69] 信頼利益は被害当事者を契約が締結されていなければおかれたであろう立場におくことが基本であるが，原状回復利益は違反当事者を契約が締結されていなければいたであろう立場におくことである。[70]

ここで原状回復利益のリーディング・ケースである Bush v. Canfield 事件判決を紹介したい。[71] 原告(買主)と被告(売主)が 14,000 ドルの小麦の売買契約を締結した。原告は前払い金として 5,000 ドル支払ったが，後に被告が履行を拒否した。その際小麦の市場価格は下落し，11,000 ドルであった。被告は契約が履行されていれば生じていた損害 3,000 ドル(契約金額—代替取引市場価格)を考慮すべきと主張し前払い金 5,000 ドルから損失するはずであった 3,000 ドルを差し引き，返還金を 2,000 ドルとするよう裁判所に求めたが，認められなかった。もし仮に被告の主張を容認すると，被告は 3,000 ドルの不当利得になるからである。そのためこの事例では，原告が前払い金として支払った 5,000 ドルの返還を命じた。

次に信頼利益についてみていきたい。これは第二次契約法リステイトメントに規定されているように，[72] 信頼利益は契約が履行されていなければ受約者(promisee)がおかれていたであろう立場に受約者をおくことを基本としている。この利益区分は Fuller & Perdue 論文によるものであり，[73] これが契約法リステイトメントに規定されるまでに至った。原告(被害当事者)は被告(違反当事者)が強制力のある交換の(bargained-for)約束に違反した場合には，履行利益

---

[69] 同書。
[70] Farnsworth, *supra* note 10, §12. 19 at 821.
[71] 2 Conn. 485 (1818). (*Id.* §12. 20 at 825 n.9).
[72] Restatement (Second) of Contract §344.
[73] Fuller & Perdue, *supra* note 61, at 56.

ではなく信頼利益による支出や損失の賠償を求める選択権がある,とする[74]。信頼利益の賠償は,原告が被告の契約上の約束を信頼して被った損害に対する補償である[75]。第二次契約法リステイトメントでは「裁判所は当該状況において,不均衡な補償を回避するために正義が要求する(Justice so requires in order to avoid disproportionate compensation)と判断した場合には,逸失利益を排除し,信頼から生じた損失に対する信頼利益のみを与え,またはその他の方法により予見可能な範囲に損害賠償額を制限できる」と規定している[76]。また同法第90条(Promissory Estoppel)の場合と同様,正義の要求するところに従って危険の配分を適正にする裁量権を裁判所に与えていることも注目される[77]。このように信頼に基づく賠償は,原告が自ら請求できるものであり,また履行利益に基づいて賠償しても裁判所の裁量により信頼利益に制限されることもある。一般には履行利益の方が信頼利益よりも救済範囲が広いとされるが,どういった場合に信頼利益に基づく賠償を求めるのであろうか。

信頼利益の主張は,原告が履行利益の損害賠償を十分な確実性をもって(with reasonable certainty)証明することが困難な場合の選択肢として考えるべきである,とされる[78]。また信頼利益の方が履行利益より有利な点が二つある[79]。第一に,契約が損失を発生させるもの(losing contract)の場合。この場合には履行すれば損失が生ずるため,履行利益の賠償請求はなされない。第二に,信頼利益の賠償請求は立証が比較的容易であること。履行利益の場合,逸失利益の算定が容易な場合には問題ないが,複雑な場合や確実な立証が困難な場合でも,自らの支出費用だけでも賠償してほしい場合には有利である。また信頼利益には二種類のものがある[80]。契約の相手方の約束を信頼して契約の準備または契約債務

---

[74] Dobbs, *supra* note 8, at 771-772. ちなみにイギリスにおいても原則として,信頼利益もしくは履行利益かの選択権があるとされる(Michael P. Furmston., *Cheshire, Fifoot & Furmston's Law of Contract*, §21.2.A at 661 (14th ed. 2001))。
[75] Dobbs, *supra* note 8, at 772.
[76] Restatement (Second) of Contracts §351(3). 訳文は木下毅,前掲注14,414頁による。
[77] 木下毅,前掲注14,414頁。
[78] Dobbs, *supra* note 8, at 772.
[79] 樋口範雄,前掲注7,74頁。
[80] Restatement (Second) of Contracts §349 comment 9.

を履行するために支出した費用である基本的信頼利益(essential reliance)，相手方の履行を前提として転売等の付随取引についての準備に支出した費用である付随的信頼利益(incidental reliance)がある。前者に基づく請求は，基本的信頼利益が履行利益を超えるような契約は損失を発生させる契約となるため，客観的に算定された履行利益までに制限されるべきであるとされる[81]。Fuller & Perdue 論文によると「契約が完全に履行されていればおかれたであろう立場よりも原告をより良い立場におく，ということを知りながらなされた契約を信頼して被った損失に対して法は補償しない」とまとめている[82]。これは契約救済法の「違反の性格に関係なく被害当事者は，契約が履行されたよりもより良い立場におくべきではない」とする原理に合致している[83]。

次に履行利益について見ていきたい。この損害賠償の算定方法については，第二次契約法リステイトメントに詳細に規定されており[84]，履行利益に基づく賠償額の算定式は次のようになる[85]。

〔A〕一般算定式(General measure)

= 填補賠償額(Loss in value) + その他損害(Other loss)

- 回避した費用(Cost avoided) - 回避した損害(Loss avoided)

この内容について順次説明する。まず"Loss in value"。これは「契約を履行すれば被害当事者が享受するはずであった価値と，実際に享受した価値との差異」とされる[86]。これには「填補賠償額」との訳語をあてる[87]。例えば物品売買

---

[81] Fuller & Perdue, *supra* note 61, at 79.
[82] *Id.* 原文は "We will not be in a suit for reimbursement for losses incurred in reliance on a contract knowingly put the plaintiff in a better position than he would have occupied had the contract been fully performed."。
[83] Farnsworth, *supra* note 10, §12. 8 at 760. 原文は次の通り。"It is [sic] afundamental tenet of the law of contract remedies that, regardless of the character of the breach, an injured party should not be put in a better position than had the contract been performed."。
[84] Restatement (Second) of Contracts §347. この規定をイギリス物品売買法の規定と比較考察してみると，イギリスの損害賠償原則がアメリカで緻密に発展，整備，体系化されていることが指摘できる。アメリカでは自己完結的であり，詳細かつ機能的側面を感じる。
[85] Restatement (Second) of Contracts §347; Farnsworth, *supra* note 10, §12. 9 at 768.
[86] Farnsworth, *supra* note 10, §12. 9 at 765. 原文は "The difference between the value to the injured party of the performance that should have been received and the value to that party of what, if anything, actually was received will be referred to us the loss in value."。

契約において当該商品が欠陥品である場合，契約で決めた商品との差額がこの填補賠償額に相当する。これは合理人(a reasonable person)や市場価格ではなく，当事者の被った損害を裁判所が判断し，決定すべきであるとされる[88]。次に"Other loss"，その他損害であり，填補賠償額以外に発生した損害のことであり，予見可能性の制限を受ける[89]。これは付随的損害賠償(incidental damages)と後続的損害賠償(consequential damages)に分けられる。前者には更なる損害の発生を防止するために費やした追加的費用(additional cost)を含んでいる。後者には，違反行為により生じた人的または資産的損害を含む。次に"Cost avoided"，回避された費用。これは被害当事者が履行されていれば被ったであろう費用の支出が回避できた分をいう[90]。つまり契約の履行が中止された場合，それ以降に履行のために支出するはずであった費用が不要になり，回避された分がこれに該当する。次に"Loss avoided"，回避された損害。これは履行により使用されるはずであった原材料のすべてまたは一部を他に転用・転売することによって救済し，再分配することによって回避できた損害分のことである。例えば製造業者が製品の製作途中で契約が破棄された場合，その半製品を他の商品の一部分として組み入れて活用したり，その半製品をそのまま転売したり，またはスクラップとして換金する等がある。またこの算定方法については，売主(supplier)と買主(recipient)がそれぞれ被害者である場合は次の通り。

〔B〕売主の損害賠償金(Supplier's damages)

　　　＝信頼費用(Cost of reliance) － 回避した損害(Loss avoided)
　　　　＋利益(Profit) ＋ その他損害(Other loss)

　また〔A〕式のCost avoidedは，Cost of complete performance（完全履行費用）から約束を信頼して履行するための準備等に要した費用であるCost of

---

[87] この"loss in value"について，丸山英二教授は「逸失利益」と訳しておられるが(丸山英二『入門アメリカ法』179頁(弘文堂，1993年))，これには利益(profit)の概念が含まれていないので誤解が生ずる懸念がある。木下毅教授は「填補賠償額」との訳語をあてておられ(木下毅，前掲注14，407頁)，こちらが適訳であると思われる。
[88] Farnsworth, *supra* note 10, §12.9 at 765.
[89] *Id.* §12.9 at 766.
[90] *Id.* §12.9 at 767.

reliance(信頼費用)を差し引いたものである。また Loss in value から Cost of complete performance を差し引いたものとなるので、これらを〔A〕式に代入すると、上記〔B〕式が導かれる。[91]また転売した際の算定式は、次の〔C〕式となる。[92]

〔C〕売主の損害賠償金(Supplier's damages)
　　　＝契約価格(Contract price) − 転売価格(Re-disposition price)
　　　　＋その他損害(Other loss)

この〔C〕式は、履行のために必要なものが全て準備され、かつその全てが何らかの形で転売できた場合である。[93]ここで"Re-disposition price"とは、転売した価格のことである。次に買主の場合では、契約により得るはずであったものを他で入手した場合、その価格を"Replacement price"として次の〔D〕式が導かれる。[94]

〔D〕買主の損害賠償金(Recipient's damages)
　　　＝代替品入手価格(Replacement price) − 契約価格(Contract price)
　　　　＋その他損害(Other loss)

以上のようにアメリカでは、履行利益、信頼利益、原状回復利益という概念を発展させ、損害賠償の算定方法においても緻密な算定式が開発され現在に至っている。これに対しイギリスにおいては、このアメリカの理論的基礎である Fuller & Perdue 論文による利益区分の概念が導入され、いくつかのイギリス契約法の文献において説明がなされている。[95]しかしまだ内容の紹介程度であり、本格的な導入には至っていない。イギリスでは基本的に物品売買法の規定を原則としている。次にその内容について見ていきたい。

---

[91] *Id.* § 12. 10 at 770.
[92] UCC § 2-708 (1); *Id.* § 12. 10 at 771.
[93] 丸山英二、前掲注87、181頁。
[94] UCC § 2-713 (1); Farnsworth, *supra* note 10, § 12. 11 at 776.
[95] 例えば次の文献がある。J. Beatson, *Anson's Law of Contract* 599 (28th ed. 2002); Guenter H. Treitel, *The Law of Contract* 940 (11th ed. 2003); Furmston, *supra* note 74, § 21. 2. A (Remoteness of damage and measure of damage) at 658-678.

4 通常損害と特別損害

　通常損害(general damages)とは一般に，契約違反から通常生ずると考えられる客観的な損害をいう。[96]またイギリス物品売買法第51条，第52条では物品が引き渡されていない場合の損害賠償の規定がある。この「客観的な」というものは市場価値によるものであり，通常損害の賠償は「受け取られる，引き渡される予定であった時の当該物品の市場価格と契約価格との差額である」とされる。[97]もし市場価格が契約価格よりも低ければ，名目的損害賠償(nominal damages)だけになる。なぜなら市場で特別な支出をすることなく代替品(replacement goods)を購入できれば実質的損失はここで発生しないからである。[98]まだ引き渡されていない場合の損害賠償の目的は，市場で代替品を購入するのにかかる追加費用を補償することにある。[99]これは客観的に市場価値で判断されることであり，かつ現実に損害が発生していることを必要とせず，履行期におけるバランスシート上の損害とされる。[100]

　近年では市場で代替取引をしない場合が増加し，被害当事者はむしろ契約違反がなかったならば得たであろう利益を受け取ることによってのみ失われた利益を回復できる，と考えられつつある。そのため1940年代以降は物品売買契約においては，逸失利益の請求がほとんど定型化されるまでになったといわれる。[101]それを証明するかのように，UCCの第2編第712条のコメントにおいて[102]

---

[96] 通常損害(general damages)，特別損害(special damages)という文言について英米法においては，本来三つの意味がある。第一に，Hadley事件の原則である契約法上のもの。第二に，証拠に関する不法行為上のもの。第三に，訴答(pleading)に関するもの。本論では当然，第一の契約上の意味において用いている(McGregor, *supra* note 1, §1-029〜§1-034 at 19-23)。

[97] Beatson, *supra* note 95, at 609-610.

[98] Patrick S. Atiyah, John N. Adams & Hector MacQueen, *The Sale of Goods* 492-493 (11th ed. 2005); Barrow v. Arnaud, 8 Q. B. 604, 609 (1846) (Guest, general editor, *supra* note 59, §16-058 at 859 n.81).

[99] Atiyah, Adams & MacQueen, *supra* note 98, at 484.

[100] 樋口範雄，前掲注7，296頁。

[101] Comment, *Lost Profit as Contract Damages: Problems of Proof and Limitations on Recovery*, 65 Yale L. J. 992, 993 (1956); 木下毅，前掲注14, 401頁注28。

[102] UCC 2-712 comment 3.

も「被害当事者(買主の場合)は代替品を入手(cover)するか損害賠償のみを請求するか自由に選択できる(always free to choose…)」とある。アメリカ契約救済法の権威である Dobbs 教授も同様の記述をしている。[103] 一方、イギリス物品売買法第 50 条は一応の規定(a prima facie rule)であり、これが不十分な場合には適用されない、とされる。[104] ここで問題となるのは市場価格の算定時期と場所についてである。時期については一般には履行期とされるが、期日前拒絶(anticipatory repudiation)の場合には若干複雑であり、実際のところ現在、判例・学説ともにはっきりと確立していない。これに関しイギリスでは算定時期に関する記述がある物品売買法第 50 条および第 51 条によると、損害賠償の算定時期は「受取り・引渡しがなされるはずであった時、または拒絶の承諾時」とされているが、期日前拒絶については物品売買法には何ら規定がない。[105] イギリスの場合原則として、拒絶の通知時ではなく履行期とされるが、あまり硬直的に用いるべきではないとされる。[106]

例えば CIF 契約において、買主の救済を規定する物品売買法第 51 条第 3 項における物品の引渡し時期は、船積期間が設けられている場合には、その最終日を基準として賠償額が算定される。イギリスではこの不履行時を違反時とし、これを基準とする市場価格原則が確立されている。ただし実際に違反時とされる当該日に代替取引をするのは現実的に困難である。そのため損害賠償の算定時期が違反時である、とする一応の原則は存在しているが、買主救済の場合、もし売主が履行しないことを買主が最終的に承諾した場合、その承諾時の市場価格によるとされる。[107] また算定場所については、FOB 条件や CIF 条件での売買の場合、仕向地(destination)の市場が賠償算定の一応の基準とされる。[108] もし

---

[103] Dobbs, *supra* note 8, §12.2(2).
[104] Furmston., *supra* note 74, §21.2. A at 670.
[105] The Sale of Goods Act (1979) §51(3). 期日前拒絶とは、履行期以前に相手当事者に対して契約履行の拒絶を通知することである。
[106] Atiyah, Adams & MacQueen, *supra* note 98, at 492-493.
[107] *Id.* at 490.
[108] *Id.* at 492. ただしインコタームズ 2000 においては、これら両条件は積地売買条件(shipped terms)である。

買主が違反をし売主を救済する場合，売主は他の買主を見つけなければならない。この場合，売主が限定された地域でのみ営業していたときにはその地域での市場価格が基準となるが，国際的な取引の場合，この仕向地基準が適用される可能性は高い。

アメリカでは物品売買契約において，売主が履行期日以前に引渡しを拒否した場合，買主が契約違反を知ったとき(at the time when the buyer learned of the breach)の市場価格と契約価格との差額を損害賠償とする，とUCC第2編第713条に規定されている。これは履行期ではなく期日前拒絶の通知時を基準としているが，反対意見も多い。[109] 算定場所については，UCC第2編第713条コメント4において「提供場所(the place of tender)」とされている。[110] 以上から，イギリスおよびアメリカにおいて基本原則は確立されつつあるが，まだ流動的であるため損害賠償の算定時期と場所について契約時に交渉したり，裏面条項にその旨記載しておくとよいだろう。

また通常損害についてはいくつかの批判がある。例えば不履行による後続的損害(consequential damages)は含まれず，原告の個々の事情は考慮されない。そのため通常損害では被害当事者に対し真に補償したことにはならず，そのため特別損害を基準にすべきである，という主張がある。[111] しかし一方で通常損害は重要な利点があるとの指摘もある。[112] 第一に，被害当事者が代替履行する際の費用を正確に算定できること。第二に，契約で保証したことを最も正確に反映しているということ。例えば小麦の売主は買主がその小麦を使用してパンを製

---

[109] 期日前拒絶の算定時期については大きく三説あり，第一に拒絶の通知時，第二に拒絶の通知時から商業的合理時間(commercially reasonable time)経過時，第三に履行期がある。コモン・ローの発想から履行期を主張しているものとしてJames J. White & Robert S. Summers, *Uniform Commercial Code*, §6-4 at 195-202 (4th ed. 1995)がある。
[110] 期日前拒絶について，コモン・ロー，UCC, Restatementそれぞれの詳細な説明をしている論文として，George I. Wallach, *Anticipatory Repudiation and the UCC*, 13 U. C. C. L. J. 48 (1980)，また著書としてGeorge I. Wallach & William H. Henning, *The Law of Sales under the Uniform Commercial Code* (Rev. ed. 1992)がある。この著書の第6章で期日前拒絶が取り上げられ，主として前者の論文は§6.01 (Defining Anticipatory Repudiation)に組み込まれて書かれており，Wallach教授はRestatementの主張を支持している。
[111] 樋口範雄，前掲注7, 299頁。
[112] 同書300-301頁。

造し,それによる収益まで保証して契約しているわけではない。第三に,損害賠償について当事者間で何も取り決めていない場合であっても通常損害はほぼ認められること。第四に,特別損害と比較して低コストで立証可能であること。第五に,特別損害は実現したものではなく,あくまで仮定・推測のことであるため確実性が劣り,通常損害の方がより確実な算定方法であること。第六に,損害賠償に関する基本原則を提供しているということ。

また特別損害(special damages)については,履行期における履行自体の価値ではなく,履行により得ることができる利益,または不履行によって被る損失を含むものをいう。[113] これは一般に,原告の個別的事情に大きく関係し,当該商品の客観的市場価格に反映されないものである。つまり厳格な算定が難しいものであり,履行による利益と不履行による不利益との因果関係がどの程度存在するのか,という問題であり,履行期だけでなく将来にわたる損害を含む。[114] また特別損害は逸失利益と同義語として使用されることがあるが,これは誤用であり同義でない。[115] 特別損害は逸失利益に付加して追加費用(added expenses)が含まれることがあるからである。ただし逸失利益が大きな割合を占めていることは確かである。[116]

通常損害と特別損害とを区別する実益は,前者には課されない要件が後者には厳格に課されるというという点である。[117] 特別損害が認められるためには以下,三つの要件が課せられる。

第一に,確実性の基準(certainty test)。これは損害が合理的な程度に確実性をもって金銭的計算が可能である必要があり,これが困難であれば認められない,というものである。イギリスでは19世紀中葉,契約上の損害賠償を与えるについて陪審の裁量権をコントロールするために予見可能性が導入された

---

[113] 同書297頁。
[114] Dobbs, *supra* note 8, at 897.
[115] ここでは一般的な"special damages"だけでなく,"consequential damages"も特別損害という意味で使われている(Special damages is also referred to as consequential damages and the terms are used interchangeably here.)。原文では"special damages"は単数扱い。
[116] Dobbs, *supra* note 8, at 770-771.
[117] *Id.* at 770;樋口範雄,前掲注7,298頁。

が，アメリカでは同じ目的のために追加的な原則である「確実性の要件(the requirement of certainty)」が形成された。これはコモン・ローの損害賠償に対してアメリカの裁判所がおそらく最も特徴的な貢献をしたものと位置づけられている。[118]このリーディング・ケースとして1858年ニューヨークで発生したGriffin v. Clover事件[119]がある。これにより契約違反に対する損害賠償の認定につき，確実性の原則が必要とされるようになった。この原則は，事実上明確かつ納得のいく(clear and satisfactory)証拠によって示され，かつ確実性を伴い，投機や憶測(speculation or conjecture)がないようなものでなければならない，とされた。[120]ただしこの点につきUCCのコメントでは「数学的正確さでもって算定される必要まではない」[121]としている。また第二次契約法リステイトメントでは「損害賠償は，合理的確実性を持って算定された証拠による金額を超える損害に対しては賠償されない」としている。[122]

この原則につき近年，三つの傾向がみられる。[123]第一に，確実性の原則が緩和される傾向にあること。先ほどみたUCCのコメントと同様，第二次契約法リステイトメントにおいても「損害賠償は数学的正確さで持って算定される必要はなく，かなり正確であればよい」としている。[124]またアメリカの契約法の権威書においても「絶対的な正確さを要求するものではなく，かなりの正確性があればよい」とするものが多い。[125]また新規事業の原則(new business rule)というものがある。これは新規事業の場合，収益が実際に上がるか否か，成功するか否かは不明なため，確実性は不十分で特別損害は認められない，というのが従来の原則であった。しかし現在では同種の事業での収益率等を参考に十分な立

---

[118] Farnsworth, *supra* note 10, §12.15 at 799.
[119] 16 N.Y. 489, 491 (1858).
[120] Farnsworth, *supra* note 10, §12.15 at 800.
[121] UCC 1-305 comment 1.
[122] Restatement (Second) of Contract §352. 訳文は，樋口範雄，前掲注7，303頁による。
[123] 樋口範雄，前掲注7，303頁。
[124] Restatement (Second) of Contract §352 comment a. 原文は "Damages need not to be calculable with mathematical accuracy and are often at best approximate."。
[125] 例えばPerillo, *supra* note 6, §14.8 at 574。原文は "It seems to be generally recognized that absolute certainty is not required; 'reasonable certainty' will suffice."。

証がなされれば特別損害の賠償を認めることに寛容な傾向がある。また「暖簾(goodwill)」が傷ついた、信頼を失墜したため将来的な顧客を失った、というような無形の損害について従来、損害賠償は認められることが困難であった。[126] しかし現在、第二次契約法リステイトメント第352条例示14において「合理的な立証がなされれば賠償は認められる」としている。[127]「暖簾」の損害の確実性自体が困難である、とする判例もあるが、[128] 傾向として無形の「信用・評判」に対する損害賠償の確実性の原則が緩和されつつあるといえる。

第二に、回避可能な結果の原則(avoidable consequence rule)。これは原告に後続的損害(consequential damages)を最小限度に抑制するよう合理的な努力を要求しているもので、これを懈怠した場合にはその回避できたはずの損害は、賠償額算定においては認められない、というものである。これはしばしば「損害軽減義務(duty to mitigate)」と俗称されているが、実際にその義務を課しているわけでなく、単に賠償請求として認められないことであるから、より適切な表現として当該名称が使用されている。[129] これは経済合理性の観点からすると明確であり、被害当事者に違反から生ずる無駄な結果を最小限に抑制するようなインセンティヴが組み込まれている。またこの原則は救済法に限らず法全体に浸透している原則でもある。[130] この原則の下では、被害当事者(原告)が適切な手段をとらなかったために損害が拡大したことの責任は、本人が負う。[131]

この原則の方法として大きく二つあり、一つは損害を最小限度に抑制するよう積極的に行動させることであり、もう一つは必要以上に損害を拡大させないように何もしないことがある。[132] また通常の範囲内において損害の軽減を要求されているわけであり、[133] 具体的事例において合理人として行動したか否かという

---

[126] 樋口範雄、前掲注7、303頁。
[127] 訳文は、同書304頁による。
[128] Delano Grower's Coop. Winery v. Supreme Wine Co., 473 N. E. 1066 (1985) (樋口範雄、前掲注7、304頁)。
[129] Farnsworth, *supra* note 10, §12.11 at 779-780.
[130] Sciffer v. Board of Educ. 393 Mich 190, 224 N. W. 2d 255 (1974). "The principle of mitigation is a thread permeating the entire jurisprudence." (Farnsworth, *supra* note 10, §12.11 at 779 n. 2).
[131] Farnsworth, *supra* note 10, §12.12 at 799-780.
[132] Treitel, *supra* note 95, at 977.

ことは個別の事実問題である,とされる。[134]また第二次契約法リステイトメントの規定にあるように,[135]損害の拡大防止には二つある。一つは回避できたはずの損害を防止しなかった場合,もう一つは,逆に損害を回避する行動を誠実にすればたとえ現実には回避できなくても,また最適な回避方法でなくても責任を問われることなく被った当該費用の賠償も認められる,というもの。

　これら原則の根拠は,経済的浪費(economic waste)の防止にあり,[136]この古典的事例として,イギリスの Vertue v. Bird 事件がある。[137]事件の概要は次の通りである。原告(運送人)は Ipswich から物品を被告(発注者)が指定した場所まで運送する契約をした。原告が Ispwich に到着した際被告はまだ到着しておらず,約束の時間より6時間遅れて到着した。その間原告の運送用の馬は大変暑い中立っていた状態で待っていたため,数時間後に死亡した。原告は被告の遅刻により馬が死んだとして,その損害賠償を請求した。しかし裁判所は,馬を暑さの中で立たせたままにしておいた原告が愚かであった(It was the plaintiff's folly)として原告の請求を認めなかった。この判断の根拠として,馬という貴重な社会的資源を無駄にしてはならない,という考えがある。この事例においては,被告は損害を軽減しようとしても遅刻したのであるから物理的に不可能であり,原告であれば木陰で休ませたり,適宜水を飲ませたり容易に損害を軽減することが可能である。これから,安価に損害を軽減できる当事者にその責任を求める,ということが導かれる。[138]つまりこの原則は,被害当事者が損害の軽減をうまくやればそれだけ違反当事者の損害賠償責任の額が減少し,結果として違反当事者にとって有利に機能する。これは違反当事者に有利となるよう被害当事者が行動するよう求めることは,一見矛盾し機能しにくく感じられるが,社会全体から見れば合理的・効率的に機能している。この点,第二次契約

---

[133] Dunkirk Colliery Co. v. Lever (1878), 9 Ch.D. 20, 25. (Beatson, *supra* note 95, at 615 n.149).
[134] Beatson, *supra* note 95, at 616.
[135] Restatement (Second) of Contract §350.
[136] Dobbs, *supra* note 8, at 791.
[137] Vertue v. Bird, 84 Eng. Rep. 1000 (K.B.) (Farnsworth, *supra* note 10, §12. 12 at 779 n.1).
[138] 樋口範雄,前掲注7,305頁。

法リステイトメントでは「合理的に損害を軽減する行動をとり，それがたとえ失敗した場合でもその責任は問われずに，かかった費用分の損害賠償も認められる」とされ[139]，この規定で両当事者のバランスを取ろうとしている姿勢が感じられる。また前述の期日前拒絶の場合には，この原則がいつ適用されるのかという問題が生じる。イギリスにおいては一般に，損害賠償の算定時期を履行期としていることから，このルールの適用は履行期とされている。一方アメリカではこれと異なり，被害当事者は他方当事者が履行しないことを知った時とされ，迅速に行動することが求められている[140]。かつて被害当事者は期日前拒絶を無視して履行期まで違反を待つことを認めた判例があり[141]，それがイギリスのように一般的であったが[142]，現在，より適切な基準として，期日前拒絶の合理的期間内に行動することが要求される。そのためもし遅延した場合には，当該期間における市場の不利な価格変動リスクについては，全て被害当事者が負担することとなる[143]。またUCCでは期日前拒絶の場合の算定時期については「損害賠償は被害当事者が拒絶を知った後，合理的期間経過後のその商品の市場価格に基づく」とされる[144]。また「合理的期間(reasonable time)」の解釈について，拒絶を知った時にビジネス上の合理的時間を付加するとした判例や[145]，拒絶を知った時に即損害軽減義務が発生するという判例もあり[146]安定せず，判例・学説ともに流動的で個々の事例の具体的事実に大きく影響されるといえるだろう。ただし一般的にはUCCの規定にあるように[147]，期日前拒絶の場合はできるだけ信義

---

[139] Restatement (Second) of Contract §350 (2).
[140] UCC §2-712 (1).
[141] 例えば，Reliance Cooperate Corp. v. Treat, 195 F. 2d 977 (8th Cir. 1952) (Farnsworth, *supra* note 10, §12. 12 at 782 n. 26).
[142] Farnsworth, *supra* note 10, §12. 12 at 782-783 n.25-30.
[143] *Id* at 782-783.
[144] UCC §2-708 (Seller's damages) & §2-713 (Buyer's damages). 市場価格の証明が困難なときは裁判所にその裁量権が認められている。(UCC §2-723 comment欄の purpose)。
[145] 例えば Cosden Oil & Chemical Co. v. Karl O. Helm Actiengesellschaft, 735 F 2d 1064 (5th Cir. 194). "Learned of the breach" means when "he learns of the repudiation plus a commercially reasonable time" (Farnsworth, *supra* note 10, §12. 12 at 782 n. 27)。
[146] 例えば Oloffson v. Coomer, 11 Ill. App. 3d 918, 296 N. E. 2d 871 (1973) "Commercially reasonable time expired on the date of repudiation"。
[147] UCC §2-712.

誠実・合理的かつ迅速に損害の発生を回避・軽減するよう行動すべきであろう。物品売買契約については実際には問題が少ない，とする議論もあるが，やはり相手が履行の拒絶を通知してきた場合，迅速かつ合理的に行動する必要がある。[148]

また損害軽減の原則に関連して，代替取引に関する取引高の減少(lost volume)の問題がある。例えば買主が契約の履行を拒絶した場合，売主がそれに応じて売却予定であった当該商品を他に転売する。それにより損害を回避しえたように思われるが，実際には売主が大量の在庫を抱え転売分を特定できない場合，客観的にどう証明するのか。大量取引のうちの一件のためにわざわざ転売しようとするのだろうか。現実には被害当事者(売主)は単に売上が減少した，と主張しその損失分の賠償を請求すると考えられる。一般にこの取引高の減少の主張は認められている。[149]

第三に，予見可能性(foreseeability)の原則。これはイギリスのHadley原則を源泉としている。つまり損害賠償の認められる範囲は，物品売買において当事者が契約締結時に意図していた範囲(within the contemplation of the parties)に限定される。単に予見できたか否かではなく，予見できたはずであったことも含んでいるため，当事者の勘案ルールともいわれる。[150]このHadley原則は損害賠償の範囲を決定する際の基準として，イギリス物品売買法第50条・第51条に規定され，現在においても損害賠償の算定において非常に重要な原則とされる。アメリカにおいてもこの原則は広く継承され，第二次契約法リステイトメント[151]に採用され規定されている。[152]どの程度まで賠償を認めるべきか，という救済範囲の問題は，契約違反による損害賠償において最も重要な論点と思われる。[153]

---

[148] 樋口範雄，前掲注7，307頁。
[149] 同書307-308頁。
[150] 同書309頁。
[151] 例えばKerr S. S. Co. v. Radio Corp. of America, 157 N. E. 140 (N. Y. 1927); Lamkins v. International Harvester Co., 182 S. W. 2d 203 (Ark. 1944)。
[152] Restatement (Second) of Contract §351 (1)．訳文は「契約違反をした当事者が契約締結時点において，その違反から生ずる蓋然性のある結果として予見できなかった損失に対しては，損害賠償を認めることはできない」(樋口範雄，前掲注7，308頁)。
[153] 木下毅，前掲注14，403頁。

予見可能性についての前提がいくつかあるので，ここに紹介する。第一に，契約締結時を基準とし，後発的な状況の変化には影響されない。つまり予見の基準時期に関して，違反時ではなく契約締結時であること。[154] 1975年アメリカの判例において，違反時に特別損害が発生するという事実の通知は，契約時またはそれ以前に行われる必要がある，とされている。[155] 第二に，被害当事者ではなく違反当事者の予見可能性のみが問題となる。第三に，予見可能性には客観性があること。実際に予見した結果に対して責任を負うだけでなく，予見できたと合理的に考えられるものに対しても責任を負う。第四に，違反の結果必要とされる損害は確実なものでなくても，ありうる可能性を予見できればよい。ここで問題となるのが第三，第四についてであり，Farnsworth教授は「違反当事者はたとえ黙示的にでさえ損失に対して責任を負うと同意する必要はない。ただ違反当事者は予見できるとされる事実の通知がなされることのみ必要としている」と説明している。[156] これは通知さえなされればその責任を負うという意味であろう。ここで重要なことは，予見可能性という文言は，実際のHadley事件の判決文中に使用されていたわけではなく，当該事件においては，「当事者が考えていた範囲に賠償限度が制限される」という意味で考えられ「当事者勘案原則(contemplation of the parties)」とも呼ばれる。[157]

　上記原則に対する疑問として，単に違反当事者が結果全てについて，その責任を帰着させることが本当に合理的で適切であるのか，という点がある。[158] 損害賠償の範囲は原則として，当事者が予見可能なまた勘案できる範囲内に制限されるのではなく，契約時にあらかじめその発生リスクを引き受けていた範囲に制限される，と考えることができる。[159] つまり両当事者が引き受けたリスクが賠

---

[154] Farnsworth, *supra* note 10, §12.14 at 795. これに対し日本では(民法第416条)債務不履行時とされている(『基本法コメンタール債権総論(第三版)』§416条(日本評論社，1987年))。

[155] Farnsworth, *supra* note 10, §12.14 at 795. ここでは建設請負契約の例が示されている(Spang Indus. v. Aetne Cas. & Sur Co., 512 F. 2d 365 (2d Cir.1975))。

[156] Farnsworth, *supra* note 10, §12.14 at 794-795.

[157] 樋口範雄，前掲注7，309頁。Hadley事件では"foreseeability"という文言は使用されておらず，"in the contemplation of both parties"と表現されている。

[158] Dobbs, *supra* note 8, at 782.

[159] 樋口範雄，前掲注7，310-311頁。

償範囲を限界づけていることになる。[160]

　以上総合して考察すると，予見可能性の原則では判断困難な事例に対しても拡大解釈して適用しているように感じられる。Hadley 原則は「危険引受の黙約」を原則的に否定しているが，近年 Hadley 原則だけでは説明困難な事例が多くなり，限界にきているのではないかと感じられる。前述の通り，損害賠償の範囲を決定することは最も重要なことであり，[161]それだけに確固たる根拠が必要とされる。「危険引受の黙約」は UCC のコメントにおいて明確に否定されているが，[162]より合理的な解決を目指しているとされる第二次契約法リステイトメントにおいては，「引き受けるリスクと受け取る対価とが不釣合いであれば裁判所は賠償範囲を制限できる」，としている。[163]この規定は経済効率(economic efficiency)の概念が契約法に明文として取り入れられつつあるように感じられる。

　本章においては商学的な観点から合理的な救済手段である損害賠償についてイギリス，アメリカの法理論について考察した。最も重要とされる救済範囲の算定根拠として予見可能性があるが，以上の通り近年においてはその効力に限界がみられる。そのため法学的観点からの対応策として，損害賠償額の予定 (liquidated damages) があり，これを Escalation Clause と連動させて規定することも有益であろう。また商学的観点から，取引当事者の経済的均衡という基準が今後，相対的に重要になるのではないかという仮説をたて，次章においてこの限界と経済効率性の概念を商学的観点から検討を深めていきたい。

---

[160] 同書 311 頁。
[161] 木下毅，前掲注 14, 403 頁。
[162] UCC §2-715 comment 2.
[163] Restatement (Second) of Contracts §351 (3) and illustration 18.

第3章
予見可能性と「契約を破る自由」

　前章では英米における損害賠償の法理論について説明した。そこではHadley原則を基礎とした法原則がイギリスでは物品売買法により確立され，アメリカではそれを基礎に発展し，数式に近い算定基準が確立されつつある。契約不履行に対する損害賠償において最も重要な一つとして「救済範囲の決定」の問題がある。これはアメリカで損害賠償の法理が発展した現在においても1854年のHadley事件で確立された予見可能性(foreseeability)により賠償範囲が制限されている。しかし筆者は，確かに有力な尺度ではあるがその優位性が相対的に今後低下し，経済的均衡という尺度に重要性が増加しつつあると考える。そうした賠償範囲の程度につき従来の予見可能性の限界，アメリカで1980年代以降発展した「法と経済学」の損害賠償分野への応用，最後に商学的観点から救済の範囲について考察していきたい。

1 │ 予見可能性の限界

　第二次契約法リステイトメントの規定から[1]，アメリカでは原則として「契約時に予見不可能な損害については，これを賠償する責任はない」とされる。これは現実に予見していたか否かに関わらず「契約違反から生ずるであろうと合理的に予見しえた損害」を超えるものに対して違反当事者は賠償責任を負わな

---

[1] Restatement (Second) of Contract §351.

い，というものである[2]。つまり，違反当事者が契約時に「予見できたはずであるという合理的な状況」さえあれば賠償責任が発生する，とされる。しかしこの予見可能性では十分な根拠とされない判例[3]があった。これはアメリカ国内の例であるが重要であるため，以下具体的に見ていきたい。

　原告（土地所有者）は被告（自治体・建設主）に土地を無償提供してドーム型スタジアムを建設してもらい，原告が一定期間その管理権を取得する，という契約をした。原告は当該土地の周辺部にも多数の土地を所有しており，スタジアム建設による地価の上昇を期待しており，被告もその旨承知していた。しかし被告は財政上の理由から契約上の義務を履行できなくなり，原告はその周辺の地価上昇は被告にとっても予見しえたはずであったことを根拠に，その分の逸失利益を主張して訴えた。つまり被告が契約を履行していたならば，周辺の地価上昇によって原告が享受しえたはずの利益は十分予見していたはずである，という根拠である。

　裁判所は最終的に原告の当該逸失利益の請求を認めなかった。その最大の理由として「違反から発生する可能性のある特別損害に関する単なる通知は，それが合意の基本的条件を構成するという黙示的状況でない限り，特別損害の賠償責任を課すには不十分であること[4]」をあげた。また「当事者の合理的な勘案（contemplation）を決定するにあたり，当事者の契約の本質・目的そして特別な状況が考慮されなければならない[5]」としている。ここでHadley事件[6]を再度考えてみたい。運送人は工場の操業が停止している唯一の原因が運搬されるシャフトであることを知らなかったため，つまり発生する損害について予見できなかったため，裁判所は予見可能な範囲を超える損害を賠償する責任はない，と

---

[2] 中村弘『貿易契約の基礎』329頁（東洋経済新報社, 1983年）。

[3] Kenford Co., Inc. v. County of Erie, 537 N. E. 2d 176 (N. Y. 1989). （樋口範雄『アメリカ契約法』310頁（弘文堂, 1994年））。

[4] 537 N. E. 2d 176, 179-180 (N. Y. 1989). 原文は "Bare notice of special consequences which might result from a breach of contract, unless under such circumstances as to imply that it formed the basis of the agreement, would not be sufficient (to impose liability for special damages)…"。

[5] *Id.* at 179.

[6] 本論文第2章2節（25頁以下）参照。

判断した。それでは逆に，もし仮にこの運送人が当該工場の操業停止の原因や事実について詳細に通知されていたと仮定すれば，その結果および根拠はどうなっていたであろうか。運送料は2ポンド4シリングであり，原告の主張する逸失利益は300ポンドであった。もし当初の運送料にプラスして予定通り運送できなかった場合の逸失利益を保証させ，当該損害発生リスクに相応した金額を通常の運送料とは別に上乗せすることを両者が合意して支払っていたのであれば，当該契約上の引受リスクとして逸失利益分の賠償がなされることは合理的であろう。しかし当初の2ポンド4シリングという通常の運送料だけで運送契約を締結した場合，たとえ運送業者が逸失利益について十分に告知され予見できたとしても，その賠償責任を運送人に課すことは適切であろうか。おそらく裁判所は消極的であろう。[7]これは「危険引受の黙約(tacit agreement)」と関係がある。ただしこれはUCCで明確に否定されている。[8]しかし裁判所は一般に，受け取る対価と引き受ける責任について，かなり不均衡(disproportionate)となる場合に責任を課すことには消極的である，とされる。[9]Hadley事件で考えると，運送料が2ポンド4シリングに対し，逸失利益が300ポンドであった。単純計算で受け取る運送料の100倍超の責任を，たとえ予見できたとしても運送業者に課すのは酷である，と考えるのは合理的であろう。利益率を売上の2割とすると，利益に対する責任は500倍にもなる。保険市場が存在していれば包括的な付保も可能であるが，存在していなければ酷であろう。裁判所はこうした経済的不均衡の事例について，たとえ予見できたとしても賠償責任を課すことに消極的になるであろう。しかし結論を導くためには何らかの根拠となる法理論が必要となる。こうした場合どういう根拠に基づいて判断しているのだろうか。こうした場合一般に，裁判所は経済的不均衡を拡大解釈し予見可能性に結びつけ，予見できなかったため賠償責任を課さないとしたり，[10]確実性の要件(requirement of certainty)をかなり厳格に解釈することにより，確実性が不十

---

[7] E. Allan Farnsworth, *Contracts*, §12.17 at 808 (4th ed. 2004).
[8] UCC §2-715 comment 2.
[9] Farnsworth, *supra* note 7, §12.17 at 808-809.
[10] 例えばKerr S. S. Co. v. Radio Corp. of America, 245 N. Y. 284, 157 N. E. 140 (1927) (*Id.* at 809 n. 6).

分であることを理由に，[11]賠償責任を軽減または課さなかったりしている。[12]つまり実際には，一般に特定の損失に対する賠償を認めることが公正(fair)であると裁判所が判断した場合には予見可能性という原則は自由な広い解釈がなされ，逆に公正でないと判断する場合には厳格に解釈されることとなる。[13]しかしこうした方法は好ましくなく本末転倒といえるだろう。結論がありそれに理論的根拠を付与するというのではなく，本来は解決すべき問題があり，当該問題について各種法理論を適用し合理的結論に導く，というのが論理的に正当な手法である。そのため予見可能性や確実性の原則を拡大したり厳格にしたりすることは本来好ましくなく，過渡的に解釈を柔軟にして解決することも必要であるが，恒常的な制度として明確に経済的不均衡の法原則を確立する方が望ましい。

　Farnsworth教授もHadley原則では損害賠償の範囲を決定する尺度として十分な根拠とならない場合があることを認めている。[14]また不均衡に対する制限は，第二次契約法リステイトメント第351条第3項で認められている。ただこの規定は故意に曖昧な表現を用いて損害賠償金額の制限をすることで，裁判所に過失や不均衡といった要因を自由に裁量できるよう配慮している，という指摘がある。[15]この不均衡とは，経済的不均衡(economic disproportion)である。契約責任がその根本となる契約から生じる以上，契約違反の賠償範囲も契約により決定され，リスクの引受も契約の一種である以上，そのリスクの引受に対して相応の対価を受け取るという理論も十分合理性がある。[16]それゆえ損害賠償の

---

[11] 例えばWinston Cigarette Mach. Co. v. Wells-Whitehead Tabacco Co., 141 N. C. 284, 53 S. E. 885 (1906) (Farnsworth, *supra* note 7, §12. 17 at 809 n.7)。

[12] Farnsworth, *supra* note 7, §12. 17 at 809.

[13] Gwyn D. Quillen, *Contract Damages and Cross-Subsidization*, 61 South. Cal. L. Rev. 1125, 1136 (1988). また裁判所が公正であるか否かの決定に影響を与える要因は二つあり，損失金額と得た利益との均衡，および被告(違反当事者)の過失の程度がある。

[14] E. Allan Farnsworth, *Legal Remedies for Breach of Contract*, 70 Colum. L. Rev. 1208 (1970). この論文では契約違反の救済原則を次の七つの選択(seven choices)という観点から考察している① compulsory or relief ② restitution, reliance, expectation ③ specific or substitute relief ④ cost to complete or diminution in value ⑤ alternatives to expectation ⑥ loss or avoidable loss ⑦ preponderance of evidence or certainty。

[15] Quillen, *supra* note 13, at 1140.

[16] 樋口範雄，前掲注3, 311頁。

範囲は，当事者の予見可能な範囲ではなく，あらかじめその発生リスクを引き受けていた範囲に限定される，ということになる。[17]つまりリスク負担に相当する料金を受け取っていたか否かということであり，逆に考えると料金が高ければそれだけ付随するリスクを幅広く引き受けているものと当事者の黙示の意思を推定する可能性が高くなる。

　また予見可能性の原則が十分でないとする根本的理由として，当事者の意思がある。つまり両者の意思はあくまで虚構であり，実際に問題が発生した後に導かれたものである，ということである。現実の商人の関心は誠実な契約の履行であり，いろいろな契約不履行によって生じる逸失利益の損失について，それぞれ真剣に想定しながら契約を締結する当事者はごく稀であろう。また逆に言うと，それぞれ商慣行は当該業界内では浸透しかつ情報が氾濫しているため，大半の事柄は想定範囲であると解釈することも可能であろう。情報化社会が急速に普及しつつある現在，瞬時に情報を入手できることから予見可能性は大幅に拡大し，そのため従来の予見可能性の原則は，現実の商取引から大きく乖離しつつあり，この乖離分が予見可能性原則の実効力を弱体化しているという主張もある。[18]これらから若干極端なものとして，予見可能性の原則は廃止されるべきであり，経済的な均衡を考慮してより直接的な基準に取って代わるべきである，という主張もある。[19]最近の判例では，不均衡な金額の判決と逸失利益の証明問題が重要となってきているが，必ずしも司法判断は一致していない。[20]ただ筆者は予見可能性の原則を廃止すべきであるという主張には反対する。確かに予見可能性の原則の持つ優位性は徐々に相対的に一定限度までは低下し続けるであろう。しかし重要な原則の一つであることは変わりなく，それゆえ重要な原則の一つとして今後も存続するであろう。この原則はすでに幅広く採用されており，確かに「腹立たしいほど曖昧である(maddeningly vague)」という

---

[17] 同書 310-311 頁。

[18] Comment, *Lost Profits as Contract Damages: Problems of Proof and Limitations on Recovery*, 65 Yale L. J. 992, 1020-1025 (1965).

[19] *Id.* at 1017.

[20] *Id.* at 1015.

指摘はもっともであろう。この指摘も曖昧さを否定的に解釈しているが，柔軟であると肯定的に解釈することも可能である。つまり法は抽象的厳格論，商は具体的現実論であり，その乖離を一定距離に維持しつつ解釈によりそれを埋めていくのが理想的であろう。また多くの事例ではこの予見可能性の原則は説得力を有しており，同時にこの原則で不十分な事例が若干あるともいえ，経済的不均衡を理由としながらも明確にはそう理由づけていない判例が漸増しつつある。

　以上から，違反当事者が単に予見しえたか否か，という予見可能性の原則のみで賠償範囲を策定するのではなく，当該契約における受け取る対価と引き受けるリスクとが経済的に均衡している否かという基準が重要になってくるであろう。筆者は合理的な方法として，all or nothing，つまり二者択一的な0(ゼロ)か1(イチ)かといったデジタル的判断をするのではなく，複数の要因をそれぞれ理論的に評価し，具体的事実を踏まえた上で，主観により評価が変化する中間層を可能な限り排除した上で，両当事者が妥協可能な程度に導くことが望ましいと考える。つまり予見可能性の原則を廃止して経済的均衡という原則を中心とするのではなく，経済的均衡の原則を将来的にはUCCやRestatement，さらにUNIDROIT国際商事契約原則等に記載し，明確な基準とすることが望ましい。予見可能性，経済的均衡，確実性，回避可能な結果の原則等，複数の原則により個々の事例を分析し損害賠償の範囲を決定すれば，より客観的，合理的な基準が可能であろう。その基準の一つとして，近年「経済効率性」という観点が導入されつつある。これは1980年代以降アメリカで発展している「法と経済学」の手法を契約法へ取り入れ発展した「契約を破る自由」と密接に関係している。次にその考えについて見ていきたい。

---

[21] Richard A. Posner, *Economic Analysis of Law*, §4.10 at 127 (6th ed. 2003).

2 経済的見地からの「契約を破る自由」

これに密接な関係がある「法と経済学」についてまず簡潔に説明したい。

「法と経済学」という分野は比較的新しく、法学と経済学の学際的範囲をその対象としており、1960年代初頭にアメリカで開始され発展している[22]。この分野は「法律学と経済学の中間に位置し、法制度や個々の法律の規定などを近代経済学の理論(特に価格理論を中心とするミクロ経済学)を武器として分析、研究する学問領域である」とされ、最大の特徴は、従来は経済学と無縁と考えられていた不法行為法や契約法のような伝統的な法分野に、経済学という新しい概念で挑戦を試みた点にある、とされる[23]。具体的には個々の法律に対して、効用の極大化(maximization)、均衡(equilibrium)、効率(efficiency)といった基本的な経済学の概念を適用し、法を有益に理解し説明しようとするものである[24]。従来のコモン・ローでは経済的な利益について、判例中において直接明確な言及がなされることが少なかったため、比較的明瞭な形で経済学的なアプローチを法に対して適用する手法は有益な面があると思われる[25]。ここで予見可能性と「法と経済学」との考えを対比した例により以下、説明したい[26]。

アメリカの製造業において、在庫を持たない(zero inventory)慣行がある業界があり、その製造業者と原材料供給業者との取引を考えてみたい。原材料の納品が遅延すると当然、製品の製造工程に直接影響し、それにより莫大な損害

---

[22] Id. §2.1 (its history) at 23-24. この分野における初期の代表的な論文は次の二つとされる。Ronald Coarse, *The Problem of Social Cost*, 3 J. L. & Econ. 1 (1961). Guido Calabresi, *Some Thoughts on Risk Distribution and the Law of Torts*, 70 Yale L. J. 499 (1961). Coarse教授は、社会制度が経済効果に与える影響を分析する際、市場費用や取引費用の重要性を指摘した功績により1991年ノーベル経済学賞を受けている。これらの訳文については、松浦好治編訳『「法と経済学」の原点』15-73頁、79-168頁(木鐸社、1994年)参照。

[23] 小林秀之・神田秀樹『「法と経済学」入門』2頁(弘文堂、1986年)。

[24] Robert D. Cooter & Thomas S. Ulen, *Law and Economics* 17 (4th ed. 2003). また経済学は行為における法的制裁の効果を予見するための科学的理論を提供するという(Id. at 3). 邦訳書として太田勝造『新版 法と経済学』商事法務研究会(1997年)がある。

[25] Farnsworth, *supra* note 7, §12.3 at 735. 入門的文献として、R. P. マーロイ(Robin Paul Malloy)著 馬場孝一・國武輝久訳『法に潜む経済イデオロギー』(木鐸社、1994年)がある。

[26] W. David Slawson, *The Role of Reliance in Contract Damages*, 76 Corn. L. Rev. 197, 223 (1990).

を発生させてしまうことは予見できる。予見可能性の原則においては,原材料の納期の遅延が引き起こす損害は予見可能な範囲であり,それゆえ相当の賠償責任が課されることとなる。一方「法と経済学」においては,そのような過度な責任を供給業者に負担させるか否かについては,取引費用ゼロという前提において,当事者の交渉による稀少資源の効率的利用という観点から決定されることとなる。そのため必ずしも予見できた損害の賠償全てが認められるわけではない,とされる。

こうした手法を契約法に応用したものが効率的違反(efficient breach),すなわち「契約を破る自由」というものである。もともとアメリカには次のような考えがあった。連邦最高裁判事のHolmesは「契約違反は悪ではない。コモン・ローは契約違反者に対して損害賠償の支払いをするか,そのまま契約を履行するかの選択を認めており,契約違反はその実行に過ぎない」と述べ,また法と道徳の分離を強調している。[27] 善悪は別として,行為の結果責任を当事者に負わせる法制度を構築することが第一義的な役割である。一般に「契約は守らなければならない」という命題はそれほど絶対視されておらず,その根拠として,契約違反をしても刑事罰は科さず,また懲罰的損害賠償も原則的に課されないことがあげられる。[28] ただし商学的見地からすると,善悪の議論以前に,商取引において最も重要な信頼を失墜することだけは確かであろう。

伝統的な経済理論によると,利用可能な商品・原材料は最も生産的な方法で利用される範囲において効率的に機能すると考えられている。稀少な社会的資源は効率よく分配されるべきであり,そのためには当該資源を最も高く評価する者がそれを利用・消費すべきであるとし,またそれぞれの生産要素は最も付加価値をつけて産出するように利用されなければならないとする。そうすることにより稀少な社会的資源が効率よく移動することとなり,結局はより高い価値を生み,社会全体が富むという。[29] 契約はこのような稀少な資源の効率的再分

---

[27] Oliver Wendell Holmes, *The Path of the Law*, 10 Harv. L. Rev. 457, 462 (1897).
[28] 小林・神田,前掲注23, 46頁。また契約違反に対して,原則的に懲罰的損害賠償が課されない根拠は,それが罰ではなく補償という性格があるからである(Farnsworth, *supra* note 7, §12.8 at 760 n. 17)。
[29] Farnsworh, *supra* note 7, at 846.

配をするための主要な手段であり，契約違反を行い損害賠償を支払った場合でも，違反者が契約を履行したときよりも大きい利益を得るのであれば，むしろ違反した方が社会全体にとっても純益が増すことになる。さらに経済分析の結果として契約違反を奨励すべきである，という考え方さえある。また「法と経済学」の権威である Posner 判事は「契約違反が故意になされた場合でさえも，それは必ずしも責められることではない。約束者は単にその履行を他の者に対して行うことが価値を高めると気づいたからかもしれない。もしそうであれば被害者に実際の損失を補償する限りは，約束を破ることは効率が促進されることになる」と述べている。また Farnsworth 教授は「契約救済法の制度は，違反しないように当事者に対して強制することではなく，違反に対処できるような救済を与えることを目的としている。その関心はどうすれば契約関係に入ることを促進することになるのかである」と述べている。つまり取引を奨励し，契約救済法はあくまでその事後処理という立場をとっている。いったん契約を締結すると，その後予想外の事態が発生したにもかかわらず絶対的に履行を強制される，というのであれば気軽に取引を行えなくなる。過度に慎重になりすぎることにより，取引が促進されなくなってしまう危険性がある。自発的な財・サービスの交換取引を実現することが社会全体の富を増加させることになるのであるから，契約の締結行動の促進が最も重要である，というのである。この点について，利益概念のスパン（期間）の認識に根本的な相違がある。つまり経済学的には単発，一回限りの取引を想定しており，いわば瞬間的であり，一方商学的には将来にわたる長期的展望における当該取引を想定しており，いわば長期的である。

　また「法と経済学」と国際商取引契約との関係で重要なものとして「上位リスク負担者(Superior Risk Bearer)」というものがある。これは発生リスクの負担は，そのリスクの発生をより安価に回避・防止しやすい立場にいる当事者が

---

[30] 樋口範雄「契約を破る自由について」[1983-2] アメリカ法 217 頁。
[31] Patton v. Mid-Continent Sys., 842 F. 2d742 (7th Cir. 1988).
[32] Farnsworth, *supra* note 7, § 12.1 at 730.
[33] 樋口範雄，前掲注 3，52 頁。

負担する，という原則である。これを国際的な原油の売買という事例を想定して考えてみたい[34]。

中東の売主(契約違反者)がヨーロッパの買主(被害者)と契約した。しかし実際に輸送する直前に中東地域において紛争が勃発したため，売主は石油の引渡しが不可能になった。買主は売主に対して，計画していた国内での投資を実行できなくなり，その逸失利益を求めて訴えた。契約書においては紛争勃発による不履行に関する条項は何もなかったため，裁判所は売主の石油会社の履行不能(impossibility)を理由として賠償を免責するのか，または逸失利益を含めた損害の賠償を命じるのか，どちらかの判断をしなければならない。この場合の判断基準として「法と経済学」における「上位リスク負担者」の原則により，「より安価なコストで(the risk at less cost)その発生リスクを負担できる者にそのリスクを負担させる」ことを基準に判断する[35]。この事例では，どちらがそのリスクをより安価に回避できたか，ということが判断基準となる。つまり両当事者ともに政情不安定な中東地域で紛争が勃発する危険性は予見できたはずである。そうなると，どちらの当事者がより安価にその発生リスクを回避しうる立場にあったのか，ということになる。この事例では，売主の石油会社がリスク負担者とされる可能性が高い。その理由として，中東の売主の方がヨーロッパの買主よりも中東地域における政治・軍事的危険性については詳しいはずであり，戦争危険を担保する保険をかけたり，不安定な政情を見極めて船積時期を早めたりすることは可能であるから，とされる。

従来の契約法におけるリスク配分の役割に関する研究は，契約違反ではなく，免責(excuse)，履行不能(impossibility)，予見可能性(foreseeability)の法理論に焦点が当てられていたといえる[36]。契約というのは根本的にはリスク配分についての取り決めであり，当該リスクの配分を法理論的な分析の根本である衡平

---

[34] Richard A. Posner & Andrew M. Rosenfield, *Impossibility and Related Doctrines in Contract Law An Economic Analysis*, 6 J. Leg. Stud. 83 (1977).

[35] Cooter & Ulen, *supra* note 24, at 6. またこれを "Lowest-cost risk-bearer" という (*Id.* at 276).

[36] Mitchell Polinsky, *Risk Sharing through Breach of Contract Remedies*, 12 J. L.& Econ. 427 (1983).

(equity)だけでなく，経済効率的な分析である均衡(equilibrium)という観点から分析してみると，その根本はつながっている。

以上のように法律分野における「稀少な財・サービスの効率的な分配」という経済的分析の手法を導入することは有益な面がある。しかし実際に商取引を行っているのは商人であり，この「法の経済分析」手法を用いた「契約を破る自由」については，商学的な観点から根強い反論がある。次にこれを紹介する。

3 「契約を破る自由」に対する商学的見地からの考察

商人だけでなく一般の感覚においても「契約を破る自由」と聞けば大変驚くであろう。たとえそれが社会全体の富を増すことになると理論的に説明され，違反することが経済的により大きな利益を生む場合であっても，違反に対して多くの人は消極的であろう。これを裏づけるものとして，いくつかの実証的研究がいくつかあり，以下見ていきたい。

日本で行われた商取引における法意識に関する実証的調査によると[37]，ほぼ9割の人が契約を文書で作成し，その内容についても具体的に詳細に定めておくべきである，と考えている。しかし本音では実情に合わなくなればいつでも情状酌量してもらう，という意識を持った人の割合が64.3％にもなっている。つまり法理論的な意識を念頭に置きながら具体的に詳細な契約書を作成して取引すべきであることは論理的に十分理解しているが，感情的にはそれほど契約書の内容を重視していないといえる。また社会情勢が変化し契約社会が到来しつつあるため，その知識はある程度備える必要性は理解しているにもかかわらず，感情的には何とかなるだろう，という，いわゆる日本人的な曖昧な態度である，

---

[37] 日本文化会議編『日本人の法意識』(至誠堂，1973年)。日本人の契約観については，87-89頁。その他法意識について討論形式で検討しているものとして，日本法社会学会編「法意識の現状をめぐって─シンポジウム日本人の法意識」法社会学第37号(1985年3月)がある。なお筆者はこれに関し有名な著書である，川島武宜『日本人の法意識』(岩波新書，1967年)における日本人の前近代的法意識(197-203頁)という考えには与しない。意識というものは文化・歴史的に影響を受けて蓄積され徐々に形成されるものであり，旧・新という主観的判断は不可能であると考えるからである。

とされる。しかしこうした意識は日本人特有のものであろうか。

　契約社会といわれる欧米のビジネスパーソン(商人)は，弁護士が作成した分厚い詳細な契約書により取引を行い，常に権利や義務といった法意識をもって商取引を行っているのだろうか。これにつき1963年アメリカで発表されたMacaulay教授の論文に興味深いデータが見られる[38]。これはWisconsin州の製造業を中心としたアンケート調査と63人の商人および法律家との面接をもとに企業の継続的取引についての実証的研究である。この研究は現在でもアメリカにおける法制度の社会学的研究の古典であると評価されている[39]。この研究では結論として，アメリカのビジネスパーソンの法意識は，日本のビジネスパーソンのそれと大きな差異はない，という結果が導かれた。特に興味深い点は次の通りである。

　ビジネスマンは契約する際，企業の標準化された契約書式を利用するが，その内容についてほとんど理解しておらず，書面の裏面に何が記載されているかについても留意していない。またリスクが高い取引であっても，「男どうしの約束」や「握手」，「一般的誠実さや親切さ」というものに頼りたい，という意識がビジネスパーソンにある[40]。またビジネスパーソンは文字通り"busy"であるため，多くの書式の裏面条項を検討する時間もなく，またそもそもその能力も乏しい[41]。また一般にビジネスマンは偶発的事態や契約の不完全な履行，契約を締結することによる法的な権利・義務といったことに興味は薄く，むしろ契約の履行に関心が高い[42]。また契約法と商取引の実務家との考え方，意識の相違として顕著であるのは，注文のキャンセルについてである。例えばいったん注文を出した後，それを取り消した場合を考えてみる。契約法であれば一度契約は締結され，その後解除の申し出については裏面約款等に記載がありその条件に従って処理される。契約の解除が認められる条件に該当するか否か，認め

---

[38] Stewart Macaulay, *Non-Contractual Relations in Business*, 28 Am. Soc. Rev. 55 (1963).
[39] マーク・ラムザイヤ(J. Mark Ramseyer)『法と経済学』68-70頁(弘文堂，1990年)。
[40] Macaulay, *supra* note 38, at 58.
[41] *Id.* at 59.
[42] *Id.* at 60.

られる場合の補償手続についても通常は要した費用にプラスして何らかの逸失利益の請求が可能な場合もある。しかし商人の場合，契約書の表面および裏面条項においてそうした文言が記載されてあるからといって，契約書どおりの権利を主張するのだろうか。通常の実務家の意識としては，取引金額や交渉コストが例外的に大きいものを除き単に注文が「キャンセルされた」との認識が大半であろう。つまり通常の実務家の認識からすると，顧客からの注文を「契約」ではなく，ただ単純に「注文」と認識し，注文のキャンセルを「契約違反」と認識するのではなく，単に「注文がキャンセルされた」と考える[43]。実際の商取引業界においては，一定の限度内で注文をキャンセルすることは売主と買主の関係の一部であると考えられており，再び商取引を継続したいのであれば，法的な契約条項を無視する場合があるとする[44]。商取引も人間の行為であるためある程度「遊び」の部分に相当する曖昧な部分が商学的な潤滑油として作用し，これがビジネスにおいても必要不可欠である。またこれは極論であり賛成しがたいが，多くの場合契約書や契約法は必要とされていないだけでなく，むしろ悪影響を及ぼす可能性がある，との意見が散見される。例えば詳細に契約内容を交渉することは，お互いの信頼関係を築くことに対して逆に障害になることもあり，また実際に詳細な契約条件を取り決めるためには多くの時間がかかり，ビジネスで最も重要な一つであるタイミングを逸することにもなりかねない，としている。以上から，アメリカにおいてもいわゆる日本人的発想に類似しているものが多く，日本の場合と同様，実情に照らして問題を交渉できるように引き受ける義務について，むしろ曖昧さを求めている傾向が見られる[45]。

またこれまでビジネスパーソンと漫然ととらえていたが，同じ社内であっても所属する部署により契約意識が相当異なっている，という[46]。それによると，営業部門の人間は，営業活動にとって契約法的な交渉はむしろ障害になってい

---

[43] *Id.* at 61.
[44] *Id.*
[45] *Id.* at 64.
[46] *Id.* at 66.

ると感じている。そして顧客を契約書で拘束することは，相手を信頼していないことを暗に示すこととなり，契約を前面に押し出して主張することは相手の気分を害してしまうことになる。そのため契約の法的問題に過度に注意を払うことは営業部門にとってはその性質上，好ましくなくむしろ時間の無駄である，と考える傾向にある。それに対し管理部門・財務部門の人間は，その職務の性質上，契約法的な関係に頼ろうとする傾向がみられる。とくに大企業では業務を効率的に管理するための手段として契約を捉え，企業が晒されるリスクを最小限に抑制するため厳密に規定しようとする。またこれら管理部門では，商品の売上拡大よりも紛争を回避し，紛争が発生した場合に有利な解決策を得ることに関心が高い。つまり全ての部署の人間にとって企業利潤の獲得という目的は共通であるが，各部門によって視点が全く異なっているといえるだろう。[47]

その他「契約を破る自由」に対する反論がいくつかある。理論的にはなるほど最も経済的に高く評価する者が消費，利用することで社会全体の富が増加すると説明できる。しかしこれは対消費者取引にみられる単発的な取引の事例には該当するが，通常の対企業との商取引では継続的な取引を前提としているため，この理論の前提自体が成立しがたいのではないか。とくに長期間にわたる関係が継続する場合には，正式な契約よりも非公式な合意の方がより重要な役割を果たしているといえる。[48]

Charny教授は反対の理由として，①特定の有利な関係を犠牲にしていること，②評判を喪失すること，③精神的・社会的幸福を喪失すること，の三つをあげ，ビジネスの世界では，法的な強制力よりも法以外の制裁のほうが与える影響ははるかに大きい，と指摘している。[49] また契約の関係理論を提唱している

---

[47] 今後先進国の経済発展において，産業の専門性が高度になるにつれて分業が高度に進化すると予想される。企業にとって専門性の高い各部署を経験させるコストは膨大になるが，長期的な視野からすると複眼的な視点を経験として保持できる利点も同様に大きいと思われる。

[48] Cooter & Ulen, *supra* note 24, Ch. 6 II G at 225-226.「協調は生産的であり(Cooperation is productive)」(*Id.* Ch. 7 at 237)，また両当事者が誠実であるとき法は不要であるが，少なくとも一方が不誠実であるとき法は必要不可欠であるという(*Id.* ch. 6. II . A at 196)。

[49] David Charny, *Nonlegal Sanctions in Commercial Relationships*, 104 Harv. L. Rev. 373, 392-395 (1990). 要旨は，Robert S. Summers & Robert A. Hillman, *Contract and Related Obligation* 208-209 (4th ed. 2001)参照。

MacNeil 教授はその論文において，「効率的契約違反」についてはとくに協同，信頼関係の価値を重視することとの関連で，関係への配慮が欠如している点を指摘し，契約違反は信頼関係を損なうことになるため，違反後の取引コストが高くなることの考慮がなされていない，としている。またミクロ経済モデル（新古典派モデル）は単一的であるため，現代の複雑な契約関係を考慮することは困難で限界がある，としている。また Macaulay 教授は，商取引において救済法をほとんど利用していない理由は，非公式な社会的制裁があるからである，と指摘している。また商人間の契約は，完全に「評判」が支配し，評判が損害賠償原則に取って代わってしまうことがある，という意見もある。

また最近の実証研究についても紹介したい。法意識国際比較研究会が1994年から2000年の6年間に22ヵ国/地域において，同一調査票を用いた契約意識の国際比較調査を展開したものがある。そこでは原糖の長期輸入契約において，国際価格の変動を前に日本側が当初約定した契約価格の改定を試み，深刻な国際的契約紛争となった，というストーリーを日豪シュガーケースとして取り上げ，当事者の意見を集計したものである。特に契約の遵守度についてのみ注目したい。わが国では従来，川島武宜『日本人の法意識』において，日本人の契約意識は前近代的であり，アメリカ人や西洋人ほどに契約を遵守しない，いわゆる「法と契約を守らない東洋人」という主張があった。しかしこの実証

---

[50] Ian R. MacNeil, *Economic Analysis of Contractual Relations*, 75 Nw. U. L. Rev. 1018 (1981). 要旨については吉田邦彦「論文紹介」[1989-1] アメリカ法 80-87 頁参照。

[51] Macaulay, *supra* note 38, at 55. また関係的契約の概念が1978年に提唱されている（Ian Macneil, *Contracts: Adjustment of Long-Term Economic Relations under Classical, Neoclassical, and Relational Contract Law*, 72 Nw. U. L. Rev. 854 (1978)）。

[52] Lewis A. Kornhauser, *Reliance, Reputation and Breach of Contract*, 26 J. L. & Econ. 691, 692 (1983).

[53] 特集「契約観・訴訟観・法意識の国際比較―21世紀の日本・法曹教育の基礎を作るために」ジュリスト第1297号 49-103 頁（2005年9月15日号）。詳細な調査結果は，加藤雅信・藤本亮編『日本人の契約観』三省堂，2005年参照。

[54] 仕方ない面もあるが，商学的観点からするとかなり不自然な設定が散見される。例えば長期契約では通常存在する価格変更に関する規定が欠落していたり，売買契約条件・運送料負担・決済条件等が不明であり，信用状に基づく荷為替決済ではありえない状況が設定されている。また設問が若干，抽象的で曖昧すぎる点が多々あるため，回答に窮する状況が想像される。例えば買主が受け取りを拒否して現実に港に滞船する状況は想像し難い。

[55] 加藤雅信・藤本亮「契約を守る心と破る心(1)〜(3)」ジュリスト第1255〜第1257号（2003年11月1日・11月15日・12月1日）参照。

研究結果からすると，この川島理論の主張は否定され，世界的に見て日本の回答は特異なところは何もなく，この調査でみるかぎり，日本人は契約をよく守るともよく破るともいえない，という。また「法と契約を守らない東洋人」というステレオタイプも，日本で川島武宜教授が抱いた「契約遵守意識が弱い日本人対強いアメリカ人」という図式も成立せず，世界は多様であって，「東洋」，「西洋」という図式的な分析枠組みでは把握しきれない，ということである。
そのため「契約を破る自由」についての理論的な研究が「法と経済学」という学際的領域において精緻に行われたとしても，商学的には長期的な観点からの信用という価値判断が最も重要であるため，単発的分析である「契約を破る自由」による経済的効率性を示されても，学問的な試考としては興味深いが，商学的には「効率的ではない」，少なくとも「賢明ではない」と判断して普及していないのであろう。またこの点について日米欧アジア等の間に大きな相違はないといえるであろう。基本的に商取引は同一原理により活動しており，普遍的原理が成立しうる状況にあるといえるだろう。

　これら英米における「契約を破る自由」に対する反論について，次のようにまとめることができる。第一に，効率的違反の被害者に対して支払う損害賠償額の算定が難しい場合があり，そうした場合に問題が発生しやすいこと。第二に，契約違反後の示談・訴訟等のコストが十分に検討されていないこと。第三に相手方の効用を違反者が十分に認識できていないこと。第四に，商取引における現実問題として，重要な一つである信頼の失墜を招き，結果として事後の商取引コストが膨大なものとなり，目に見えないコストが増大し，それが考慮されていないこと。

---

[56] 加藤雅信・藤本亮「契約を守る心と破る心(2)」ジュリスト第1256号152頁(2003年11月15日)。
[57] 加藤雅信・藤本亮「契約を守る心と破る心(3)」ジュリスト第1257号78頁(2003年12月1日)。
[58] 吉田邦彦「契約侵害(債権侵害)に関するアメリカ法の近時の動向」北大法学論集第38巻5・6合併号(下巻)1605頁，1629-1630頁(1988年7月)。

4 商学的見地からの複眼的考察

　一般に商人は契約締結時に相手方が契約を破棄すること，自ら契約を破棄しようと想定しながら取引を行うことはない。[59]商取引とは根本的に両者が経済的に利益を享受するという期待から履行を前提とするものである。そのため実際の商取引の契約締結時に，もし当方が契約違反時の権利義務について詳細に取り決めておきたい旨の提案をすれば，相手方は疑われていると解釈し不快になり気分を害し，また当方に対して「本当に契約上の義務を履行する意図があるのか否か」と疑問を抱くこととなり，商取引（契約）自体が成立しない可能性も十分考えられる。一般にビジネスパーソンは法の介入を好まず，契約を締結し，その後紛争が発生し，当事者間で解決できない場合の最終的手段として訴訟がある，と考えている。逆に考えると，履行が円滑に行われ何ら問題が発生せずに取引が終了すれば，法は表面的には関与しなかったことになる。商学的には誠実に履行した事実の積み重ねが信頼へとプラスに評価される。そのため実際の取引においては，一方当事者が多くリスクを負担することになっても契約することが一般的であろう。また売主，買主の実質的力関係により多少のリスク負担の偏りはむしろ自然である。逆に考えてみると，そもそも両当事者のリスク負担の衡平とは，抽象的概念としては可能であるが，具体的事例においては，目標としてのみ存在意義があり，実質的な意味での衡平は本質的に成立不可能である。そのため立場が弱い当事者は，多少取引条件が不利であっても契約する。これは企業活動の源泉において，長期的な観点からの利益確保ということがあるからであろう。契約の交渉にはコストがかかり，これは企業行動原則からすると，可能な限り交渉コストを最小限にするよう行動する。一般の産業界においては安定的な長期的繁栄という点から，わずかな確率で発生する場合に備えて詳細に契約条項を規定することは効率的でない。仮に契約条件を詳細に

---

[59] 万一そうした意図を持っていれば，背任または詐欺に該当する可能性がある。

検討したとしても，明示的に全ての偶発的事象を本質的にカバーしきれるものではなく[60]，また全ての当事者が違反時の損害賠償額の予定を算定するにあたり，発生リスクを十分に考慮できるわけではない[61]。救済に関して具体的な取り決めが何らなされないまま商取引が行われている現実と，実際に違反が発生したときの差異（gaps）の存在が救済法の必要性を創出しているといえる[62]。

　損害賠償の範囲を決定する法原則として，予見可能性があり，英米ではまだ重要な原則であるが，近年特にアメリカの判例・学説の傾向からすると，その有効性は徐々に相対的下降傾向にあり，一方で経済的不均衡という原則の有効性が反比例するかのように相対的に上昇傾向にあると思われる。つまり契約時に予見しうる損害であったか否かではなく，契約時にそのリスクを明示または黙示にあらかじめ引き受けていたか否か，という基準に軸足が移行しつつあるのではないかと思う。その根本的原因として，経済発展による取引の複雑化が最も大きなものであろう。元来商取引は，受け取る利益と引き受けるリスクは正比例の関係にあり，従来から引き受けるリスクは受け取る利益と均衡する，という原理が機能する。それが従来の単純取引であれば，取引自体が単純なため，当該取引から派生するリスクの範囲はほぼ予見可能であった。それゆえこの「予見可能性の原則」が重要な指標として機能し続けることが可能であった。しかし近年の科学技術の急速な発展により専門性が極度に高まり，その結果取引が複雑化している。結果として当該取引による利益は経験上ある程度明確に把握できる一方で，引き受けるリスクは未知数となった。そのため，予見可能性の原則では合理的に説明できなくなり，逆に受け取る利益を基準としてリスク範囲を限定する，という発想が浮上した。それが「経済的均衡」という概念になり，ちょうど「法の経済分析」という観点から，経済的均衡という原則が

---

[60] Cooter & Ulen, *supra* note 24, Ch. 7 Ⅱ 3 at 274-275. また事前の明示的リスク配分は交渉コストがかかるため，それにより得られるであろう便益との均衡を考慮してなされるべきである。つまり効率的な契約とは，関係の薄いリスクについては言及しないものである，という（*Id.*）。

[61] Charles J. Goetz & Robert E. Scott, *Liquidated Damages, Penalties and the Just Compensation Principle: Some Notes on an Enforcement Model and a Theory of Efficient Breach*, 77 Colum. L. Rev. 593 (1977).

[62] Cooter & Ulen, *supra* note 24, Ch. 7 Ⅱ 4 at 277-278.

浮上したのではないかと考える。そのため，受け取る利益に対してリスクが不均衡であれば，利益に均衡する限度においてリスクが制限され，それ以上のリスクは予見可能であっても賠償責任を課さない，という判断に帰着するのではないかと考える。これらが，法学的および経済学的な観点からのものであるが，商学的な観点からは何が合理的であるのだろうか。

　根本的に商取引は当事者の任意に基づいて行われる。その意味において商取引の成立は必ずゼロサム(zero sum)の取引ではなくプラスサム(plus sum)の取引であり，受け取る利益の規模については不均衡であるが，利益を享受するという点については両者ともに衡平な立場にある。また商取引は消費者取引とは異なり，本質的に単発取引ではなく継続取引を常としている。また専門性が高度に進行している現在，特に商取引の参加者は限定的であるといえ，当該産業界における企業行動の根本原理は信頼である。また企業は原則として，有期限の存在ではなく無期限の存在を前提とした継続体(going concern)として活動しているため，中長期的な採算に基づいている。この「信頼」および「長期的観点」が商学的考察の核となる視座である。そのため「契約を破る自由」を商学的観点から考察すると，当該取引から生ずる利益のみを短期的な観点からの分析であり，契約を破ることにより被る「信頼」の低下による今後の取引コストの増大，および「長期間」にわたり否定的な影響力が及ぶことから，長期的には利益採算に合わないという結論に至る。つまり法学では「両者の衡平」を軸として論理的首尾一貫性を重視した観点を取る。経済学では「効率性」を軸として稀少な財・サービスの比較的短期間における効率的な促進による富の増大を重視した観点を取る。商学においては，そうした両者の観点を複眼的に取り

---

[63] 関係的契約の概念を提唱した重要な論文として，注51のMacneil論文がある。また「法がもはや一義的な形式的意味作用だけでは捉えられない重層的な構造を持つことが確認できたことは，われわれの法を見る目を変えていかざるを得ないであろう」（棚瀬孝雄「関係的契約論と法秩序観」棚瀬孝雄編『契約法理と契約慣行』72頁(弘文堂，1999年)）という指摘は的確である。商取引の今後は質量ともに変化し膨大なものとなると予想されるが，全体の流れの中において把握することが重要である。
[64] 商行為における契約の経済学的分析としては，エリク・ポズナー(Eric A. Posner)著太田勝造監訳『法と社会規範』220-239頁(「法と経済学」叢書Ⅳ，木鐸社，2002年)参照。経済学が財・サービスの効率的な生産に重きをおくとすると，商学は供給される財・サービスという製品を需要という商品に結

入れながら、「利益の確保」を軸に長期的な信頼を重視した観点から判断する。前二つと商学の根本的相違は、消滅の危険性の有無にあるであろう。つまり法学的および経済学的観点につき、好ましくない判断がなされれば、試行錯誤の末修正し、緻密化され理論的に発展する可能性が高い。一方商学的観点からすると、法学的および経済学的観点から合理的であることを、適宜主張しまた一方あえて主張しないことを選択する判断を、時(タイミング)と状況(相手と自らの立場)を中長期的に慎重に見極めなければならない。万一失敗すれば、市場からの強制的退去、つまり倒産・消滅である。そのため、商取引における損害賠償については、法理論および経済学的分析という観点を取り入れつつ、それらを組み合わせて戦略を構築しなければならない。二者択一的な all or nothing で判断するのではなく、長期的な観点から複眼的・多面的に検討することが重要である。

びつける流通にあるといえるだろう。「商業の主たる機能は生産される財の量的増大ではなく、財の交換によるその有効活用である」(ヒックス(John Richard Hicks)著 新保博・渡辺文夫訳『経済史の理論』第4章97頁(講談社学術文庫、1995年))という。

第4章
イギリスのフラストレーション理論

　商取引においては，当事者が契約時に前提としていた状況がその履行期に大きく変化している，ということが少なからずある。特に国際間で頻繁に行われる貿易取引においては，国境・運河等の閉鎖(blockade)，戦争の勃発(outbreak of war)，禁輸(embargo)等の政治的変動リスク，市価変動や為替レート変動等の経済的変動リスクが格段に高い。実際に1956年のスエズ運河閉鎖，また1973年にはアメリカで大豆の禁輸措置がとられ[1]，その他中近東諸国における紛争，東欧を含む旧共産圏諸国の崩壊による政変等が頻繁に発生している[2]。我が国において最も身近な例としては，1995年1月に発生した阪神大震災がある。このような事態が発生した場合，契約上の義務・債務はどのように扱われるのであろうか。

　契約には，相反する二つの原則がある。一つは「契約は守らなければならない(Pacta sunt servanda)[3]」。これは履行を妨害するような，また当初の履行価値を減少させるような事態が契約締結後に発生した場合であっても，当初の契約通りに履行しなければならない，というものである。もう一つは，「事情変更の原則(Rebus sic stantibus)[4]」。これは契約が締結されたときの事情がそのまま

---

[1] A. G. Guest, general editor, *Benjamin's Sale of Goods*, §19-122 at 1306 (6th ed. 2002).

[2] Patrick S. Atiyah, John. N. Adams & Hector MacQueen, *The Sale of Goods* 364 (11th ed. 2005).

[3] これはラテン語であり，英語では "Agreements shall (must) be observed" となる(Bryan A. Garner, editor in chief, *Black's Law Dictionary* 1140 (8th ed. 2004)；中村弘『貿易契約の基礎』(東洋経済新報社，1983年))。

[4] これもラテン語であり，英語では "Matters (Things) standing so" となる(Garner, editor in chief, supra note 3, at 1295；田中英夫編集代表『英米法辞典』700頁(東京大学出版会，1991年))。

存続する限りにおいてのみ効力を有し，契約時の基本的前提が消滅した場合，一定の要件を満たした場合のみ契約上の義務は免除される，というものである。後者は大陸法の考え方であるとされる。英米法に属するイギリスでは前者の「契約の絶対性(strict liability)」が契約法の原則とされていたが，この原則を実際の商取引において厳格に適用することから不都合が多々生じていたため，19世紀後半頃から当事者の支配が及ばない(beyond control)後発的事態の発生により，契約上の履行が事実上困難になった場合に当初契約上の義務を免除するというフラストレーション理論(the Doctrine of Frustration)が発展してきた。英米諸国と国際商取引における密接な関係から，わが国において重要な意味をもつと考える。

この理論は各国の政治的，経済的変動に大きく影響を受ける貿易取引において重大な問題であり，実際に国際的な貿易取引に関する訴訟から発展したものである，とされる。この理論について法学的には確立されているが，商学的観点からの考察は十分でない。そこで本章では，イギリスのフラストレーション理論およびそれに密接に関連する不可抗力条項についてその原則，問題点等につき法理論を中心に見たうえで，商学的観点からの考察を加えていきたい。

1 │ 共通の錯誤および危険負担との区別

まずフラストレーション理論の対象範囲を明確にしたい。この理論は，契約締結時より後に発生した事態のみをその対象としている。そのため契約時に存在していた共通の間違った認識，つまり共通の錯誤(common mistake)について

---

[5] Guenter H. Treitel, *Frustration and Force Majeure*, §1-001 at 1 (2d ed. 2004).
[6] Leo D'arcy, Carole Murray & Barbara Cleave, *Schmitthoff's Export Trade: The Law and Practice of International Trade*, §6-001 at 104 (10th ed. 2000).
[7] Hugh G. Beale, general editor, *Chitty on Contracts*, §23-006 at 1314 (Vol. 1, General Principles, 29th ed. 2004).
[8] *Id.* at §23-002 at 1311-1312. 錯誤(mistake)には本来幅広い意味があり，一般には事実に関するエラー(a factual error)であり，誤った判断(a bad judgment)，軽率な決定(a rash decision)，また単にうまくいかない状況(did not work well)をも含むこともある(Brian A. Blum, *Contracts Examples and Explanations*, §15.2 at 443 (3d ed. 2004))。

は取り扱わない。例えば傭船契約において契約時には契約の対象物である船舶は存在していたが，契約後に沈没等により消滅した場合には本理論の対象となる可能性が高い。しかし一方で，契約締結時において両当事者は予定していた船舶が実際には沈没等により消滅しているという事実を知らずに存在しているものとして錯誤に基づく契約を締結したときには，共通の錯誤の問題とされ，フラストレーション理論の対象とはならない。

また危険負担(risk allocation)との関係については，フラストレーション理論は両当事者の責めに帰し得ない事態の発生により履行が困難または不可能となる場合を対象とする。そのため発生する危険を事前に引き受けている場合には危険負担の問題となり，これはフラストレーション理論の対象とはならない。例えば，戦争が勃発した場合にはその危険を一方当事者が負担すると明示条項があれば当然そちらが優先することとなり，たとえそれによって履行が不可能になったとしても履行義務は消滅せずフラストレーションの事態には該当しない。つまり発生のリスクを事前に引き受けていた場合には，リスク負担当事者が当該リスクを負うこととなる。

2 │ フラストレーション理論とその発展

フラストレーション(Frustration)とは，契約締結後当事者の予見が不可能で，いずれの当事者の責めにも帰し得ない事態の発生により，当事者が予期した契約の目的が達成不能となったり，実行不能となることをいう。

フラストレーションという用語は，不可能性(impossibility)という言葉に代わって20世紀初頭の戴冠式事件(coronation cases)で広く使用されはじめた。もともとこの用語は，事業の挫折(frustration of adventure)によって海上運送契約が解除されることに限定されて使用されていたが，現在では当事者の支配が

---

9 Guest, general editor, *supra* note 1, §6-001 at 271. また危険負担は大陸法における債権者主義をいい，フラストレーションは大陸法における債務者主義をいう(我妻栄『債権各論(上巻・民法講義V1)』99-113頁(岩波書店，1954年))。

及ばない後発的事態を原因として契約が終結する全ての事例に使用されてい
る。[12]

　イギリス契約法の一般原則は，Paradine v. Jane 事件[13]をリーディング・ケースとする「厳格責任(strict liability)」であり，1863 年の Taylor v. Caldwell 事件判決[14][15]により緩和されるまで継続した，とされる[16]。前者の事例は土地の賃貸借契約であり，その契約期間中に外国の軍隊が一定期間，当該土地に駐留した。貸主はその駐留されていた期間の賃貸料の支払いを当初契約していた借主に求めて提訴した。結論としてこの貸主の主張は認められた。その理由として「当

---

[10] 田中英夫編集代表，前掲注 4, 368 頁。一般には，契約が締結された時と根本的に異なる(radically different)ことにより契約上の義務を履行しえなくなること(become incapable)をいう(Davis Contractors Ltd v. Fareham Urban District Council [1956] A. C. 696, 729 per Lord Radcliffe, Louise Gullifer, *Frustration and Mistake*, in Ewan McKendrick, general editor, Sale of Goods §4-001 at 131 (2000)。大陸諸法とは異なり英国法では履行の客観的不能を厳密に規定された構成要件まで形成しておらず，判例法の方法により契約の基礎が事後に消滅したという個々の事案について，特に履行の後発的(客観的)不能の諸事案，契約の目的消滅および等価関係破壊の事案をも含め，契約上の拘束が消滅するものとされた。多くの事例において契約は，契約上の給付が履行の瞬間に総じて可能であり，契約目的がなお達成可能であるという「黙示の条件」の下で締結されており，「不能(impossibility)」と「無益化・目的欠如(futility)」に区別されるが，区別されるか一括するかの相違があり，ドイツの法律用語では相当するものとして，契約成立後の問題としての「履行障害(Leistungshindernisse)」という(カール・ラーレンツ(Karl Larentz)著　勝本正晃校閲　神田博司・吉田豊訳『行為基礎と契約の履行』101-103 頁，114 頁注 5(日本比較法研究所叢書，中央大学出版部，1969 年))。また従来の債務不履行の類型に疑義を唱えているものとして，辰巳直彦「契約責任と債務不履行類型―三分体系批判―」磯村保他編『契約責任の現代的諸相(上巻)』1-35 頁(北川善太郎先生還暦記念，東京布井出版，1996 年)がある。

[11] Grant Gilmore, *The Death of Contract* 89 (2d ed. 1995).

[12] J. Beatson, *Anson's Law of Contract* 530 (28th ed. 200). 一般にイギリス法において「契約の絶対性」に対する例外は，19 世紀以降判例が蓄積され，現在では大きく三つあるとされる。第一に，後発的な不法性(supervening illegality)，第二に，後発的(物理的)不可能性，第三に，契約の商事目的の挫折(frustration of the commercial object of the contract)がある(望月礼二郎『英米法(新版)』第 6 章 1 節 465-466 頁(青林書院，1997 年))。

[13] (1646) Aleyn 26.

[14] Beatson, *supra* note 12, 531-532.

[15] (1863) 3 B. & S. 826, 122 E. R. 309 (K. B. 1863). 要旨は，Hugh G. Beale, W. D. Bishop & M. P. Furmston, *Contract Cases and Materials*, Ch. 16, at 460-463 (4th ed. 2001); Thomas D. Crandell & Douglas J. Whaley, *Cases, Problems, and Materials on Contracts*, Ch. 6, IX (impossibility) at 711-714 (3d ed. 1999) 参照。この事件は厳格責任から後発的不能による免責理論への重要な転換点を示すものである，とされる(Treitel, *supra* note 5, §2-022 at 42-43)。

[16] それまでイギリスでは，状況の変化により免責されるか否かは不可能性(impossibility)の問題とされており，一昔前から(a long time ago)免責の事例は存在していた，とされる(Gilmore, *supra* note 11, at 88)。その主なものとしては，個人的不能，違法性等があった。Taylor 事件判決後の例外については次の文献を参照。Treitel, *supra* note 1, at 1312 n.12; Beale, general editor, *supra* note 7, §23-004 at 1312 n.12.

事者が自らの契約によって自らに義務または責任を課した場合には，回避しがたい必然的な何らかの損害が発生したとしても，可能な限り当該契約を履行する義務がある。というのも当事者としては自らの契約によりその場合について事前に取り決めることができたはずだからである。したがって，もし賃借人が家屋の修理を約定したとすれば，たとえ当該家屋が落雷で焼失し，あるいは敵兵により毀損されたとしても，なお修理することを要する」[17]とされた。現在からすると極端に感じられるが，当時のイギリス契約法における厳格責任の原則が強く現れている事例であろう。後者の事例は，音楽ホールの賃貸借契約において，履行期前に同ホールが火災により焼失してしまった。ここでは契約目的物 (subject-matter) の物理的な消滅を理由にフラストレーションが認められ，これにより物理的な消滅に関するフラストレーション理論がイギリス法に導入された。[18]

その後，商取引事業 (commercial adventure) の事例においても拡大して適用されるようになった。[19]その最初の事例として，Jackson v. Union Marine Insurance Co., Ltd. 事件がある。[20]この事例は，傭船契約において，契約が履行される前に，契約で指定していた船舶が座礁してしまった。この座礁から救出するのに約1ヶ月半，修理にさらに7ヶ月必要と判断され，船舶が完全に修理されて使用可能な状態になるまでには，契約履行期より約9ヶ月が必要とされた。ここで問題となるのは，この期間が商業的な観点から契約を終了させるほど重大なものであるか否か，という点である。結論として，9ヶ月の航海の遅延は契約当時に予想していた状況とは全く異なるものである，と判断され，フラストレーションが認められた。

---

[17] Paradine v. Jane, 82 Eng. Rep. 897, 897-898 (1647). 訳文は，木下毅『英米契約法の理論（第二版）』367頁（東京大学出版会，1985年）による。
[18] この判例により，契約締結後に履行を不能にする事態が発生した場合の免責に関する条項が，1893年イギリス物品売買法第7条 (Section 7 of the Sale of Goods Act 1893) に初めて規定された (Beale, general editor, *supra* note 7, §23-005 at 1313-1314 n. 20)。
[19] Beale, general editor, *supra* note 7, §23-006.
[20] (1874) L. R. 10 C. P. 125. 要旨について，Michael P. Furmston., *Cheshire, Fifoot and Furmston's Law of Contract*, Ch. 20. 2 at 641 (14th ed. 2001)参照。

この事件により、状況が根本的に変化してしまう場合にもフラストレーションが認められるようになり、フラストレーション理論の存在が着実に築かれていくことになった。[21] その後 J. Lauritzen A. S. v. Wijsmuller B. V.(The Super Servant Two)事件[22]において、フラストレーション理論の本質(essence)となる五つの原則(prepositions)が提示された。[23] 内容は以下の通り。

(a) フラストレーション理論は、契約通りの絶対的な履行を要求するコモン・ローの厳格性を緩和するために発展したものであり、その目的は正義の実現にある。

(b) フラストレーション理論は、安易に引き出されるものであってはならず、また拡大されてもならず、常に厳格でなければならない。

(c) フラストレーションにより、契約は即座に(forthwith)かつ自動的に終了する。

(d) フラストレーションとなる事態(a frustrating event)の発生は、それを主張する当事者の行為や選択によるものであってはならず、外部的(extraneous)要因によって引き起こされたものでなければならない。

(e) フラストレーションとなる事態の発生は、それを主張する当事者の過失(fault)によらずして発生したものでなければならない。

イギリス契約法は、Paradine 事件でみたように厳格責任を原則としていたが、1863年の Taylor 事件[24]以後、契約目的物の物理的消滅だけでなく、契約目的の挫折、状況の変化が契約の根底(root)に関わるほど重大である場合などにも認められるようになり、フラストレーション理論の適用範囲は拡大した。

しかし上記(b)の原則にみられるように、フラストレーション理論は依然としてその適用において厳格でなければならないとされる。それでは実際の貿易取引において、フラストレーション理論はどう運用・適用されているのであろう

---

[21] Beale, general editor, *supra* note 7, §23-006.
[22] 〔1990〕1 Lloyd's Rep.1.
[23] *Id.* at 8. これは最高の権威(the highest authority)により確立されたもので疑問の余地はない、とされる。
[24] 前掲注15参照。

か。次に貿易取引において頻繁に利用されているトレード・タームズであるCIF契約，FOB契約における事例について見ていきたい。

3 貿易取引におけるフラストレーション理論

CIF契約において，フラストレーション理論が適用される可能性はあるが，現実にはその適用はかなり厳しく制限されている。[25]特定物に関するフラストレーションについては，1979年物品売買法(The Sale of Goods Act 1979；SGA 1979)第7条に規定がある。[26]内容は以下の通り。

「特定物(specific goods)売買において，売主・買主の過失なしに物品の危険が買主に移転する前に物品が消滅した場合には，その契約は無効(avoided)とされる」

SGA第7条が適用されるためには，次の五つの前提条件を満たさなければならない，とされる。[27]

(a) 特定物であること[28]
(b) 売買の合意(an agreement to sell)であること[29]
(c) 物品が消滅(perish)していること[30]

---

[25] Guest, general editor, *supra* note 1, §19-119.
[26] 原文は短いため，以下に示す。
  Goods perishing before the sale but after agreement to sell
  7. Where there is an agreement to sell specific goods and subsequently the goods, without any fault in the part of the seller or buyer, perish before the risk passes to the buyer, agreement is avoided.
    元来，本規定はTaylor v. Caldwell事件の原則が1893年SGA第7条に採用・規定され，現在の1979年SGAにも継続されている。文言自体は若干変更されているが，実質的内容について大きな変更はない。以下SGAについて特に断りのない限り全て1979年のものをさす。
[27] Guest, general editor, *supra* note 1, §6-029.
[28] 「特定物とは，物品売買契約の締結時に特定されていなければならない」(SGA第61条第1項)と定義されている。特定物については，Guest, general editor, *supra* note 1, §1-113, 114: Treitel, *supra* note 5, §3-013〜§3-021 at 87-95，特に§3-017 (d) "specific" or "identified" に詳しい。また特定物と不特定物とを区別することに反対する意見もある(Atiyah, Adams & MacQueen, *supra* note 5, at 360-361)。また一般に不特定物の売買においても，特定の国から輸入される契約で，それが契約の重要な基礎となっており，その国からの輸入が不可能となった場合にはフラストレーションが認められることもある(Beale, general editor, *supra* note 7, §23-045 at 1336-1337)。
[29] "an agreement to sell" の定義については，SGA第2条第5項参照。

(d) 危険(risk)がまだ買主に移転していないこと
(e) その物品が売主・買主のどちらかの過失(fault)にもよらず消滅したこと[31]

このSGA第7条の対象範囲は狭く，所有権も危険も両方ともに買主に移転していない特定物売買の契約に適用される。[32] そのため，CIF条件での特定物売買の場合，フラストレーションが認められるためには，危険が買主に移転する以前でなければならない。[33] つまりCIF契約では，危険は船積によって移転するため，[34] 船積後はフラストレーションとはならない。[35] そのため船積以前に限定して，フラストレーションが認められる可能性があることとなる。[36] また契約で定められていた履行方法が不可能となった場合には，フラストレーションが認められることがあるが，その判断の重要な要因は，その取り決めていた方法が，唯一のものであったか否かによる，とされる。[37] またCIF契約において，特定の履行方法を取り決めておらず，単に両当事者が想定していた場合にその方法が履行不能になったときでさえも，原則としてフラストレーションは認められない，とされる。[38]

スエズ運河閉鎖に関する有名な判例である Tsakiroglou & Co. v. Noblee Thorl G. m. b. H. 事件をみていきたい。[39] これはスーダン(Sudan)からドイツ・ハンブルグ(Hamburg)向けにCIF条件でなされたナッツ(groundnuts)の売買契

---

[30] "perish" の詳細については，Treitel, *supra* note 5, §3-016 at 89-90 参照。
[31] "fault" の定義については，SGA第61条第1項参照。詳しくは，Treitel, *supra* note 5, §3-015 at 88 参照。
[32] Atiya, Adams & MacQueen, *supra* note 2, at 360. SGA第7条の詳細については，McKendrick, general editor, *supra* note 10, §4-003～§4-026 at 133-150 参照。
[33] Guest, general editor, *supra* note 1, §6-028.
[34] *ICC Guide to Incoterms* 2000 at 110 (A5 transfer of risk) & 116 (B5 transfer of risk), ICC Pub. No. 620 (2000). 厳密には，欄干手すり(ship's rail)が引渡し・危険の分岐点となる。"shipment" については，David M. Sassoon & O. H. Merren, *C. I. F. and F. O. B. Contracts*, Para. 52 at 50-51 (4th ed. 1995) 参照。
[35] Guest, general editor, *supra* note 1, §19-119.
[36] *Id.* §19-120.
[37] *Id.* §19-121. 例えば，Nickoll and Knight v. Ashton, Edridge & Co. [1901] 2 K. B. 126 では，綿実(cotton seed)の売買で船舶が特定されており，それが座礁した場合にフラストレーションが認められた。
[38] Guest, general editor, *supra* note 1, §19-122.
[39] [1962] A. C. 93.

約であった。契約条項に明記されていなかったが，両当事者はスエズ運河経由で輸送されるであろうと考えて(contemplate)いた。ところがスエズ運河は政変により閉鎖されてしまい，代替ルートとして喜望峰(The Cape of Good Hope)経由のルートがあった。しかし当該ルートではスエズ運河経由と比較して，所要時間にして約2.5倍，運賃費用も約2倍かかることとなった。売主はフラストレーションを主張したが，この事例では運送経路に関しては何ら明示的規定がなく，また契約を根本的に変化させる事態には当たらない，としてフラストレーションは認められなかった。[40]

こうした場合，たとえスエズ運河経由であることが契約書に明記されていたとしても，単に当該ルートが不可能になっただけではフラストレーションは認められず，その明記された特定ルートが当該契約にとって根本的な重要性をもつ場合にのみ認められる，とされる[41]。また一方当事者だけが考えていた履行方法が不可能となった場合にはフラストレーションは認められず[42]，また代替手段(alternative methods)がある場合にも認められない[43]。

またFOB契約においてフラストレーションが認められた例はほとんどなく，例外的に認められた事例としては，禁輸による場合，輸出入の許可(license)を取得できなかった場合に見られる程度である[44]。またCIF契約と同様，FOB契

---

[40] 売主がフラストレーションを主張して契約の解除を求めた真の理由は，ナッツの市価の急騰があった。具体的には市価高騰分が18ポンド15シリング，喜望峰経由の追加運賃費用の増加は7ポンド10シリングであり，フラストレーションが認められればその差額が利益になりえた。こうした事情が考慮されて判決が下された(Guest, general editor, *supra* note 1, §19-122)。商取引におけるフラストレーションに関する事例は，純粋な履行不能や実行困難という場合よりもむしろ，こうした急激な市価変動等の経済的環境の激変があることが多い。詳細については次の文献を参照，Guest, general editor, *supra* note 1, §19-122; Jill Poole, *Casebook on Contract*, §11. 2. B at 418-419 (2d ed. 1995)。
[41] Guest, general editor, *supra* note 1, §19-122.
[42] 例えば，Blackburn Bobbin Co., Ltd. v. T. W. Allen & Sons Ltd.〔1918〕2 K. B. 467事件では"free on rail Hull"条件で契約した。因みにこのFree on Rail条件はインコタームズ2000の規定にはなく，Free Carrier (FCA；運送人渡し条件)に該当する(中村弘・田口尚志『貿易業務論』38頁(第9版，東洋経済新報社，2002年))。しかし戦時状況(wartime condition)のため履行不能となった。商品の仕入れルートについては売主のみが知っており，一方当事者のみが知っていたルートが中断された場合においてもフラストレーションは認められない，というCIF条件の原則がこの事例にも適用された(Guest, general editor, *supra* note 1, §19-123)。
[43] Guest, general editor, *supra* note 1, §19-124.
[44] *Id*. §20-092.

約においても危険は船積によって移転するため，物品の船積後のフラストレーションは認められない[45]。

以上のように，貿易取引におけるフラストレーション理論は厳格に解釈され容易には認められておらず，ごく例外的に認められているに過ぎない。取引当事者としては，これら状況から考えると，契約書作成にあたり条件を有利にするためには，当事者は物品の目的・用途等をできるだけ具体的かつ詳細に相手方に知らせることが重要な鍵になっていると思われる。その具体的内容についてどういったものが望ましいかについて，フラストレーション理論に課せられている制限について検討することにより具体的に考察していきたい。

4 | フラストレーション理論の制限

後発的事態が契約を挫折させる可能性があった場合でも，必ずしもフラストレーションが認められるわけではない。この理論が排除される場合として，大きく三つある[46]。

(a) 明示条項(express provisions)があったとき
(b) 予見可能な事態(foreseen and foreseeable events)であったとき
(c) 自己が引き起こしたもの(self-induced)であったとき

以下，それぞれ検討していきたい。

(a) 明示条項

契約において，発生しうる事態に対処することを意図した条項は，フラストレーション理論の適用に優先する，とされる[47]。フラストレーション理論は予見不可能であった後発的事態かつ契約書中に規定されていなかった事態に関するものの免責理論であり，契約で発生しうる事態について事前に定めた条項があ

---

[45] Id. § 20-093.
[46] Guenter H. Treitel, An Outline of the Law of Contract 360-364 (6th ed. 2004).
[47] Beale, general editor, supra note 7, § 23-056. 例えば, Joseph Constantine S. S. Line Ltd. v. Imperial Smelting Corp. Ltd.〔1942〕A. C. 154, 163 (Beale, general editor, supra note 7, § 23-056 at 1343 n. 254)がある。

れば，そちらが優先して適用される。そのため不可抗力条項(Force Majeure Clause)やハードシップ条項(Hardship Clause)[48]はフラストレーション理論に優先することとなる。[49]

(b) 予見可能な事態

当事者は事態の発生を予見していたが，実際に発生した事態に関して条項中に具体的に明記されていない場合がある。予見できなかった事態の発生は契約をフラストレイト(挫折)する可能性はあるが，原則として予見できた事態であればフラストレーションは認められない，とされる。[50]この場合の予見可能性の概念は，実際に予定していた事態だけではなく，たとえその両当事者が予見していなかったとしても，合理人(a reasonable person)が予見しえたはずであった，という事態を含むものである。[51]つまり予見できたはずであったことは，明示条項で規定できたはずであったとされ，その契約のフラストレーションは認められない，とされる。この「予見できた事態が実際に発生した場合にはフラストレーションは認められない」ことの根拠は，発生しうる(might occur)危険を当事者は任意に引き受けている，という前提があったと解釈されるからである。つまり予見できる危険であれば，引き受けることでそのリスク分を価格に反映させたり，逆にその危険性を負担したくなければ，容易にそれに関して規定できるはずである，と解釈されるからである。[52]ただしこの予見可能性の基準を絶対的なものとすることはできず，もし全ての事例で予見できた場合には認められない，とすれば不都合が生じる。予見できたはずであったが，ただ単に明示していない場合でもフラストレーションが認められることもある。[53]

現実の商取引では，予見できた場合においても明示的に規定していない場合

---

[48] この条項は，国際的な長期契約に利用されることが多い。詳しくは，D'arcy, Murray & Cleave, *supra* note 6, §32-008 at 672-673 参照。
[49] Joseph Constantine 事件(注47)において Lord Simon は「後発的事態が発生しても，当事者の履行が契約の明示条項に拘束される場合には，後発的不能によって免責とはならない」と述べている (Guenter H. Treitel, *The Law of Contract*, Ch. 20 Sec. 3 at 901 & n. 51(11th ed. 2003))。
[50] Beale, general editor, *supra* note 7, §23-057 at 1344.
[51] T. Antony Downes, *A Textbook on Contract* 306 (5th ed. 1997).
[52] Treitel, *supra* note 46, at 361-362.
[53] Downes, *supra* note 51, at 307.

が多いのではないだろうか。これに関し Ocean Tramp Tankers Corp. v. V/O Sovcracht(The Eugenia)事件[54]において，Lord Denning MR は次のように興味深い意見を述べている[55]。

「フラストレーション理論は，新たに発生した状況があたかもそれが必要不可欠な要因であるかのように，予見できなかった，思いもよらなかった，という場合にのみ適用されると一般に言われているが，実はそうではない。予見できなかったのではなく，むしろ契約書でその状況に対して何も条項を規定していなかっただけのことである。実際にあらかじめ危険性を予見していた場合が多く，ただ単にその危険性に対する明示条項がなされていないだけである。」

この事例は傭船契約においてスエズ運河が閉鎖されたものであるが，実際両当事者は運河が閉鎖され通行できなくなる可能性について予見していた。そのためそうした事態に備えて両当事者は交渉して条項を作成しようと協議したが，最終合意に達することができなかった。この事例のように，実際にはその危険の発生を予見することはできたが，ただ単に明示条項を規定していなかっただけという場合がほとんどではないだろうか[56]。これは本質を突いている指摘である。例えば King Edward Ⅶ の戴冠式において，国王が病気になることは予見できたはずであった。またスエズ運河が閉鎖されることも予見できたはずであり，農作物の不作，不慮の事故，ストライキ等，予見するだけであればほぼ全ての事柄が可能であり，空想的事柄まで含めると無限にその範囲は拡大し，収拾がつかなくなる。そのため，この予見可能性の原則も絶対的なものとはいえない。

(c) **自ら引き起こしたフラストレーション**

これは主として三つあり，一方当事者の行為により引き起こされた事態，懈怠(negligence)，当事者の選択によるもの，がある[57]。

---

[54] 〔1964〕1 All E. R. 161. 要旨は Hugh Beale et al., *Cases, Materials and Text on Contract Law*, §5, E. 19 at 619-621 (2002)参照。
[55] *Id.* at 166. 予見可能性については，本稿第3章参照。
[56] Treitel, *supra* note 46, at 362.
[57] Treitel, *supra* note 49, at 905-908.

フラストレーションは当事者の行為(act)，または選択(election)によるものであってはならない，とされる。[58]また自ら引き起こした事態はフラストレーションとはならず，行為それ自体が契約違反にあたることとなる。[59]この自ら引き起こした事態が原因となる場合には認められない原則は，過失ある当事者が免責法理の利益を利用できないようにするためである。[60]ここに自ら引き起こしたフラストレーションに関する二つのリーディング・ケースがあり，以下対比しながら見ていきたい。

一つは，Maritime National Fish Ltd. v. Ocean Trawlers Ltd. 事件である。[61]この事件の概要は，上告人（借主）が被上告人（船舶所有者）からトロール船の St. Cuthbert 号を傭船(charter)した。両当事者ともそれには行政府(Minister of Fisheries)の許可書(license)が必要であることを知っていた。上告人は当該船舶を含め全部で五隻の船舶を操業しており，その五隻すべてに許可書の申請をしたが，三隻しか認められなかった。許可書が与えられた三隻分をどの船舶に割り当てるのかについては，上告人に選択権が与えられたが，上告人はその三隻に St. Cuthbert 号を含めなかった。裁判所はこれを上告人の自発的な選択によるものであると解釈し，フラストレーションを認めなかった。ここで決定的とされた要因は，St. Cuthbert 号の許可証を上告人が希望すれば得ることができたことである。[62]筆者はこの判断は妥当なものであると考えるが，次のもう一つの事例では疑問が残る。

J. Lauritzen A. S. v. Wijsmuller B. V.(The Super Servant Two)事件である。[63]事件の概要は次の通り。被告（船会社）は原告（荷主）の削岩機(drilling rig)を日本からオランダまで運送する契約をした。運送するためには船舶に特殊な運搬設

---

[58] Beale, general editor, *supra* note 7, §23-059 at 1345 n. 275.
[59] Treitel, *supra* note 46, at 346. 例えば，自らの意思で戦争地域(war zone)へ船舶で入っていくこと等があげられる。
[60] *Id.* at 347.
[61] 〔1935〕A. C. 5 24. 概要については Poole, *supra* note 40, §11. 2. C. at 425-426; Beale, Bishop & Furmston, *supra* note 15, Ch. 16, at 469-472; Beale, general editor, *supra* note 7, §23-059 at 1345 n. 275 参照。
[62] 〔1935〕A. C. 524, 530.
[63] 〔1990〕1 Lloyd's Rep.1

備が必要なため、船舶は自ずと"Super Servant One"もしくは"Super Servant Two"のどちらかの船舶に限定された。どちらを使用するかは被告である船会社が自由に選択できることになっていた。契約は1980年7月7日に締結され、その後船会社の内部では"Super Servant Two"を割り当てることが決定され、物品は1981年6月20日から8月20日の間に引き渡しされる予定であった。しかし1981年1月29日にSuper Servant Twoは沈没した。その時点で被告はSuper Servant Oneでのみ履行可能な運送契約を他社と締結していた。2月16日に被告は荷主である原告へどちらの船舶でも運送できなくなったことを連絡した。その後両者が話し合いし交渉が行われたが最終合意に至らず、提訴となった。被告はフラストレーションにより契約上の義務の免責を主張したが、裁判所は不可抗力条項等の契約条項を詳細に検討した結果、フラストレーションには該当しないとし、被告(船会社)は有責である、とした。

　裁判所の見解によると、判断の重要なポイントとして、被告は削岩機を運送するためにSuper Servant Oneを使用して契約上の義務を果たすことができたはずであったにもかかわらず、それをしなかったことである、としている。[64] つまり他者との契約を履行するためにSuper Servant Oneを使用することを決定したことが当事者の選択に該当し、よってフラストレーションは認められない、と判断した。またこの判断には三つの根拠がある、とされる。[65]

　第一に、Maritime事件において[66]「当事者の選択による場合にはフラストレーションが認められない」とする原則が確認され、それに従うべきであると考えられたこと。しかしMaritime事件において借主は「当事者の選択により」確実に契約を履行できたが、一方、Super Servant Two事件においては、沈没時に船舶の選択は不可能であった。[67] 筆者はこの点に決定的かつ重大な相違が存在しており、それゆえ明確に区別して解釈すべきであると考える。

　第二に、どちらの契約を履行するかの選択を被告に委ねると、他者との契約

---

[64] *Id.* at 13.
[65] Treitel, *supra* note 49, at 907-908.
[66] 前掲注61参照。
[67] Treitel, *supra* not 49, at 908.

も選択の結果となってしまう。これでは「どちらの当事者の選択にもよることなく，かつ自動的に成立する」というフラストレーション理論の原則に矛盾してしまうことになる。どちらの契約が免責(discharge)されうるのかという問題の決定は，当事者の自由選択ではなく，法原則により判断されるとされた。

　第三に，他者との取引をどれだけ頻繁に行うかについては，当事者自身(この事例では被告である船会社)の問題であり，そのための危険性は意思決定した当該当事者自身が負担すべきである，と考えられた。

　この二つの事例を比較すると，後者の事例の方がより厳格な立場をとっており，当事者の選択が明確な場合にはフラストレーションを認めない，としている[68]。この第一の根拠である当事者の選択について，筆者はSuper Servant Two事件においては該当しないのではないかと考える。なるほど契約時において"Super Servant One"もしくは"Super Servant Two"のどちらかを船会社である被告の選択に委ねたが，船会社の組織内部ではSuper Servant Twoの割当が決定していた。確かにこれだけでは内部的な意思決定であるため不十分であるが，"Super Servant Two"が沈没した際には"Super Servant One"を使用する契約をすでに他者と締結していたのであるから，対外的に拘束されていた。つまり沈没時には当事者(この場合船会社)は，違約金を支払いSuper Servant Oneとの契約を解除した後に履行する，という選択肢しか残されておらず，現実的にかなり困難であったと解釈可能であり，対外的に拘束されていることは根拠として十分であろう。商学的見地からすると，現実の商取引において，少数のビッグプロジェクトのみに全社挙げて取り組んでいるということはまれであり，通常はきわめて多数の企業や個人を対象として同時並行的に頻繁に取引を行っているのが現状であろう。そのため筆者はこの当事者の選択につき，その判断基準の時期を契約時ではなく，挫折させるような事態の発生時とし，その際他者と契約しているか，または完全な合意に至っておらず，レター・オブ・インテント(letter of intent)[69]等何らかの対外的な事実が存在して

---

[68] Downes, *supra* note 51, at 308.

いる場合には，フラストレーションが認められる可能性を残した方が良いのではないかと考える。この事件を厳密に考えると，Super Servant Two を割り当てるつもりであっても常に沈没して消滅する危険性は残存し，契約の履行を完了するまでの間，賃貸借市場が存在していなければ，Super Servant One を常時使用できるよう待機させることになってしまう。これほど経済的に非効率的なことはない。減価償却費や公租その他維持費用を負担しながら万一のために待機させておくことは，当該費用を稼動している運賃で回収すると跳ね上がり市場競争力を喪失し，そもそも貴重な資産を浪費(放置)することになる。この事件では，法の一貫性が判決の根拠の一つとされているが，この二つの事例は明らかに相違点があるといえるだろう。筆者は個々の商取引の状況を考慮しつつ，これら二つの事例を明確に区別して解釈し，結論を導くべきであったのではないかと考える。

5 フラストレーション理論と不可抗力条項

　以上見てきたように，フラストレーション理論が認められる事例は少数に限定されており，その基準もまだ不十分で流動的であり，よって明確な基準が確立しえたとは言い難い。そうした状況において商学的な観点からすると，当事者は法理論の観点から，契約を挫折させるか否かの判断が微妙な当事者の支配を越える事態の発生に備えて，事前に両当事者の権利と義務を取り決めた条項を契約書に記載しておくのが好ましい。このような条項は，実務においては頻繁に用いられており，一般に不可抗力条項(Force Majeure Clause)とよばれている。[70] つまり契約上の厳格責任を緩和するフラストレーション理論もまだ多くの制限があり，国際商取引の実務的観点からすると不十分であるため，取引の当事者間の任意の契約条項として不可抗力条項が作成されることとなる。この

---

[69] レター・オブ・インテントについては，則定隆男『契約成立とレター・オブ・インテント』第3部(東京布井出版, 1990年)；則定隆男『レター・オブ・インテントの用途と書き方』(東京布井出版, 1995年)；新堀聰『貿易取引入門』50-53頁(日本経済新聞社, 1992年)に詳しい。

[70] D'arcy, Murray & Cleave, *supra* note 6, §6-017 at 121.

条項の内容的詳細については第6章において検討するが，ここではその基本的性質について見ていきたい。

　不可抗力条項とよく混同される条項として，免責条項(Exemption Clause)がある。両者とも当事者の義務または責任を免除する，というそれにより発生する効果は同じであるため，それゆえ明確な区別は難しいが同じではない，とされる[71]。その相違については，免責条項は違反した当事者を保護することを意図しており，不可抗力条項は一定の事態が発生したときに適用され，当事者の違反の有無とはそもそも関係がない，とされる[72]。また売買契約における免責条項は，原則として物品売買法第55条第1項に基づき有効とされており，当事者の責任を制限する方法が多くとられてきた[73]。免責条項は大きく分けて三つに分類できる[74]。

　第一に，契約に基づく実質的な義務を制限または軽減する条項。例えば明示条項または黙示的に内容を排除したり，怠慢(neglect)，不履行(default)の場合に責任を制限すること等がこれにあたる。

　第二に，契約違反に付随する責任を除外，または制限する条項。例えば損害賠償責任を制限したり，契約を拒否・撤回する権利を制限する条項等がこれにあたる。

　第三に，不履行当事者が相手方に十分な補償をする義務を除外する条項。例えば損害賠償責任の上限を事前に決定したり，苦情申し立て(claim)期間を制限する等がこれにあたる。

　この免責条項は，当事者の交渉力等の力関係が不均衡な場合の契約に見られることが多い。具体的には対消費者取引に最も多く見られるが，企業間取引においても利用されている[75]。近年この免責条項の分野では立法的介入が積極的に

---

[71] Beale, general editor, *supra* note 7, §14-137 at 860.
[72] Fairclough Dodd & Jones Ltd. v. J. H. Vantol Ltd.〔1957〕1 W. L. R. 136, 143 (D'arcy, Murray & Cleave, *supra* note 6, §6-019 at 122 n.99)．また，田中英夫編集代表，前掲注4，321頁では「契約違反により生じる責任を排除または制限する条項で…」と説明されており，免責条項は契約違反からいったん発生した責任からの免除を対象としている。
[73] Guest, general editor, *supra* note 1, §13-005.
[74] Beale, general editor, *supra* note 7, §14-003 at 792-793.

なされるようになってきており，その代表的なものとして1977年不公正契約条項法(Unfair Contract Terms Act 1977)[76]があり，ここではほとんど独占的に免責条項を取り扱っている[77]。免責条項の解釈原則は一般に，*Contra Proferentem* 原則(against the party putting forward)に基づき，内容が明確でなくどちらにも解釈可能な条項については，起草者不利に解釈する，という原則である[78]。

法的には免責条項と不可抗力条項は区別されているが，実際には不可抗力条項と同様の効果を持ち，また両者ともに厳格に解釈されている[79]。不可抗力条項は国内取引というよりもむしろ国際取引に多く用いられており，それゆえその重要性は特に国際取引において大きい[80]。この条項が頻繁に利用されている原因の一つとして，フラストレーション理論の厳格性にあり，現実の商取引における期待を十分反映していない場合が多々あるからであろう[81]。不可抗力という用語は法的には「当事者の支配の及ばないすべての事態」という意味がある[82]。ただし契約の当事者はこの条項の一般的な意味を修正して使用するため，使用される文言の解釈においては個々の事例に沿うよう文言の選択に十二分に注意しつつ，かつ契約の本質および一般条項にも十分な注意を払わなければならない。

不可抗力条項の内容は大きく二つから構成されており，一つは契約が消滅する原因となる事態を個々に列挙したものであり，もう一つはその列挙された事態以外を包括する一般条項である。商取引における契約書の一般的文言はその本質に基づいて広く解釈され，列挙した事態に基づく *Ejusdem generis* 原則(of the same kind)[83]に制限されない[84]，とする。またその効果は二段階に規定される

---

[75] Guest general editor, *supra* note 1, §13-002.
[76] 内容については，Beale, *supra* note 7, §14-059〜§14-113 at 827-851; Treitel, *supra* note 49, ch. 7, sec. 3, 1 at 246-267に詳しい。
[77] Treitel, *supra* note 49, at 246.
[78] *Id.* at 221；田中英夫編集代表，前掲注4, 196頁。
[79] Beale, general editor, *supra* note 7, §14-004 at 793 n. 15.
[80] Bernard J. Cartoon, *Drafting an Acceptable Force Majeure Clause*, 〔1978〕J. B. L. 230.
[81] Patrick S. Atiyah, *An Introduction to the Law of Contract*, §12. 3 at 243 (5th ed. 1995). また第6版(Stephen A. Smithと共著, 2005)では調整等にあるという(*Id.* §7. 3 at 192)
[82] D'arcy, Murray & Cleave, *supra* note 6, §6-017 at 121.
[83] 「同類解釈則」といい，まず具体的な文言が記され，次に一般的な文言が掲げられているときには，後者は前者と同類・同種のもののみをさすと解釈すべきであるという解釈原理のことをいう(田中英夫編集代表，前掲注4, 290頁)。

ことが多く[85]，その場合は第一段階として契約の履行が一定期間猶予されその間に履行がなされない場合に第二段階として，その結果契約を消滅させる(cancel)権利を得ることとなる。

不可抗力によって履行できなかった当事者は，次の四点を証明しなければならない，とされる[86]。

(a) 発生した事態が，不可抗力条項で定められている事態であること。
(b) その発生した事態により，自己の履行が妨げられたこと[87]。
(c) 事態の発生は当事者の支配を越えるもの(beyond his control)であること。
(d) その事態を回避または軽減する手段が全くなかったこと。

6 損害賠償額の予定[88]

フラストレーションが厳格であるため，契約時にあらかじめ当事者が履行できない状況を想定し，相手方に対して支払う金額やその算定方法を契約書に明示して取り決めることがある[89]。その効力は一般に認められているが[90]，その判断基準として，当該定められた金額が契約時に予期していた損失という点で合理的であったか否かが重要になる。そして，実際に契約の履行不能から生じた損失に照らして合理的であった場合に認められるとされる[91]。

契約法は一般に，当事者の自主的な決定を尊重し，その合意された約束を拘束する。しかし，救済に関する当事者の合意について裁判所は介入する(intrusive)傾向にあり，当事者の意思の尊重には消極的であるといわれる[92]。

---

[84] Beale, general editor, *supra* note 7, §14-138 at 860.
[85] D'arcy, Murray & Cleave, *supra* note 6, §6-017 at 121-122.
[86] Beale, general editor, *supra* note 7, §14-140 at 861-862.
[87] 「妨げられた」に相当する英語は"prevented"または"hindered"があるが，後者の方がより広い概念であるとされる。詳しくは *Id.* §14-141～§14-143参照。
[88] "liquidated damages"の邦訳(中村弘，前掲注3，336頁)。
[89] Robert D. Cooter & Thomas S. Ulen, *Law and Economics*, Ch. 7. I. 8 at 251 (4th ed. 2003).
[90] *E. g.*, UCC §2-718(1); Restatement (Second) of Contracts §356.
[91] Dan B. Dobbs, *Law of Remedies* 813 (2d ed. 1993).
[92] *Id.* at 812.

なぜこうした傾向があるのだろうか。その根本には，救済法が補償的性格を原則としていることがある。あくまで契約違反の救済は補償的でなければならず，救済により契約が履行された場合よりも，被害当事者をより良い立場においてはならない，という原則がある。そのため予定金額が懲罰的なもの(penalty)と解釈しうる大きな金額は難しい。伝統的に裁判所が制裁条項を認めようとしないことの根拠として，民事紛争における裁判所の役割は損害を補償することにあり罰することではない，ということがある。[93] またこの補償の原則から，損害賠償額の予定金額が不当に大きい場合，その条項があるため当事者に対して履行の強制的な効果(*in terrorem effect*)をもたらすことになり，救済法が強制履行ではなく補償であるとする原則と矛盾してしまう。[94] そのため裁判所はたとえ明示条項，口頭による意思表示，明確な意思がある場合であっても，当事者の意思を認めない場合がある。[95]

　一方，損害賠償額の予定について，大きく三つの利点がある。[96] 第一に，当事者にとってリスクの算定が容易になり，その損害立証コストが軽減できること。第二に，被害当事者にとって十分な証明が困難な損失に関しても補償される可能性が高いこと。第三に，社会全体にとっても当事者の訴訟費用とともに裁判官，陪審員，証人等の時間や手間の削減になること。またこれらの利点は，争われる金額が小さいほど，反比例的に大きくなる。

　また，損害賠償額の予定条項が必ずしも経済効率性という点から十分でない場合がある。例えば損害賠償額を異常に高く予定した場合，売主は契約違反しないよう事前に原材料を多めに仕入れたり，病気等による従業員の減少に備えて余分な人員を雇用したり，余裕をもって設備等を準備することとなる。そのような場合，売主の予防コストの方が，買主が契約実行の可能性を高めるために負担するコストを上回る場合もある。そうした場合，予定条項としての機能

---

[93] Cooter & Ulen, *supra* note 89, Ch. 7. I. 8 at 251-252. 訳文は太田勝造訳『法と経済学(新装版)』223-224頁(商事法務，1997年)による。

[94] E. Allan Farnsworth, *Contracts* 811 (4th ed. 2004).

[95] Jaquith v. Hudson, 5 Mich. 123 (1858) (*Id.* at 811 n.3).

[96] Farnsworth, *supra* note 94, at 813-817.

を十分に果たさないことになってしまう。[97]売主の予防コストが損害の予定により節減できるコストを上回る場合に，現実に有用なものとなる。

　また実務上の重要な問題として，当該条項・金額に懲罰的な性質が存在するか否かの区別である。そして予定金額が実際に被った損失に照らして合理的なものでなければならない。[98]しかし具体的な基準はなく，個々の事例により裁判官が最終的に判断することとなる。その判断において，実際に被った損失額と損害賠償の予定金額とがあまりにも不均衡であれば懲罰的なものであると判断される可能性が高い。

7 │ 商学的見地からのフラストレーション理論の限界

　契約上の義務・債務がフラストレーション理論，不可抗力条項により免責されることはかなりの困難を伴う。最後に商取引における現状について裁判所が十分な注意を払わないことから，フラストレーションが認められなかった一連の事例を見ていきたい。

　1973年アメリカのミシシッピ河の氾濫により，大豆(soybean crop)が大きな被害を受けた。そのためアメリカ政府は約3ヶ月間，大豆の輸出を禁止した。そのため多くの取引業者が被害を受け，売主は取引で用いられていた標準契約書式の不可抗力条項に基づき，またフラストレーションによる契約履行債務の免除を主張したが，裁判所がそれらの条項を厳格に解釈し，不可抗力条項が存在していたにもかかわらずほとんどの事例で当該条項に基づく免責を認めなかった。この際，例えば裁判所はフラストレーションを主張する当事者に対して，海上輸送されている途中の物品を供給できなかったことを立証するよう要求したり，条項に基づく通知を適時に行わなかったことを理由として免責を認めなかったり，また禁輸措置が発動される以前，またはそれが解除された後に船積

---

[97] Robert D. Cooter & Melvin A. Eisenberg, *Damages for Breach of Contract*, 73 Cal. L. Rev. 1434 (1985).
[98] UCC §2-718(1); Restatement (Second) of Contracts §356.

できたはずであった等を理由としてフラストレーションを認めなかった。[99] 最終的に大豆の禁輸に関する事例は，Andre & Cie S. A. v. Tradax Export S. A. 事件[100]で再検討された。ここで判事は，裁判所は法律的アプローチに偏りすぎており，現実の商取引の視点からではなく法的要件を厳格に適用しすぎたことを認めている。[101] とくに数百もの売主が同時に輸出できる大豆を必死に(desperately)捜し求めていた，という禁輸措置による業界全体への影響を十分考慮せず，個々の契約について当事者が理論的に契約目的物である大豆を入手する手段があったはずである，という観点から判断していた。[102] 当該業界の全体的な状況を十分に把握せず，法理論的な解釈に偏りすぎた典型例といえるであろう。

商学的な見地からフラストレーション理論につき，それが容易に認められない理由として，次の三点が考えられる。[103]

第一に，フラストレーションと契約違反(黙示の引受)との明確な区別が困難であること。

第二に，フラストレーションを引き起こしそうな原因を条項という形式で明示する傾向があること。

第三に，フラストレーションを安易に認めると，実務的に困難な事態の発生が予想されること。

法理論としてのフラストレーションによる救済は適用が厳格であり，それゆえごく限られた場合にしか認められない。また認められた場合でもその救済方法は硬直的であり，その効果は契約の即時終結である。しかし商学的な見地からすると，実際に求めているのは，契約の終結や免責というだけでなく，契約の調整(adjustment)である。[104] 当事者は履行を困難とする予見不可能な事態の発

---

[99] Atiyah, Adams & MacQueen, *supra* note 2, at 364.
[100] 〔1983〕1 Lloyd's Rep. 254.
[101] *Id.* at 263-265.
[102] Atiyah, Adams & MacQueen, *supra* note 2, at 364.
[103] Treitel, *supra* note 49, Ch. 20, Sec. 1 at 868.
[104] Atiyah & Smith, *supra* note 81, §12. 3 at 244.

生に備えて、契約を調整するために契約条項(約款)を作成する。コモン・ローにおける厳格なフラストレーション理論に関して、売主と買主の費用の公平性を実現するために立法化された法改正(契約挫折)法(Law Reform (Frustrated Contracts) Act 1943)が適用された事例は現在までに一件しかない。また第二次世界大戦後に、違法性以外の理由でフラストレーションが認められた事例はほとんどない、というのが現状である。[107]

そうした現状から商学的観点からすると、法的免責の理論は存在するが、現実的に解釈・適用が厳格であり、またたとえ認められたとしても十分な救済を得られない可能性が高い。そのため契約時に成立条件の特約として不可抗力条項や免責条項を慎重に起草することが有効な対策となりうる。契約の終了や免責、さらに契約条件の再調整という観点から積極的に条項を起草し、現行の法制度の枠内において予防法学として効果的な、いわゆる"Legal Drafting"を目指すべきであり、とくに重要な不可抗力条項については、第6章において再度詳細に検討していくこととする。

---

[105] この法律について、中村弘、前掲注3、286-294頁にその全文と邦訳が紹介され、内容の検討もなされている。また具体的事例を取り上げ、本法律の適用について検討しているものとして、Beale, Bishop & Furmston, *supra* note 15, Ch. 16 at 484-486 がある。
[106] Atiyah, Adams & MacQueen, *supra* note 2, at 371.
[107] Treitel, *supra* note 49, at 868 n. 21. 例外的に認められた事例としては、Morgan v. Manser〔1948〕1 K. B. 184 等がある。詳しくは、Atiyah, Adams & MacQueen, *supra* note 2, at 368-371 (Cases to which the Frustrated Contracts Act does apply)参照。

第5章
アメリカにおける Impracticability 理論

　国際取引においては，国内取引の場合に比べ契約締結後に政治的および経済的状況が大きく変化する危険性が格段に高い。契約締結後に予想外の事態が発生したことにより当初契約通りの履行が実行困難となった場合，一定の条件のもとで契約上の義務・債務の不履行に関する損害賠償責任の免除に関する理論を，アメリカでは実行困難性の理論[1](the Doctrine of Impracticability)という。この理論はUCCでは第2編第615条(前提条件の不成就による免責)および第616条(免責を主張する通知を受けたときの措置)に規定されている。また第二次契約法リステイトメント(Restatement(Second)of Contracts)では第11章において，履行の実行困難性および契約目的の挫折(Impracticability of Performance and Frustration of Purpose)として第261条から第272条にわたって規定されている。

　契約の締結は，将来の不確定リスクを軽減するための手段であり[2]，この理論はある意味，矛盾を包含しているともいえる。この理論の目的は，契約時とは根本的に変化した状況に照らして厳格に当初の契約通りの履行を要求することが酷であり，履行を強制することが非良心的になることを回避する，というこ

---

[1] "Impracticability"の訳語については「履行の実行困難性」(樋口範雄『アメリカ契約法』230頁(弘文堂，1994年))，「実行不能」(久保宏之『経済変動と契約理論』25頁(成文堂，1992年))等がある。筆者は，この用語について，物理的に履行不能だけでなく，費用が予想外に膨大になることによる場合も含んでいるため，「実行困難性」と邦訳した。

[2] Friedrich Kessler, Grant Gilmore & Anthony T. Kronman, *Contracts Cases and Materials* 864 (3d ed. 1986). また一定価格で商取引上の契約を行うことは，変動リスクを回避するために行われるものである(UCC §2-615 comment 4)。

とにある。免責についてはリスク配分の問題であり、すべての免責問題は、誰がその変動リスクを負担するかであり、究極的には、売主および買主の合理的な責任分岐点はどこか、という問題にいきつく。

本章においては、後発的な実行困難性の理論について、関連する UCC および第二次契約法リステイトメントの規定が経済的分析（economican alysis）からみても合理的であることを示す。そして商取引業者に対するアンケート調査の結果に関する論文から導かれた商学的見地からの結論は、次の通りである。

法理論的判断に経済的分析の手法が導入されることによって、より合理的な解決が得られる可能性が高まっている傾向にある。こうした法的解決手段の実効性が高まっていることと同様に、紛争の前段階において事前に防止または回避するような制度を構築することが重要である。

1 歴史的経緯

アメリカ法はイギリス法の伝統を受け継いでいるため、まず後者について概観したい。第4章で見たように、イギリスにおいては契約上の義務は Paradine v. Jane 事件をリーディング・ケースとする厳格責任主義を原則とし

---

[3] Joseph M. Perillo, *Calamari and Perillo on Contracts*, §13. 9 at 529-530 (5th ed. 2003).

[4] Richard A. Posner & Andrew M. Rosenfield, *Impossibility and Related Doctrines in Contract Law: An Economic Analysis*, 6 J. Leg. Stud. 83, 86-87 (1977).

[5] E. Allan Farnsworth, William F. Young & Carol Sanger, *Contracts Cases and Materials* 806 (6th ed. 2001).

[6] Aleyn 26, 82 Eng. Rep. 897 (K. B. 1647).

[7] イギリスでは比較的最近まで、司法的にも学問的にも契約上の義務に関する免責についてはあまり問題とされていなかった。その理由として、近年ようやく多くの種類の国際取引がイギリスではじまったことがあげられ、戦争や革命その他の原因により商取引が破談することが国内取引と比較して多くなったからだと考えられる（Kessler, Gilmore & Kronman, *supra* note 2, at 910-911）。実際にフラストレーション理論は国際的な貿易取引に関する訴訟から発展したものとされている（Leo D'arcy, Carole Murray & Barbara Cleave, *Schmitthoff's Export Trade: The Law and Practice of International Trade*, §6-001 at 104 (10th ed. 2000)）。イギリスのフラストレーション理論については、中村弘『貿易契約の基礎』270-302頁（東洋経済新報社、1983年）、木下毅『英米契約法の理論（第2版）』366-393頁（東京大学出版会、1985年）および本書第4章参照。アメリカの救済法の骨子については、R・ブラウカー（Robert Braucher）・道田信一郎『アメリカ商取引法と日本民商法Ⅰ売買』第1部第1章・2章59頁-157頁（東京大学出版会、1960年）参照。

ていた。しかしこの原則は 20 世紀初頭の戴冠式事件(coronation cases)を契機にその厳格性が緩和され，その後イギリスでは契約締結後の想定外の事態の発生により契約上の履行が実行困難な，もしくは契約目的が挫折した状況になった場合，不履行によって発生する損害賠償責任を一定の条件の下に免除するというフラストレーション理論が発展した。[7] イギリスの伝統を受け継ぎ，アメリカにおいても一般原則として契約によって課された義務は絶対的であり，[8] 近年アメリカの事例においても商業的実行困難性の理論は厳格に解釈される傾向にある。[9] しかしその例外は古くからあり，1914 年の第一次世界大戦の頃には次の三つの場合，すなわち契約目的物の消滅，人的不能，違法に該当すれば免責される，という原則が確立されていた。[10] その後アメリカでは免責の範囲が徐々に拡大され，現在の UCC, 2-615 では物理的不能(impossible)だけでなく，より拡大された実行困難(impractical)という文言が採用されている。[11] この UCC に規定されている実行困難性の理論は，コモン・ローのフラストレーション理論，実行不能理論(The Doctrine of Impossibility)を根源としている。[12] これら免責理論はイギリスと同様，アメリカにおいても厳格な解釈が原則とされている。[13]

ただし近年アメリカにおいて，若干ではあるが極端な状況(extraordinary circumstances)においては免責を認める傾向にある。[14] 第二次契約法リステイト

---

[8] E. Allan Farnsworth, *Contracts*, §9.1 at 599 (4th ed. 2004). 理想的には誰に対しても何の責任も負うべきではないが，現実にそれは不可能であるため，その妥協的解決方法として，一定の範囲内においては絶対責任とされた(Grant Gilmore, *The Death of Contract* 15 (2d ed. 1995))。

[9] Farnsworth, Young and Sanger, *supra* note 5, at 819.

[10] William Herbert Page, *The Development of the Doctrine of Impossibility of Performance*, 18 Mich. L. Rev. 589, 600 (1920).

[11] この条項の起草過程については，John D. Wladis, *Impracticability as Risk Allocation: the Effect of Changed Circumstances upon Contract Obligations for the Sale of Goods*, 22 Geo. L. Rev. 503 (1988) 参照。

[12] Randy E. Barnett, *Contracts Cases and Doctrine* 1258 (1995). イギリスでは後発的不能に関することは，フラストレーション理論で取り扱われるが，アメリカでは「契約目的の挫折(Frustration of Purpose)」の意味で使用されている。第二次契約法リステイトメント第265条(後発的挫折による免責)に規定がある。Impracticability との相違については，同第 266 条注釈 a 参照。

[13] Barnett, *supra* note 12, at 1243.; James J. White & Robert S. Summers, *Uniform Commercial Code*, §3-10 at 130 (4th ed. 1995); Bradford Stone, *Uniform Commercial Code in a nutshell* 117-119 (6th ed. 2005).

メントでは，第一次契約法リステイトメントよりもより広く免責を認める傾向にあり，第二次の起草者は，ぼやかした(imprecise)文言を使用することで，その解釈に柔軟性を持たせるようにしている[15]。UCC の実行困難性に関する概念は，Wright 判事がある事件[16]で指摘しているように，黙示条件[17]や当事者の勘案(contemplation)[18]といった基準からの拘束が弱まり，現在ではこの条項における司法の役割は，例外的な事態において増加した困難性(difficulty)を一方の当事者へ要求することが正義に適うか否かという，正義(justice)や公平，良心を基準として判断される傾向にある[19]。この実行困難性の理論に，経済的分析の手法を用いるとうまく説明がつくことがある。次に経済的分析方法についてみていきたい。

2 | 法の経済分析

伝統的な経済理論によると，利用可能な商品・原材料はもっとも生産的な方法で利用される範囲において，経済は効率的に機能するとされる。理想的には稀少な社会的資源は効率よく分配されるべきであり，そのためには当該商品をもっとも高く評価する人物がそれを利用し消費すべきであり，またそれぞれの生産要素はもっとも付加価値をつけて産出するように利用されなければならない。そうすることにより稀少な社会的資源が効率よく移動することとなり，最終的により高い価値を生み出し社会全体が富むという[20]。

---

[14] Farnsworth, Young & Sanger, *supra* note 5, at 805.
[15] Kessler, Gilmore & Kronman, *supra* note 2, at 865.
[16] Transatlantic Fin. Corp. v. United States, 363 F. 2d 312, 314 (D. C. 1966).
[17] 黙示条件を心理学的に分析している興味深い文献(Note on "Tacit Assumptions" as a problem of psychology)として，Lon L. Fuller & Melvin Aron Eisenberg, *Basic Contract Law* 743-746 (7th ed. 2001)がある。
[18] Patterson 教授はこの "contemplation" という文言の使用を批判し，これは哲学的な精神状態を言い表すときに用いるもので，商取引をしているビジネスマンの精神状態を表すには適切ではなく，"expectation" が好ましいと主張している(Patterson, *Constructive Conditions in Contracts*, 42 Colum. L. Rev. 903, 947(1942))。筆者は邦訳について単なる「期待」より概念的に深い「勘案」が適切と判断し使用した。
[19] Farnsworth, *supra* note 8, §9. 5 at 625.
[20] *Id.* §12. 3 at 735-736.

こうした経済的概念を契約法の分野に当てはめて考えてみると，財やサービスはもっとも高く評価するところへ移動していくことになるが，その移動・交換が即時に履行し得ない場合に，契約法特有の問題が生ずる。契約は同時履行というよりむしろ，履行の合意(商取引では売買の合意，an agreement to sell)であるため，履行は将来においてなされる。こうした合意時と履行時の時間的差異に不確実リスクが存在する。契約の原則的な目的は，これら不確実性リスクを当事者間でどう配分するか，ということである。[21]経済学者は契約を当事者間において将来の偶然性リスクを配分することで効率を上げる試みである，と考えており，偶然性とリスク配分を扱うことで，契約はある意味で，「保険」の機能を果たしているともいえる。そして効率的な契約とは，もっともコストがかからない当事者にリスクを負担させることである，とされる。[22]

　契約法の目的は，経済的観点からすると，具体的には二つある。[23]第一に，契約において当事者の義務を事前に配分することにより，相手に義務を遵守させようとする誘引(incentive)を与えること。[24]第二に，過去の取引から明示的に採用されている契約条件で取引することにより，取引過程の交渉コストを下げることである。一般に取引による利益が大きくなればなるほど，その交渉コストの相対的割合は小さくなる。またほとんどの自発的な財の交換目的は，価値や効率を増大させることにあるため，交換の価値が最大となるような契約条項を求めるであろうと考えられる。[25]

　これら経済的な考え方を，後発的実行困難性の場合に当てはめて考えてみると，売買契約において売主の履行が実行困難となった場合，それを契約違反と判断されると売主にリスクを課すことになり，逆に免責を認めると買主にリスクを課してしまうことになる。UCC等による司法的判断は，契約に明示条項

---

[21] Posner & Rosenfield, *supra* note 4, at 88.
[22] Antony W. Dnes, *The Economics of Law* 4 (1996).
[23] Posner & Rosenfield, *supra* note 4, at 88.
[24] 経済学の核心は「人はインセンティヴに反応する」の一行に尽きるという(Steven E. Landsburg 著佐和隆光監訳『ランチタイムの経済学』3頁(ダイヤモンド社, 1995年))。
[25] Posner & Rosenfield, *supra* note 4, at 89. それゆえ，効率性に基づかない契約法は全くの無意味だ，という意見さえみられる。

がない場合に当事者の契約上の義務を明確にする機能があり，その義務の配分にあたり，自発的な財の交換目的は効率性を向上することにあるため，当事者はリスクをもっとも効率的に配分することを望んでいるはずである，と考えられる。[26] つまり経済的分析の観点から判断すると，より安価な負担でリスクを除去・軽減することが可能な立場にいる当事者がその発生リスクを負担する，という上位リスク負担者(Superior Risk Bearer)が不確実リスクを引き受けることが合理的である，とされる。売買契約においては，履行が実行困難となった売主が上位リスク負担者と判断されれば免責は認められず，逆に買主が上位リスク負担者と判断されれば売主の免責は認められることとなる。[27] この際どちらの当事者が上位リスク負担者であるかを判断する基準は二つあるとされる。[28] 第一に，そのリスクの発生を防止する場合，相手当事者よりもより有利な立場にいたか否かによって判断する。リスクの予防および回避という基準から判断するものである。第二に，どちらの当事者がより安価にそのリスクに対して付保できたか，という基準から判断する。この両方の観点から検討し，いずれの当事者が上位リスク負担者となるのかが判断される。

履行の実行困難性の分野においては，不履行の責任を負う当事者は一般に，その発生リスクを防止できないことがほとんどであるため，とくにコスト回避(cost avoidance)という観点が重要である。[29] つまりリスクはコストを伴うものであり(risk is a cost)，コストをかけてリスクを回避・軽減しようというものである。[30] しかしその判断が難しいことが多々ある。例えばイギリスの戴冠式事件において，エドワードⅦ世が病気になり，行列が中止になることは，どちらの

---

[26] Norman Prance, *Commercial Impracticability: A Textual and Economic Analysis of Section 2-615 of the Uniform Commercial Code*, 19 Ind. L. Rev. 457, 466 (1986).

[27] Posner & Rosenfield, *supra* note 4, at 90. 明示的にリスクを事前に配分していた場合には当然，その合意が優先する。

[28] *Id.* 第二の方法は，リスク評価コストと取引コストの両方考慮される。

[29] *Id.* at 91.

[30] ここで"risk aversion"（危険回避性向）という概念が重要である。例えば1,000ドルを支払う可能性が1％ある場合，10ドル支払えば当該リスクを回避できる場合，10ドル支払ってリスクを回避する傾向がどの程度であるか，ということ。わが国の場合，生命保険の加入率からみてもその傾向は強いとみられ，法人企業の場合も税法上の取扱も大きく影響するが，同様に強いものと推測できる。

当事者がより回避できる立場にいたかを判断するのは難しい。一般には履行する当事者が上位リスク負担者とされ，売買取引においては売主であるとされる。その理由は，履行することが利益とならない事態の発生を防止しようとする誘引(incentive)が機能しやすいこと，その事態が発生した場合の蓋然性(probability)を評価しやすい立場にある，と解釈されやすいからである。リスク配分は契約および契約法の根本的な機能であるが，その明確な方法が十分に発達していないため，上位リスク負担者に負担させる，という経済的分析は重要な判断基準のひとつであると思う。次に，アメリカUCC，第二次契約法リステイトメントにおける実行困難性の理論について考察を深めていきたい。

3 UCC および第二次契約法リステイトメント

アメリカにおいて，後発的事態(supervening event)および偶発事由(contingency)により履行が妨害されたことを主張する当事者は，次の四点を立証しなければならないとされる。第一に，その発生した事態が契約上の履行を実行困難にしたものであること。第二に，その事態が発生しないことが契約締結の基本的な前提とされていたこと。第三に，実行困難となった事態は，免責を主張する当事者に過失なく発生したものであること。第四に，免責を主張する当事者は，法が課すよりも大きな義務を引き受けていないこと。

第一の要件については，まず契約上の履行とは何であるのかを決定しなければならない。そして履行の代替手段がある場合には，実行困難とはならないと解釈される。代替手段に関する代表的な事例としては，1956年のスエズ運河

---

[31] Posner & Rosenfield, *supra* note 4, at 110-111. また実際的な法的解決方法は，法的ミス(legal errors)の蓋然性(probability)が高まるにつれて，50対50の割合での損失負担になる傾向があるとされる。
[32] Farnsworth, *supra* note 8, §9.6 at 625-633. UCC §2-615 (a) では"contingency"，第二次契約法リステイトメントでは"event"という文言を使用しているが，実質的な差異はない。UCCにおける規定については，Perillo, *supra* note 3, §13.22 at 553-555 参照。
[33] この要件は，第二次契約法リステイトメント第261条に明記されているが，UCC §2-615には明記されていない。しかしUCC §2-615 (a) において，黙示的に過失があれば免責は認められない，とされる(White & Summers, *supra* note 13, §3-10 at 125)。

(Suez Canal)閉鎖に関する事例がある。[35] これら一連の事例において、スエズ運河が閉鎖された場合においても、喜望峰(The Cape of Good Hope)経由での運送は可能であるとし、実行困難には該当せず免責を認めなかった。例えば American Trading and Production Corp. v. Shell Int'l Marine Ltd. 事件において[36]は、船舶運賃はスエズ運河を通過する前提に基づいて計算されていたが、スエズ運河の通過が履行のための唯一の手段(経路)であると当事者が想定していた(contemplated)または合意していたとはみなされず、免責は認められなかった。重要な点は、単なるコスト上昇だけでは履行の本質を変更するような、予見できない偶然性による場合を除いては、実行困難とは認められず免責されない、ということである。[37]また裁判所は一貫して、追加費用は履行を実行困難にはしていない、という立場をとっている。[38]この実行困難に該当するか否かの判断についても、経済学的分析は効果的である。具体的には四点ある。[39]

第一に、どちらがより安価に損失を防止することができたか。第二に、どちらがその偶然性をより予想できる立場であったか。第三に、どちらがその偶然性から生ずる損失範囲を予想できたか。第四に、どちらがより安易にその危険性に保険をかけることができたか。これらの観点から、どちらの当事者が上位リスク負担者であったのかを総合的に勘案し判断することとなる。

---

[34] 実行困難(impracticable)と実行不能(impossible)との相違については、Transatlantic Fin. Corp. v. United States, 363 F. 2d 312, 315 (D. C. Cir. 1966)に説明がある。近年では不可能性(impossibility)の厳格な性質を放棄し、商業的実行困難性を実行不可能性の同義語と考えられる傾向にある(Robert W. Hamilton, Alan Scott Rau & Russell J. Weintraub, *Cases and Materials on Contracts* 641 (2d ed. 1992))。また UCC および第二次契約法リステイトメントでは実行困難性の観点から規定されている (Perillo, *supra* note 3, §13. 9 at 529-530)。

[35] スエズ運河閉鎖に関する判例については、Farnsworth, *supra* note 8, at 626 n. 14参照。

[36] 453 F. 2d 939 (2d Cir. 1972). 単なるコスト上昇だけでは免責の理由とならないとの判断を下す際、Mulligan 判事はイギリスのスエズ運河閉鎖の事例である Sidermar 事件([1961] 2 Q. B. 278), Tsakiroglou 事件([1964] 2 Q. B. 226)を引用しており、イギリスの判例を参照して判断している (Kessler, Gilmore & Kronman, *supra* note 2, at 960)。事件の要旨については、John D. Calamari, Joseph M. Perillo & Helen Hadjiyannakis Bender, *Cases and Problems on Contracts* 552-557 (2d ed. 1989)参照。

[37] UCC §2-615 comment 4. 同様の規定が、第二次契約法リステイトメント第261条コメント d にある。

[38] Farnsworth, *supra* note 8, §9. 6 at 628.

[39] Prance, *supra* note 26, at 485.

スエズ運河の閉鎖の例で考えると，第二の点は判断が難しいが，第三の点については，船会社が上位リスク負担者であると判断できる。なぜならもし喜望峰ルートであれば，船会社はどの程度の燃料費，人件費，他の契約への影響による損失等の追加コストの計算について，より優位な立場にいたと考えられるからである。また第一の損失防止についても，船会社の方が事前に防止しやすい立場におり，第四の点についても，船会社が上位リスク負担者であると考えられる。なぜなら，損失を事前に予想できる立場におり，また世界的に船舶を運行しているため情報の収集や，付保する場合に荷主が個別にするよりも船会社の方が信用やスケールメリットを生かした交渉が可能であり，有利な立場にいたと考えられるからである。以上の経済学的分析から判断すると，スエズ運河閉鎖の一連の事例において，船会社の実行困難性を理由とする免責が認められなかったことは，経済的な観点からも合理的であり，適正な判断であったといえるであろう。

ただし第二の要件については，大幅な価格上昇の場合，それが発生しないことが契約の基礎であったか否かが問題とされる。一般の感覚から判断すると，当然に発生しないことが契約の基礎となっていたであろう。なぜなら契約時において，履行することにより莫大な損失を被ると知りながら契約する当事者は，売主であれ買主であれ，いないからである。[40]この契約の基礎的前提(basic assumption)という文言は，UCC でも第二次契約法リステイトメントにおいても頻繁に使用されている。例えば第二次契約法リステイトメント第11章の「はじめに(Introductory Note)」においては，[41]「一定価格での契約においては，売主は通常の範囲内でのコスト増加リスクを引き受けている。しかしながら，災害(disaster)が売主に10倍ものコスト増加をもたらすことになれば，裁判所はその事態が発生しないことが契約の基礎的前提であったと判断し，そうした特別なリスクは引き受けていなかったと判断するかもしれない(might)」とある。この基礎的前提については，伝統的に三つある。[42]第一に，政府が直接，履行に

---

[40] *Id.* at 490.
[41] Restatenent (Second) of Contract, Ch. 11, Introductory Note at 311.

対して介入したり妨害したりしないという前提[43]。第二に，履行期において，履行する人の死亡や能力的喪失の状態ではない，という前提[44]。第三に，履行に必要不可欠な状態(物質的なものを含む)が存在しており，その存在を条件として履行が可能である，という前提。

いくつか具体例を見ていくと，Iowa Electric Light and Power Co. v. Atlas Corp. 事件[45]では，ウラニウム酸化物(uranium oxide)を4年間，被告が原告へ売却する契約を締結し，その後価格が約7倍に高騰したが，免責は認められなかった。また Publicker Industry v. Union Carbide Corp. 事件[46]では，コストの上昇率が100%(2倍)以下で売主の履行が実行困難と判断された事例は知らない，と述べられている。また Mineral Parkland Co. v. Howard 事件[47]においては，「ヤード(yard)当り通常コストの10倍もしくは12倍ものコストがかかれば，禁止的コスト(prohibitive cost)であるといえる」とされた。第一次契約法リステイトメント第460条の例示(illustration)2においては，"tenfold increase in cost"とあり，同条例示3では，"cost multiplied fifty times"との説明がある[48]。前述した第二次契約法リステイトメント第11章の「はじめに」の記述や，他の文献[49]から判断すると，「10倍」が一つの実質的な判断基準になっているのでは

---

[42] Farnsworth, *supra* note 8, at 629.
[43] これには政府のすべての行為が含まれており，法(law)，規則(regulation)，命令(order)その他類似した文言の専門的な区別は関係ない，としている(第二次契約法リステイトメント第264条コメントb)。また政府の非公式な圧力により引渡しが遅延したことにつき免責が認められた事例としては，Eastern Air Lines Inc. v. McDonell Douglas Corp., 532 F. 2d 957 (5ᵗʰ Cir. 1976)がある。その他の事例については，Perillo, *supra* note 3, §13.5 at 524 n. 8参照。近年，政治的規制が強化される傾向にあるため，当事者は急速にこうしたリスクにつき認識が高まっている(第二次契約法リステイトメント第264条コメントa)。
[44] 商取引における法人企業間の取引においては，倒産等がこれに該当するであろう。しかし企業間(専門家)の取引形態であっても，近年の専門分野の細分化により，リスクの緩衝組織としての法人の前提が崩れつつある傾向にある。例えば社内の少数の専門家が死亡するというよりも，退職等により技術的空白が生じた場合，企業においても基本的前提の喪失は認められる可能性はあり，こうした傾向は今後急速に進行するであろう。
[45] 467 F. Supp. 129 (N. D. Iowa 1978).
[46] 17 U. C. C. Rep. 989 (E. D. Pa. 1975).
[47] 172 Cal. 289, 156 P. 456 (1916). 要旨は，Robert S. Summers & Robert A. Hillman, *Contract and Related Obligation* 932-934 (4ᵗʰ ed. 2001)参照。
[48] 事例については，John Edward Murray, Jr., *Murray on Contracts*, §112 at 728-729 n. 11 (4ᵗʰ ed. 2001)参照。

ないだろうか。これは経済学的分析でなく，法学的な契約によるリスク配分という公平という観点からも妥当と言えるだろう。また商学的にみても，10倍が耐えうる限度であるといえるのではないだろうか。

　第三の要件として，免責を主張する当事者に過失がないことがあげられる。この過失は明確なものでなければならず，また単に故意(willful wrong)だけでなく，懈怠(negligence)をも含む。

　第四の要件は，もし当事者が明示的にリスクを引き受けていた場合，たとえ実行困難となる事態が後発的に発生しても免責は認められない，というものである。さらに明示の引受がなされていない場合でさえも，周囲の状況から，引き受けていたものと判断されることもありうる。この場合，免責を主張する当事者の専門知識(expertise)の有無が重要な判断要素とされる可能性が高い。例えば，J. A. Maurer v. United States 事件では，"superior expertise"という観点から判断されている。こうした観点は，まさに経済学的アプローチによる判断だといえるであろう。つまり専門知識が豊富で経験豊かな当事者の方が事前に予想されるリスクの配分を行いやすく，また回避しやすいと考えられ，当事者の知識が重要な役割を果たすこととなる。

---

[49] *E. g.*, Barnett, *supra* note 12, at 1192 ; Anthony T. Kronman & Richard A. Posner, *The Economics of Contract Law* 148 (1979).

[50] 最終的には和解したが，長期供給契約において免責が認められた事例として，Florida Power & Light Co. v. Westinghouse Electric Corp., 826 F. 2d 239 (4th Cir. 1987)がある。この事件においても，"superior expertise"という経済学的分析の手法が取り入れられている。この事例に関する分析的文献として，Joskow, *Commercial Impossibility, the Uranium Market and the Westinghouse Case*, 6 J. Leg. Stud. 119 (1977)がある。また Aluminum Co. of America v. Essex Group Inc., 499 F. Supp. 53 (D. C. Pa. 1980)も参照。要旨は Arthur Rosett & Daniel J. Bussel, *Contract Law and Its Application*, Ch. 8, I, B at 719-738 (6th ed. 1999)参照。またこの判決は斬新である(novel)という(*Id.* at 732)。

[51] UCC §2-615 & comment 1.

[52] Farnsworth, *supra* note 8, §9. 6 at 630 n.42. 今後，情報化社会の発展が進行するに従い，本来専門家(professional)であるべき企業においても専門分野の細分化が極度に進行し，問題が複雑化する可能性が高いように予想される。従来の取引では「買主，注意せよ(*Caveat emptor*)」が原則であったが，20世紀になり科学技術の急速な進展とともに産業技術も高度化し，一般消費財の高付加価値化が進行した。そのため製造物責任(Product Liability)等の消費者保護の制度が整備され，現在，消費者取引の分野では「売主，注意せよ(*Caveat venditor*)」と原則が正反対になった。今後産業技術が進展するにつれて，企業間の商取引においてもこうした傾向が強まる可能性がある。ただし企業間の商取引は，あくまで専門家のそれであるため，「買主，注意せよ」の原則は堅持されるであろう。

[53] 485 F. 2d 588 (Ct. Cl. 1973).

基本的に商取引は当事者自治の原則により，契約時に明示的規定があればそちらが優先する。[55] もし明示的規定がなければ，法は当事者が事前にどのように交渉し規定したはずであったかを考えて判断する。自発的な財の交換目的は，効率性の向上にあるため，当事者はリスクをもっとも効率的に配分しようとしたはずである。そこから「上位リスク負担者」原則により，もっとも安価に発生リスクを回避・軽減できる者(最安値損害回避者)がリスクを負担することとされ，それが効率的であるとされる。[56] 例えば穀物の売買契約を考えてみると，不作により契約数量を大幅に下回る数量しか収穫できず，そのため当初の契約通りに引き渡すことができない場合，自分の土地からの収穫分のみを引き渡す予定であった農家と買主である商人との取引のときは，農家は免責される可能性が高い。しかし売主，買主ともに商人による取引であれば，免責は原則として認められない。[57] その判断理由として，売主である農家にとって自然災害による収穫不良リスクを回避する手段はほとんどないが，買主である商人は全世界的市場から調達可能であるはずであり，そのリスクを分散することが容易に行える立場にあると判断されるからである。しかし売主，買主ともに商人であれば，売主は不作であっても全世界的な市場から物品を調達して買主に引き渡すことができるため，リスク分散という点においては両者とも同等の立場にある，と解釈され免責が認められることは難しい。[58] これは一般の物品売買契約の取引にも該当する。たとえば売主の物品調達先が特殊・特定の性質が高く，それを両当事者がよく理解している場合には，実行困難を理由として免責が認められ

---

[54] Posner & Rosenfield, *supra* note 4, at 95.
[55] Perillo, *supra* note 3, §13.16 at 543 & §13.17 at 546 n.2
[56] この「最安値損害回避主体」の概念が時事的問題を題材にわかりやすい説明がある(週刊東洋経済(1996年11月9日号)9頁))。
[57] Restatement (Second) of Contracts §263 and Illustrations 7 & 8; UCC §2-615, comment 5; Perillo, *supra* note 3, §13.3 at 517-518.
[58] 商人間の取引であっても，明示的に特定の手法で栽培された，特定の区画で収穫された等の限定的な条件が付された農作物であれば免責が認められる可能性は高い(UCC §2-615, comment 9)。今後とくに先進国においては，高度先進工業品だけでなく，無農薬や有機栽培等による農作物の割合が高まり，物品売買契約の対象となる商品の高付加価値化が，急速に拡大している。今後はより一層こうした不特定物ではなく特定物売買が急速に増加するであろう。先進国における商取引は今後，分量ではなく品質がより重要になるからである。

る可能性は高くなる。[59] 例えば, Huntington Beach School District v. Continental Info. Systems Corp 事件において[60],「売主は第三者から契約商品を仕入れることができないからといって, 契約違反に対する免責は認められない。ただし両当事者が特定の仕入先から入手することを売主および買主ともに知っていた場合は別である」として, 特定の仕入先(particular source)を知っている場合には免責が認められる可能性がある, という。UCCでは, 特定の供給源が契約に基づき, 唯一のもの(exclusive)であり契約時に両当事者がそう考えていた場合に, 売主が入手できるようにすべてのとりうる手段(all due means)を尽くしたことを示す必要があると説明されている[61]。ある大豆売買の事例では, 冬季の悪天候のため契約数量を引き渡すことができず, 特定の供給源が契約書に明記されていなかったため, アメリカ国内で収穫された大豆であれば代替履行が可能であるとして免責が認められなかった[62]。また酢酸(acetate)の売買契約の事例では, ①供給源が契約書に明示されていなかったこと, ②被告(売主)は他者から代替品を調達しようと努力していたかどうかが明確でなかったこと, という理由により, 売主の免責の主張は認められなかった[63]。

これら一連の事例およびUCC, 2-615コメント5の内容から判断して, 商取引の実務的な観点からすると, 売主としては第一に, 契約商品の供給源を可能な範囲で契約書に明示しておくことが好ましい。第二に, もし履行が困難となった場合には, 他者からの代替品の調達に関して積極的に努力していたことを示せるように配慮することが効果的な対処方法であることを理解しておくべきである。ただしこれは法学的観点から導かれる対策であり, 商学的な観点からすると非現実的な面があり, この法学的な観点からの手法については限界があると思われる。なぜならば本質的に売買の対象となる商品の調達内容や方法

---

[59] UCC §2-615, comments 5 & 6.
[60] 621 F. 2d 353 (9th Cir. 1980). 要旨は, John Edward Murray, Jr., *Contracts: Cases and Materials* 25-30 (5th ed. 2000)参照。
[61] UCC §2-615, comment 5.
[62] Bunge Corp. v. Recker, 519 F 2d 449 (8th Cir. 1975). 詳しくは, John P. Dawson, William Burnett Harvey & Stanley D. Henderson, *Cases and Comment on Contracts* 676-679 (6th ed. 1993)参照。
[63] Center garment Co., Inc. v. United Refrigerator Co., 393 Mass. 633, 341 N.E. 669 (1976). その他これに関連する事例としては, Prance, *supra* note 26, at 471 n 52参照。

というものは，企業にとって重要な機密事項の性質を有しているからである。そのため企業のある種の機密事項を公開し契約書に明記することは法学的リスクの対処方法としては適切であるが，それと反比例して情報を公開すればするほど，当該企業の存在意義が縮小してしまう恐れがある。究極的には買主がメーカー等の供給源に直接発注することとなり，商学的な観点からすると，自己矛盾に陥ってしまう危険性がある。契約はそれを行う当事者が主として関心のあることであり，法律家のものではないことを忘れてはならないという。[64]商取引を合理的に解決する一手段として，一指標として法学的理論が存在するのであり，その主客関係を混同してはならない。つまり現実から理論を帰納的に導くべきであり，理論を演繹的に現実にあてはめてしまうと必然的に不具合が生じる。商取引を考察する際，常時こうした商学的視点からのものが必要不可欠である。それでは実際に商取引を行っているビジネスパーソン（商人）は契約についてどう考えているのであろうか。次にアメリカで実施された実証的調査の資料に基づき，以下商学的考察をすすめていきたい。

4 │ 実証的研究にみる商学的考察

まず，アメリカにおけるさまざまな業種・規模の182社の企業に対して1988年に実施されたアンケート調査について見ていきたい。[65]このアンケート調査(questionnaire)の目的は，契約実務界の広範囲な情報を求め，さらに法は古典的な契約問題のいくつかをどう扱うべきであるのかについての意見を得る

---

[64] Rosett & Bussel, *supra* note 50, Ch. 8, Topic I at 676. 本来の解釈とは新たに発生した状況において当事者が履行を予期していたかどうかを判断することであり，賢明な裁判所(sensible courts)は商的壊滅(commercial catastrophe)となる事態の回避を模索するであろう，という(*Id*. ch. 8, 6 at 717)

[65] Russel J. Weintraub, *A Survey of Contract Practice and Policy*, 1992 Wis. L. Rev. 1. この調査は，182の企業へ調査票を発送し，年間売上高1,000ドル規模の企業から10億ドル規模の企業までさまざまな業種84社から回答を得た。うち一社は信頼性に欠ける内容であったためこれを除くと有効回答率は45.6％。設問は全部で17あり，うち長期契約に関するもの(問3，4)，相手企業からの免責要求(問5，6)，相手企業への免責依頼(問7，8)，法的制裁の必要性(問9)，実行困難に関するもの(問17)を使用した。具体的なアンケート内容およびその結果については，同論文56-60頁参照。要旨については，Barnett, *supra* note 12, at 1286-1292 参照。

第5章 アメリカにおける Impracticability 理論　111

ことにあった。[66]社会的目標の達成を容易にさせるような機能的な規則(functional rules)は，机上だけで形成することは非現実的となりやすく実際上困難であり，どんなにルールが効率的であることを証明する方程式やグラフが精緻で美しいものであっても，その規則が当該社会のその時代が必要とする感覚に合致していなければ，うまく機能しない。慣習は規則作成者に知らされ，規則は望ましい慣習を強化し，そして変化していく。こうしたことから契約のルールと商取引における慣習とは相互的な関係にあるべきであり，[67]そのための経験的な情報(empirical data)は重要である，という。[68]調査結果は次の通りである。

長期契約とは取引期間が一年以上のものであると考えている企業は89.2%であった。[69]またほとんどの企業が長期取引を行っており，その際契約期間中の市価変動に対する規定について最も多く利用されているものは，指標(indexing)が71.6%，一定期間ごとの契約のキャンセル選択権が66.2%となっている。[70]そして41.9%が再交渉する規定を設けている。[71]次に市価変動により相手の取引業者から契約価格の変更を要求された場合，あくまで当初の契約条件の遵守を主張するかどうか，との設問に対して，常に遵守することを求める，とする企業はわずか4.9%であり，回答者の圧倒的多数の企業が，時として価格の修正要

---

[66] Weintraub, *supra* note 65, at 2. ここでいう古典的問題とは，①代替品を契約価格前後で入手できないとき，②信頼が生ずる前に拒絶したとき，③市場価格が急騰したときの契約上の義務，のことであり，これらの場合に契約違反となるか否か，という問題である。

[67] Weintraub, *supra* note 65, at 2-3.

[68] とくに契約上の履行を強制する際，論理的なものだけでなく感覚的な説得力を持たせるためには，商取引の実態に関する経験的な情報は必要不可欠であるという(Lawrence M. Friedman & Stewart Macaulay, *Contract Law and Correct Teaching: Past, Present, and Future*, 1967 Wis. L. Rev. 805, 820-821)。また自然科学では全て具体的現象として性質的に特定しうること，および厳密な方法で測定しうるという点で，厳密な法則(exact laws)が成立するが，人間的現象(human phenomena)である社会科学ではその両方とも欠いているため成立しえない，といわれる。しかし自然科学においても現実に(in reality)全く同じことは不可能であり，経験的方法(empirical way)で導きうるという点で，社会科学においても，厳密に典型的なもの(strictly typical)は不可能であるが，ある程度の法則は導きうる，という(Carl Menger, Investigations Into the Method of the Social Sciences, Appendix V at 200-201 (Translated by Francis J. Nock, 3d ed., Libertarian Press, 1996))。

[69] 以下の調査結果のデータは Weintraub, *supra* note 65, at 14-15 による。

[70] このアンケート調査では多くの設問において複数回答が認められているため，パーセンテージを合算しても必ずしも100%にならない。

[71] その他の規定としては，為替変動による調整，市価変動に関係なく定期的に再交渉する条項等の回答があった。

求に応じる,としている[72]。そうした要求に応ずる理由の最も共通しているものは,修正を要求した企業との長期的に良好な関係のため(79.5%),というものであった。次いで,当該業界の取引慣習に照らしてその要求が合理的なものであったこと(75.6%),があげられている。以上から,免責を判断するにあたり,慣習(custom)が圧倒的に重要な役割を果たしていることがわかる[73]。また取引関係が確立している取引と,単発的取引とでは対応が全く異なっており,取引関係が構築されている当事者間において紛争が生じた場合,単発的取引をする当事者のときと比較して,裁判所への提訴が消極的になる傾向が顕著にみられる[74]。この関係的契約(relational contracts)は一見,曖昧なもののように感じられるが,実際には経済的に見ても合理性を有しており,両当事者は相手の要求を満たすために慣習化された行動があり,もし両者の関係が終結すれば,これら取引コストは回収できなくなりすべて無駄になってしまうため,継続的取引への誘引(incentive)が効果的に機能しているといえるであろう。

次に,どの程度相手企業に対して契約上の義務の修正を要求するかの頻度に関する設問に対して,最も多い回答は,年平均1回以下(42.1%),次いで年平均1〜5回(22.4%)となっている。全体としては82.9%もの回答が,契約上の義務の修正・免除を要求している。また年平均5回以上という回答もあり,これは企業連合(conglomerates)からのものであった。

また逆に,契約上の義務の修正を要求されたときの応対に関する設問では,今までの経験から契約上の義務の修正に応じ友好的に解決する(87.9%),将来の取引で調整することで友好的に解決する(66.7%)となっており,価格の修正

---

[72] 市価変動(上昇)とインフレーション(inflation;物価上昇)とは明確に区別して認識される必要があると思われる。インフレとは,特定部門の特定財・サービスの価格上昇に留まらず,一般的な物価水準の継続的上昇をいう(金森久雄他編『経済辞典』28頁(新版,有斐閣,1986年))。インフレは全面的な物価上昇であり通貨価値の下落であり,市価変動の需給関係等を原因とする特定財・サービスの一時的な変動とは根本的に異なる。またインフレは名目総需要が経済生産能力を超過したときに発生し,生産は増大した需要に即座に対応できないため原材料が不足し,価格が高騰する,とされる(Kronman & Posner, *supra* note 49, at 139)。

[73] Barnett, *supra* note 12, at 1288.

[74] Weintraub, *supra* note 65, at 20. 継続的で相互関係のある当事者は一般に,訴訟を回避するものである(Lawrence M. Friedman, *Contract Law in America* 200 (1965))。

と同様，継続的な取引関係という観点から友好的に解決する割合が高い。一方で修正要求を拒否する，との回答も48.5%ある。また実際にいままで訴訟となり，判決前に和解したものは33.3%，結審まで持ち込まれたものは25.8%であった。以上から，企業は取引相手との力関係，継続的な取引関係等を総合的に勘案して，長期的な観点から応対を使い分けているといえるだろう。

次に，契約違反に対して法的制裁がなく，法以外の制裁(non-legal sanctions)のみがある場合，現実の商取引活動がどの程度影響を受けるか，との設問については，全く影響を受けない，との回答は17.7%であった。それに対し商取引活動が実質的に改善されると考えている回答者はゼロであり，65.8%がかなり不利な影響を受けると回答した。これらから，現実の商取引においても，法制度は重要な役割を果たしていることがわかる。全く影響を受けないとの回答では，「ビジネスの目的は法的制裁よりも重要である」とのコメントが付記されていた。また選択肢にはマークせずコメントのみ付した年間売上高10億ドル以上の大企業からの回答では，「われわれの商取引活動はほとんど影響を受けない。なぜなら長期間取引に基づいた評判が決定的に重要であるからである。ただし小規模な企業や新興企業は実質的に不利な影響を受けるであろう」と記されていた。的確な指摘である。また影響を受けると回答した企業は，「契約違反に対する法的制裁は，商取引にとって絶対に不可欠なものである。契約は実質的に全ての取引規則を定めている」とコメントしている。また影響を受けると回答した年間売上高10億ドル以上の大企業からの回答では，「とくに買手独占(monopsony)[75]の際に重要である」とコメントしている。またガスや電気の公益企業のほとんどは，望ましい商取引活動のためには法的制裁は不可欠である，とコメントしている。

最後の設問では，実行困難性に関する仮説の状況設定に対する企業反応についてのものである。状況設定の内容は，売主Aは買主Bに対し10年間，固定価格で毎月一定数量の原油を売買する契約をした。しかしその後，OPECによ

---

[75] 買手独占とは，複数の売主の商品またはサービスが，一人のみの買主によって要求される市場のことをいう(Paul M. Samuelson, *Economics* 548-549 (11th ed. 1980))。

る空前の原油輸出の禁止措置により原油価格が高騰した。この10年間にわたる契約によるAの損失は，破産(liquidation)と同程度の莫大なものである。Bは原油の追加コスト分を競争的に不利となることなく顧客に転嫁できるとする。Aは契約価格での原油の引渡しを拒否し，それに対しBは契約価格と市価との差額分を求めて提訴した。このとき裁判所はどう判断すべきか，という問いであり，選択肢は次の四つである。

① Bは契約価格と市価との差額分を認められる判決を得るべきである。
② Aは契約の履行を免除されるべきである。
③ 契約価格はAが破滅的な損害とならないよう調整すべきであるが，Bに対しても現在の市価を勘案し，十分な配慮を与えるべきである。
④ その他

調査の結果は，①35.0％，②13.7％，③46.2％，④5.0％であった[76]。この設問の回答でもっとも興味深いものとして，買主Bの立場にあるガス・電気の公益企業からの回答である。回答した12社のうち買主に有利となる①の選択は4社(33.3％)，②は2社(16.7％)，③は6社(50％)であった。本設問の状況設定は長期取引を若干強引に単純化しているため，判断材料である状況設定に過度の無理がある。また個々の企業の状況はそれぞれ抽象的ではなく具体的であるため，絶対的に合理的で正しいという解答は存在してないが，結論からすると，「①は法学的に正しく，②は商業的に正しい」とするコメントに凝縮されていると思われる。またこの点に，後発的事態の発生による実行困難性の複雑な問題が存在していると確信する。

現実的に発生した商業的実行困難な問題を解決する法的手段としてフラストレーション理論があり，裁判所は当事者間の契約に基づき，その内容を明示な

---

[76] アンケート調査という性格上やむを得ないが，この仮説の状況設定は10年間という長期間にわたる契約にもかかわらず固定価格で供給する契約であったり，買主Bは競争力を喪失することなくその価格上昇分を顧客に上乗せできる等，非現実的で状況が単純化されすぎている面は否めない。そのためどの回答にするか判断に迷った企業もかなりあったのではないかと想像される。またこうした調査は，企業というより，回答した担当者の私見が大きく反映されやすい点に注意して使用しなければならないことに十二分に留意すべきである。

いし黙示の当事者の意思をたどりながら解釈し，合理的な解決を目指す。契約において免責や特別の修正条項等により明示の規定があれば問題は少ない。しかし実際には契約の文言，作成当時の両当事者の意思，現実に発生している問題や当事者のおかれた立場等について微妙に，ときには大きく変動しているため，空白が必然的に生ずる。その空白が長期的な信頼関係という観点から両者が譲歩可能な範囲内であれば，短期的な損益は長期的に両当事者の取引関係に稀釈され吸収されるが，譲歩不可能な程度に両社が離反すれば，法的理論により解決されることとなる。[77] 訴訟による解決は判決が下された時点で両者の関係が清算されることになるため，その後両社の取引関係は断絶する可能性が高い。そのため本質的に紛争解決手段として求められている役割が異なることを理解しておくことが不可欠であろう。その際，こうした実証的調査は実業界の一つの意思表示として考慮すべき重要な意義があると評価できよう。

5 法理論の商学的見地からの考察

　契約はたとえ明示的にリスクを配分していたとしても，全ての偶然性を網羅することは不可能である。[78] その理由として第一に，黙示的に引き受けているリスクの全てを列挙することは現実的に不可能であること。第二に，未来に関することは本質的に予見が困難なものであること。第三に，可能性の低い偶然性について予想し，明示し，交渉するために資源を投資する価値が見出しにくいこと。第四に，当事者の関心は常に変動するものであること。第五に，契約期間が長期になればそれだけ不確実性は増し，事前に明示できなくなること。

　取引当事者はほとんどの商取引における契約不履行に対して，法制度が十分効果的に対処できないことを理解している。[79] 実行困難性の理論は，以上の説明からも，厳格に解釈する立場がとられている。その理由として，契約法の目的

---

[77] Weintraub, *supra* note 65, at 42-43.
[78] Barnett, *supra* note 12, at 1262.
[79] Richard Craswell & Allan Schwartz, *Foundation of Contract Law* 155 (1994).

が究極的には「事前のリスク配分」であり，免責はごく限られた場合にのみ認められるべきだとする認識があるためである。[80] 履行不能は，実際に履行できないというよりもむしろ，過度に実行困難となった場合をいう，とする Williston の見解に従って UCC の起草者は"Impracticability"という文言を採用した。[81] 人間は万能ではない。それゆえどんなに完全な条項を作成しようとしても，列挙しなかった事態が発生する可能性は十分にある。[82] またそもそも全てを明確にして契約書を起草できる法律家は存在し得ない。[83] そのため問題が発生した場合，その解釈をめぐって裁判所が公正かつ合理的と考える基準で判断する。しかし実行困難性の事例では，当事者の意図が十分に反映されていなかったものが多数あるといわれる。しかしこれは当事者がそこまで考えを及ぼしていない事項について黙示的な当事者意思の探索がなされ，法学的見地からすると，当事者が考慮していない事項について法学的判断を求められているのが実情であろう。また裁判所は契約を調整するための情報や専門知識について十分ではなく，商取引の実情に精通していない，という意見があるが，[84] 裁判所は法理論に基づき，それを尺度として具体的商取引に適用・解釈し判断することが本分であるため，精通していないことはむしろ当然のことである。

商学的観点から裁判所に求めるものは，究極的には，契約書の解釈ではなく，商業的に適切で合理的な解決である。[85] 実行困難性に関する免責理論は，究極的にはリスクをどこで線引きするのかについて，全状況を考慮して裁判官が決定することである。[86] 契約上の義務は合意から生ずるものであるが，完全に予想外の事態が発生したとき，そもそも両当事者の合意は本当のものであったといえ

---

[80] Fuller & Eisenberg, *supra* note 17, at 757.
[81] *Id*. at 767-768.
[82] Murray, Jr., *supra* note 48, §112 at 734. これに対し，理論的には世界で発生しうる出来事はすでに蓄積されており，ある程度まで全ての事態は予想可能である，という (Hamilton, Rau & Weintraub, *supra* note 34, 646)。
[83] Farnsworth, Young & Sanger, *supra* note 5, at 800.
[84] *E. g.*, Murray Jr., *supra* note 48, §112 at 736-737; Barnett, *supra* note 12, at 1276.
[85] White & Summers, *supra* note 13, §3-10 at 127-128.
[86] Farnsworth, Young & Sanger, *supra* note 5, at 806.

るのだろうか。[87]また実際に商取引を行っている当事者は，関連する法原則について詳細には知らず，また気にかけていない。例えば，契約の成立に関する「鏡像の原則(mirror image rule)[88]」について，多くの商人はそうした法原則を知らず，たとえ知っている場合でもそれに拘束されたいと思わないし，それによる利益もない，と考えている。[89]とくに長期的関係を前提としている商取引においては留意すべき点がいくつかある。[90]また商取引の当事者は必ずしも予想できる全ての状況を常に規定できるわけではない。それは時として合意に至らなかったり，単に多忙なため十分検討しなかったという理由による場合も実際には多い。[91]

商業的実行困難性の分野で頂点を極めたものはいない，とされる。[92]とくに商取引において重要である長期契約に関する法は整備されていないため，実行困難性の理論が一貫性をもたずに適用され混乱を引き起こしている。[93]そこで経済分析という手法が商取引における"Impracticability"の法理論についても適用される。裁判所はUCC §2-615 (Excuse by Failure of Presupposed Condition)を実質的に骨抜きにしており，より一層経済学的アプローチによる分析方法を多用すべきだ，との意見もある。[94]この意見は一理あり，経済的分析による検討は効率的合理性があり，今後より重要性が高まるべきであろう。

しかし一方で，この経済的分析アプローチもその限界が指摘されている。例えば，長期供給契約においては適切でないとされる。なぜなら人間関係のつながりでなく，非人間的なオークション市場における非連続的な交換モデルに基

---

[87] Perillo, *supra* note 3, §13.4 at 522.
[88] この原則およびこれに関連する「書式の戦い(Battle of the Forms)」については，則定隆男『契約の成立とレター・オブ・インテント』90-122頁(東京布井出版，1990年)；新堀聰『貿易取引入門』68-96頁(日本経済新聞社，1992年)に詳しい。
[89] Prance, *supra* note 26, at 465. "Impracticability"につき商学的見地からのスエズ運河の閉鎖に関連する論文については，Murray, Jr., *supra* note 48, §112 at 737-739参照。
[90] Richard E. Speidel, *Court-Imposed Price Adjustments Under Long-Term Supply Contracts*, 76 Nw. U. L. Rev. 369, 372-381 (1981). ここでは五つの特性に分けられ具体的な検討がなされている。
[91] Farnsworth, Young & Sanger, *supra* note 5, at 809.
[92] White & Summers, *supra* note 13, §3-10 at 124.
[93] Robert E. Scott, *Conflict and Cooperation in Long-Term Contracts*, 75 Calif. L. Rev. 2005, 2006 (1987). また"Impracticability"について，十分な説得力ある説明はまだなされていない，という(Murray, Jr., *supra* note 48, §112 at 732)。
[94] Prance, *supra* note 26, at 495.

づいているからだ、とされる。[95]それに代わり、当事者間における関係理論を重視すべきであり、これは分析方法の一つとして大変有用である、という主張もある。[96]

絶対契約責任の法的理論をそのまま実務に持ち込む法的制度はない。[97]商取引分野におけるImpracticabilityによる免責問題は、もともと特定物売買の分野で発達し、その後農産物や工業品の取引にも拡大されるようになった。[98]商取引が発展し国際化するにつれて戦争、革命、暴動、禁輸等国際的な政治経済の影響を一層受けやすくなっている。商取引の当事者は長期的な計画と協力による経済的利益を得るために継続的な契約関係にある。[99]つまり両当事者は、このような取り決めをすることで、より利益があると判断した結果、長期取引契約を締結する。[100]商取引においては、当該取引が一時的に不利益となっても履行することが多々ある。なぜならそれにより信頼を得て、それが将来的な利益となる可能性があるからである。[101]

契約時に留意すべきこととして法的な観点からすると、売主の場合にはできるだけ供給源、入手方法・手続・内容等について、契約書に明文化した方が良いであろう。契約の履行には、その明示していた方法が唯一のものであるとすると、その方法が困難、不可能であれば免責が認められる可能性が高くなるからである。しかし商学的な観点からすると、情報開示にも限度があり経営上の戦略として行うべきであろう。なぜなら売主が詳細に具体的内容まで契約書に明記することは、商売上のノウハウ・企業秘密を公開することを意味し、利益の源泉を自ら放棄することになるからである。企業がかなりのコストをかけて蓄積してきたノウハウを開示するだけの見返りが見込まれる範囲において明記

---

[95] Speidel, *supra* note 90, at 397-399.
[96] *Id.* at 404.
[97] Gilmore, *supra* note 8, at 49.
[98] *Id.* at 87.
[99] Scott, *supra* note 93, at 2006.
[100] Clayton P. Gillette, *Commercial Rationality and the Duty to Adjust Long-Term Contracts*, 69 Minn. L. Rev. 521, 528 (1985).
[101] Stewart Macaulay, *An Empirical View of Contract*, 1985 Wis. L. Rev. 465, 467 (1985).

する，というのが限界であり賢明であろう。

　買主の場合であれば，売主の履行の全てを支払の条件とする，という方法，つまり細かい条項までもが当該取引において重大かつ不可欠な条件であるとする方法がある。[102]確かに元来，商人間の取引では，売主の履行のすべてが買主の支払条件とされていた。[103]しかし買主の場合においても従来の単純な取引と異なり，現在の高度で複雑化した取引の現状からすると，現実問題としてそうした主張が可能な場合はかなり限定され，非現実的であろう。つまり買主の交渉力が圧倒的に有利な場合を除き，かなり困難であろう。また買主が圧倒的に有利な場合であれば，売買契約そのものが成立せず，救済制度という法的制度に依存する必然性がそもそも存在しないという自己矛盾に陥る。

　現実的な解決方法として，当事者は自社に有利なように裏面条項として契約書に不可抗力条項等を挿入することが多い。こうした条項はすべて長期契約のリスクを明確にし，リスクを制限することが目的とされる。[104]そのためこれら特約条項をそれぞれの状況に応じて利用すべきであるが，これも全ての事態を予見できるわけではないので，完全にリスクを回避できるわけではない。[105]またリスク負担者を決定するにあたり，上位リスク負担者が発生リスクを負担する，という経済的アプローチの概念も重要である。具体的には当事者の立場および知識が重視されることにも十分留意しなければならない。[106]

---

[102] Rosett & Bussel, *supra* note 50, Ch. 8, Topic 1, 1 (Limitations on Express Conditions) at 688-689. しかしこの考えには反対意見もある (Farnsworth, Young & Sanger, *supra* note 5, at 809-810)。

[103] Gilmore, *supra* note 8, at 88.

[104] Rosett & Bussel, *supra* note 50, Ch. 8, Topic 1 at 712. また"Exemption Clause"については次の文献が詳しい。George Applebey, *Contract Law*, Ch. 16 (Exemption Clause at Common Law) at 263-282 (2001); Kim Lewison, *The Interpretation of Contracts*, Ch. 11 (Exemption Clause) at 305-342 (2d ed. 1997).

[105] 市価変動リスクはそれを回避するために契約が締結されているのであり，そのため不可抗力条項によっては本質的に矛盾することとなり，原則回避できない (Farnsworth, Young & Sanger, *supra* note 5, at 817-819)。特別に当該リスクを回避したい場合には，それは契約の本質に関わる重要事項であるため，免責条項や価格調整条項を別途作成する必要がある。ただし，UCC §1-102(3)により，一方的な内容の契約は認められないため，重要な点は相手方と協議して決定すべきである。また免責条項は事前に作成される必要があり，それが不可抗力条項の原型であるとされる (Barnett, *supra* note 12, at 1281)。

[106] Posner & Rosenfield, *supra* note 4, at 95.

商学的見地からすると，法理論的に武装することにより，契約違反による訴訟において，当該紛争については経済合理的に解決できる可能性は格段に高まるであろう。しかし訴訟を提起したり，または和解の際に法理論を根拠に権利を主張すれば，その後の取引が半ば永久的に途絶える可能性が高い[107]。しかも当該相手企業だけでなく，当該産業の同業他社との取引も困難になる可能性さえある。契約は法的に強制可能な当事者の義務を定めるが，商取引社会においては本質的に，法的なもの以外の圧力，とくに評判によって契約上の履行義務を遵守するように導かれている[108]。そのため商取引においては，現実の状況に応じて問題を交渉できるように，故意に引き受ける義務に曖昧さを残す，という手段をしばしば歓迎する[109]。契約における関係理論を主張する Macneil 教授は，商取引にはそのような柔軟性(flexibility)が必要であり，空白(gaps)の余地が必要である，と主張している[110]。取引当事者は利益を享受できる関係の継続と，その業界での営業上の信用(good-will)と評判(reputation)の維持を望んでいる[111]。強い結びつきのある当事者は契約の最初の条件について気にしていない。なぜなら契約は状況の変化に応じて調整されると考えているからである[112]。以上から小括すると次の通りである。

　法は公正，正義という観点から判断し，経済は短期的な経済的効率性という観点から判断し，商は長期的な存続という点から判断する。それぞれの観点から合理的に判断しているわけである。当事者はまずこの観点が相違しそれぞれ

---

[107] Stewart Macaulay, *Non-Contractual Relations in Business: A Preliminary Study*, 28 Am. Soc. Rev. 55, 65 (1963).

[108] David Charny, *Nonlegal Sanctions in Commercial Relations*, 104 Harv. L. Rev. 373, 394-395 (1990).

[109] Macaulay, *supra* note 107, at 64.

[110] Ian R. Macneil, *Contracts: Adjustment of Long-Term Economic Relations Under Classical, Neoclassical, and Relational Contract Law*, 72 Nw. U. L. Rev. 845, 900 (1978).

[111] Robert A. Hillman, *Court Adjustment of Long-Term Contracts: An Analysis under Modern Contract Law*, 1987 Duke L. J. 1,5. ここでは法が契約を調整することに反対する理由として，三つ挙げられている。第一に，当事者が慎重に起草したはずであるから，それに法が介入することは契約自由の原則に反し，それに対する脅威となること。第二に，いつ調整が行われるべきであるのか，裁判所は決定するための十分な情報や専門性を有していないこと。第三に，調整条項の適切なガイドラインを盛り込んでいないこと。

[112] Palay, *A Contract Does Not 〔sic〕 A Contract Make*, 1985 Wis. L. Rev. 561, 562.

第5章　アメリカにおける Impracticability 理論　　121

に合理的理由があることを理解すべきである。そして具体的な問題は商取引上のものを解決する手法についてであるため，これを軸足におきながら考察を進めていくべきである。一方が勝てば他方が負ける，という all or nothing という司法的判断は，商学的な長期取引関係の継続という観点からすれば，効果的な紛争解決方法とはいえない。最終的な紛争解決手段は訴訟によるしかないが，その判断は硬直的になりがちである。そのため商学的見地からの結論としては，訴訟の前段階での解決が好ましい。これは時間や費用といったコストの点からも合理性がある。また国際的な商取引における現実的な紛争解決手段として，仲裁(arbitration)があり，この仲裁条項を事前に取り決めておくことは有益であろう。[113] 長期取引契約は将来の価格変動リスクを回避するためというよりも，むしろ協力という利益を達成するためになされるべきだ，という。[114] そのため商取引の当事者は，一定の状況が発生または不発生のときには誠実に再協議する，という条項，とくに長期取引契約では一定期間ごとに協議の場をもつ，ということ取り決めておくことが大切である。そうした再協議条項を法的に効力のある契約条項として挿入しておくと，万一契約後に両者が疎遠になり，仲裁または訴訟となった場合に，誠実に再協議しなかったり，相手が再交渉の場に就くことさえしなければ，商学的な継続的関係は破綻したのであるから，安全網(safety net)としての法的手段に移行し，相手当事者に対して法的根拠を明示して当該条項に違反したことを理由に，その後の法的交渉を有利に展開できるであろう。また実際に訴訟や仲裁にならない場合であっても，その条項には法的効力があることを相手方に示すことにより，再交渉の機会を持ちやすくなる。

---

[113] 仲裁とは，紛争を当事者が選定した仲裁人の判断に委ねること，またはそれによる紛争処理手続のことをいう(田中英夫編集代表『英米法辞典』61頁(東京大学出版会，1991年))。従来わが国における仲裁の法的効力については，「公示催告手続及ビ仲裁手続ニ関スル法律」に仲裁手続に関する規定があったが，その後平成15年(2003年)に「1985年 UNCITRAL 国際商事仲裁モデル法」に基づいて作成された「仲裁法」(平成15年法律第138号)が制定され，同法第45条第1項に全く同じではないが同趣旨のものが規定されている。この法律についての詳細は，近藤昌昭他著『仲裁法コメンタール』(商事法務，2003年)および Jurist 増刊「新仲裁法の理論と実務」(有斐閣，April 2006)参照。商事仲裁一般に関する詳細は，浅田福一『国際取引契約の理論と実際』397-425頁(同文舘出版，1996年)参照。

[114] Gillette, *supra* note 100, at 528.

取引当事者は，とくに長期契約を確実に履行できるか否かの判断は，計画および履行過程における両者の継続的な協力によって初めて可能であることを十分に認識すべきである。[115]現実的にはそれでも交渉がこじれ，決裂して仲裁や訴訟となる事態は十分考えられる。そうした場合，有利に展開するためには誠実協議条項等を契約条件として挿入し，誠実に再交渉していたことを証明できるようにしておくことが必要である。またアメリカにおける訴訟においては近年，経済学的分析の手法が採用される傾向にあるため，自らの立場を経済学的な観点を十分に認識しつつ商取引を行うことが重要である。つまり契約当事者は，将来の状況の変動に備え法学的および経済学的な観点を十分理解し，商学的な観点から交渉を有利に展開できるような構造と過程を確立することが重要である。

---

[115] Speidel, *supra* note 90, at 401 & n.146.

第6章
国際商取引における不可抗力条項

　国際商取引においては，商取引自体が複雑化するとともに，国際的な政治的および経済的変動リスクが格段に高い。こうしたリスクを回避または軽減するため，国際商取引のほとんどの契約書においては，不可抗力条項が規定されている。実務的にはかなり頻繁に使用されているにもかかわらず，その内容や効力については深く検討・考察されることなく曖昧な状態であるように感じられる[1]。

　本章では，現実の国際商取引において頻繁に利用されている不可抗力条項について，英米を中心に検討する。はじめに不可抗力という用語の内容について説明し，それに関連する規定について検討する。次に実際の不可抗力条項の起草において，国際商業会議所(ICC)のモデル不可抗力条項を検討し，商学的な観点から検討・考察する。結論は次の通りである。

　契約の解除が主たる効果となる不可抗力条項の単独では，国際商取引において不十分である。そのためこれに加え，履行が困難な状況に陥った際に両当事者が再協議することを主たる目的とするHardship条項，契約から発生する損害賠償金額の上限を定めることを目的とするLimitation条項，契約履行の禁

---

[1] Lebeaupin v. Richard Crispin & Co. 事件判決([1920] 2 K. B. 714)において，McCardie 判事は「不可抗力という文言は，契約の本質と一般原則との関係を十分考慮しつつ個々の事例で具体的に解釈されるべきである」(Id. at 720)という。実際その後 Thomas Borthwick (Glasgow) Ltd. v. Faure Fairclough Ltd. 事件判決([1968] 1 Lloyd's Rep.16)において，Donaldson 判事は，「不可抗力の厳密な意味内容については，法律家を回避し続けたため，多くの具体的事例において検討がなされている」(Id. at 28)とし，具体的事例に基づいた検討が主であった。

止的事項につきそれぞれ具体的詳細な内容を規定した Prohibition 条項等，それぞれの性質や効果を十分に区別して認識した上で，各商取引の目的に応じて総合的に運用することが重要である。

1 │ 不可抗力の意味と歴史的経緯

不可抗力とは，取引上一般に要求される程度の注意や予防方法を講じてもなお損害を発生させる事態であり，法的責任または債務その他の不利益を免れさせる標準として用いられる概念である，とされる。[2] 日本語の「不可抗力」に相当する語句として "Vis Major"，"Act of God"，"Force Majeure" があり，まずこれらの文言について検討したい。

不可抗力という概念の根源は，ローマ法の「レセプツム」責任の法理に有しているとされる。[3] 当事のローマにおける社会・交通状態と法律状態から風紀の矯正と取引の安定をはかる目的のため，船主，駅舎の主人をしてその引き受けた運送品または顧客の携帯品につき，絶対的返還担保義務を負わせる必要があった。しかし，あまりにもその運用が厳格すぎたため実務上の不都合が多々発生した。そのためこの担保責任の厳格性を緩和する目的のために発せられたローマ法務官の告示の中に，その免責事由として "Vis Major" が挙げられていた。[4] その後，不可抗力の利用が多岐にわたり，単に運送業者等の免責事由としてだけでなく，一般契約上あるいは不法行為上の損害賠償責任の阻却事由として広

---

[2] 竹内昭夫他編『新法律学辞典(第三版)』1213頁(有斐閣，1988年)。広義には債務者の債務の履行を妨げる，予見できず乗り越え難い全ての出来事をいい，狭義には *cas fortuit* (内在的原因)と対置され，force majeure は外的事由に起因する出来事，すなわち自然の力，君主の行為，第三者の行為など債務者個人とは全く無関係なものでなければならない，という(中村紘一・新倉修・今関源成監訳『フランス法律用語辞典(第2版)』49頁，152頁(三省堂，2002年))。

[3] ラテン語の "*receptum*" であり，これは海上・陸上の運送人・旅館の主人等が受取った運送品または顧客の携帯品の減失損傷について受領(receptum)があったという事実に基づいて，法律上当然に負担する結果責任をいう(同書1460頁)。

[4] 伊澤孝平「不可抗力の意義(一)」民商法雑誌第3巻3号418-419頁(1936年)。この "*Vis Major*" という文言はローマ人の間では法律用語ではなかったが，その後ドイツにおいて初めて法律用語として使用されるようになった(同419頁 注3)。また不可抗力の概念に関する歴史的流れ，およびその解釈に関する主観説，客観説，折衷説の内容については，吉田豊「不可抗力の概念とその周辺」法学新報第97巻第1・2号72-93頁(中央大学，1990年)参照。

く使用せられるに至った。"*Vis Major*" とは「より大きな力，抗し難い力を意味し，人の力が介在し得ない自然現象的な要因によるもので，最大の注意をもってしても回避することができなかったもの」をいう。

次に "Force Majeure" について。実際の国際商取引の契約書においては，この文言がもっとも頻繁に使用されており，その概念はフランスのナポレオン民法典の起草者が第1148条で用いた "Superior Force" にあたるフランス語をその起源としている。現在フランスでは民法第1147条および第1148条にForce Majeure に関する規定があり，不可抗力を構成する要因として次の四つを満たす必要があるとされる。

ⅰ) irresistibility（抵抗できない，抑制できないこと）

　当事者が回避できない(unavoidable)，または克服できない(insurmountable)事態であること。例えば代替的手段が利用可能な場合には，該当しない。

ⅱ) unforeseeability（予見できないこと）

　その事態を合理的に予見できないものであること。具体的には契約締結時の状況において合理人が予見し得ないものであること。例えば行政許可の遅延は予見可能であるため，該当しない。

ⅲ) externality（外在性）

　その事態は外的要因によりもたらされたものであること。

---

[5] Bryan A. Garner, editor in chief, *Black's Law Dictionary* 1603 (8ᵗʰ ed. 2004). 一般には①債務者本人の責に帰しえない外来の原因(cause éxtrangère)によるもので，②予見不能で(imprévisible)，回避し難く(inévitable)かつ③抵抗（克服）し難い(irrésistible, insurmountable) 出来事をいい，cas fortuit(偶発事故)との区別について克服し難い性格の強弱により差異を認めようとする見解もあるが，判例・学説ともに一般には区別をしない，という(山口俊夫編『フランス法辞典』238頁（東京大学出版会，2002年))。

[6] 本林徹「不可抗力と免責」『現代契約法体系』124頁（第9巻国際取引契約(2)，遠藤浩・林良平・水本浩監修，有斐閣，1985年）。また Barry Nicholas, *The French Law of Contract* 200-210 (2d ed.1992)参照。

[7] Ewan McKendrick ed., *Force Majeure and Frustration of Contract* 23-25 (2d ed. 1995). フランス法では，unforeseeable, irresistible, and makes performance absolutely impossible でなければならないという (Zweigert and Kötz(trs. Weir), *Introduction to Comparative Law* 537 (2d ed.), Mazeaud, Mazeaud & Chabas, *Leçon de Droit Civil*, Nos. 573 & 575 (vol. Ⅱ, 1, 9ᵗʰ ed.))。(Guenter H. Treitel, *Frustration and Force Majeure*, §12-021 at 477 n. 52 (2d ed. 2004)).

iv）impossibility（不可能であること）

履行を不可能(impossible)にする事態であること。単に困難が増す(more onerous)だけでは，費用の問題であり該当しない。

次に"Act of God"について。この文言は1581年，イギリスのCoke卿が人間の死について用いたのが最初であるとされる[8]。その後Mansfield卿が1785年の判決において[9]，Act of Godを人間の行為に対比するものと位置づけ，台風，雷，大暴風雨といった人間の力の介在する余地のない事象を指すことを明確にし，その後人力で抗しえない自然を原因として引き起こされる事由として確立された[10]。もともとこの文言は，運送人の詐欺や共謀による責任回避を防止するため，裁判所が運送人のコントロールできない事由によって発生したことだけでなく，人間の力が介在しえないことの立証をも要求したことに由来している[11]。このAct of Godの原理は，異常な天災地変を合理的に予見しえず，それに対して合理的な予防措置をとろうとしても，とりえなかったことに対して責任を負うべきではない，という信念・価値観に基づいている[12]。

以上それぞれについてみてきたが，これらの概念を特に区別せずに使用している例もある[13]。もっとも頻繁に使用されている文言である"Force Majeure"は，英米において19世紀半ばに保険法の分野で商慣習法(law merchant)として使用されはじめたが，大陸法の概念であるForce Majeureをコモン・ローに適合させようとしたため，その概念に混乱が生じたという[14]。その後次第に保険以外の取引分野にも使用されるようになり，契約上の履行ができない場合の一般的免責事由として認識されるようになった。そして広く国際商取引の分野にお

---

[8] 北川善太郎「不可抗力免責（上）―英米法を中心として」JCAジャーナル第21巻第10号4頁(1974年10月)。

[9] Forward v. Pittard, 99 Eng.Rep. 953 (1785).

[10] 本林徹，前掲注6，127頁。

[11] William Herbert Page, *The Development of the Doctrine of Impossibility of Performance*, 18 Mich. L. Rev. 589, 592 (1919-1920).

[12] 本林徹，前掲注6，127-128頁。

[13] 具体的な例については，北川善太郎，前掲注8，5頁注2参照。また神の名を法の領域で曖昧に用いることは許されるべきではない，として，Act of Godという用語の使用は避けた方が良い，とする判例もある(Browman v. Columbia Telephone Co., 179 A. 2d 197, 201(Pa.1962))。

[14] 久保宏之『経済変動と契約理論』168頁(成文堂，1992年)。

よび，その主流であったイギリス，アメリカでも使用されるようになった。イギリスの Lebeaupin v. Crispin 事件[15]において裁判官は"Force Majeure"を次のように定義している。

「force majeure とは，人間の意思を超えた，人間の力でコントロールできない事由を意味する。このような force majeure は契約の不履行を十分正当化するものであり，戦争，洪水，および伝染病の発生などがこれにあたる」[16]。

またアメリカのミシシッピ州 UCC. 2-617 においても次のように Force Majeure が定義されている[17]。

「契約当事者の一方が act of God，戦争，暴動，火災，爆発，洪水，ストライキ，ロックアウト，差止命令，燃料・原材料・労働力やコンテナもしくは輸送手段の調達不能，災害，機器・設備の破損，国家的な防衛目的のための調達，その他自己のコントロールできない事由によって契約物品もしくは当該物品の製造に必要な材料の製造，船積，受領または消費を妨げられた場合には，引渡しの履行を停止することができる」[18]

これらの定義から"Act of God"は，人間の力という概念が介在しない物理的原因のみによって生ずる自然現象のことを意味し，こうした自然現象に限定されるという点において，"Force Majeure"よりも狭い概念であるといえるだろう。また"Vis Major"は人間の力が介在しえない自然現象に限定されるというもの[19]，"Act of God"を含み，ストライキ，市民暴動，戦争その他当事者の支配を超える事態を含むとするものがあり，これは Act of God と Force Majeure の中間的存在であるといえるであろう[20]。ゆえに，国際商取引において頻繁に用いられている Force Majeure は，*Vis Major* および Act of God を含

---

[15] 2 K. B. 714 (1920).
[16] 本林徹，前掲注6，126頁。また中村弘『貿易契約の基礎』265頁(東洋経済新報社，1983年)も参照。
[17] Miss. Code Ann. §75-2-617(1972). その他アメリカでは，Force Majeure の定義がいくつかなされている。詳しくは本林徹，前掲注6，128頁，及びその注釈参照。
[18] 訳文は，本林徹，前掲注6，127頁による。
[19] Hugh G. Beale, general editor, *Chitty on Contracts*, §14-148 at 866-867 (Vol.1, General Principle, 29th ed. 2004). ちなみにラテン語の"*vis*"は，英語の"force"に相当する。
[20] 北川善太郎，前掲注8，127頁。

む広い概念を意味しているといえるだろう。[21]

2 契約における不可抗力条項の位置づけ

　英米のコモン・ローにおける契約は厳格責任であり，裁判所は何世紀もの間，「約束は約束である(A promise is a promise)」，つまり「約束は守られなければならない」という立場をとってきた。[22] その例外として，イギリスではフラストレーション理論，アメリカでは Impracticability 理論が20世紀初頭において，実務的必要に迫られた形で発展してきた。[23] それにより現在では，物理的な消滅や不能だけではなく，契約目的の挫折，後発的な状況の変化が契約の根本に影響を与えるほど重大な場合においても，法理論的に契約義務の免除が認められるようになり，フラストレーション理論の適用範囲は拡大した。1979年イギリス物品売買法(The Sale of Goods Act 1979 ; SGA)第7条では，特定物売買に関するフラストレーションが規定され，アメリカでは UCC §2-615(Excuse by failure of presupposed conditions)，第二次契約法リステイトメント第11章 (Impracticability of performance and frustration of purpose)に規定(§261-272)されている。しかしこれらの規定はかなり厳格に解釈され，免責が認められた例はごくわずかしか存在しない。[24] このような傾向の根本には，イギリスの「契約自由」に対する根強い信仰があると思われる。現代における契約の基本的枠組みは，自然法思想とレッセ・フェール(laissez-faire)の哲学が主流であった19世紀後半に確立されたため，「契約の自由」や「契約の神聖性」は決定的な意

---

[21] これらから小論における不可抗力という文言は，Force Majeure の意味で用いる。
[22] McKendrick ed., *supra* note 7, at 257.
[23] イギリスのフラストレーション理論については本論第4章，アメリカの Impracticability 理論については，本論第5章参照。
[24] *E. g.*, Eastern Air Lines Inc. v. McDonell Douglas Corp., 532 F. 2d 957 (5th Cir. 1976). その他アメリカで commercial impracticability が認められた例としては，Aluminum Co. of America v. Essex Group Inc., 499 F. Supp. 53 (D. C. Pa. 1980); International Minerals and Chemical Corp. v. Llano, Inc., 770 F. 2d 879 (10th Cir. 1985); Florida Power & Light Co. v. Westinghouse Electric Corp. 826 F. 2d 239 (4th Cir. 1987)等がある。アメリカにおける判例の動向については，加藤亮太郎「契約と事情変更について-Economic Hardship をめぐるアメリカ法を中心として」国際商事法務第25巻第2号133，134-136頁(1997年2月)参照。

味を持っていた。[25]そのため免責に関する法理論的枠組が確立されたといえども，その要件や解釈は厳格であり，容易には認められない，というのが実情である。これらを逆手に考えると「契約自由の原則」に基づき，契約上の権利義務は当事者がある程度自由に取り決めることが可能である。[26]そのため契約時にあらかじめ実行が困難となる事態を列挙しており，その事態が発生した場合，契約上の義務は免除される，と取り決めておけばよい。つまり免責となる事態を事前にできる限り明確にしておくことで紛争を予防的に回避するのである。[27]そうした条項が不可抗力条項といわれるものであり，それによりフラストレーション理論の厳格性に縛られることなく，リスクを管理しつつ自由に商取引を行うことが容易になる。[28]

つまるところ，英米における免責理論がごく限られた場合にしか認められていないため，実際の商取引においては有効に機能しておらず，それゆえ商取引という現実的側面から不可抗力条項の起草が必要とされてきたといえる。この不可抗力条項は，場合によっては発生した障害が克服可能な場合でも明示条件として該当する可能性はある。[29]また国際商取引において，英米の概念であるAct of Godではなく，フランスの概念であるForce Majeureが使用されている理由としては，英米法と大陸法の相違からきていると考えられる。契約上の義務についてコモン・ローでは厳格責任，無過失責任が原則であり，その唯一の例外としてAct of Godがあった。それに対し大陸法では，当事者に過失がなければ免責される，という過失責任主義が原則であり，そのため免責事由と

---

[25] 河上正二「英法における免責条項の個別契約への「組み入れ」と「通知」の法理（一）」法経研究第17号4頁（千葉大学法経学部，1985年1月）。

[26] Mckendrick ed., *supra* note 7, at 3; SGA 1979 Sec. 55 (1).

[27] 植田淳「国際取引契約におけるForce Majeure条項とHardship条項」神戸外大論叢第42巻第6号63頁(1991年)。植田教授が主張される不可抗力条項の意義は次の三点とされる。第一に，後続の不能を処理する各国法間の相違を解消できうること。第二に，準拠法が明確な場合であっても実体法上判断が微妙な事例では，明確に列挙することにより予見可能性が高まること。第三に，フラストレーションが認められる可能性が高い場合においても，合意において免責を明確にできること(同書57-65頁)。

[28] Clive M. Schmitthoff, *Hardship and Intervener Clauses*, 1980 J. B. L. 82, 84.

[29] Peter Dixon & Sons Ltd. v. Henderson, Craig & Co., Ltd.〔1919〕2 K. B. 778, 789 (Treitel, *supra* note 7, §12-021 at 477 & n. 56)。

してより広い概念を意味する Force Majeure が使用されてきたと考えられる。国際商取引における不可抗力の意味内容は，人的介入を含まず自然災害のみと解釈されかねない Act of God では不十分であるため，より広い概念である Force Majeure が使用されるに至ったのではないかと筆者は考える。

3 │ 不可抗力条項の構成

不可抗力条項は主として，次の八つの要素から構成されている[30]。

(a) この条項が効力をもつことになる事態の列挙
(b) 契約時に当事者がその事態の発生を予想し得なかったかどうかの記述，そして予見できたかどうかが問われない場合は，契約時にその事態がすでに存在していた場合に，その条項が効力を持つかどうかに関する記述
(c) その事態が当事者の履行に与える影響に関する記述
(d) 不可抗力の状況において，影響を受けた当事者の義務に関する記述
(e) この条項が実際に効力を持つようになる仕組みに関する記述
(f) この条項が適用された際の，とくに契約条項の調整手続に関する記述
(g) この条項の適用を終了させる仕組みに関する記述
(h) フラストレーション理論を排除する記述

不可抗力条項は無条件にその効力が認められているわけではない。なぜなら当事者の本来の意思を反映していないことがあるからである。そのために解釈原則があり，これにつき以下，それぞれ検討していきたい。

(a), (b) 不可抗力による免責を主張する当事者は，その発生した事態が不可抗力条項に該当するものであることと，その事態の発生により契約上の履行が妨害されたこともしくは遅延したことを証明しなければならない[31]。ここでいう妨害(prevention)とは，法的および物理的不能を意味し，経済的損失は通常含

---

[30] McKendrick ed., *supra* note 7, at 68.
[31] Bremer Handelsgesellschaft m.b.H. v. C. Mackprang Jr. 〔1979〕1 Lloyd's Rep. 221.
[32] Channel Island Ferries Ltd. v. Sealink U.K.Ltd. 〔1988〕1 Lloyd's Rep. 323, 327.

まれず，また当事者に過失(fault)がある場合には認められない。[33] 個別の事態には次のものがある。[34]

(1) war, whether declared or not, civil war, riots and revolutions, acts of piracy, acts of sabotage;
(2) natural disasters such as violent storms, cyclones, earthquakes, tidal waves, floods, destructions by lightening;
(3) explosions, fires, destructions of machines, of factories, and of any kind of installations;
(4) boycotts, strikes and lock-outs of all kinds, go-slows, occupations of factories and premises, and work stoppages which occur in the enterprise of the party seeking relief;
(5) acts of authority, whether lawful or unlawful, apart from acts for which the party seeking relief has assumed the risk by virtue of other provisions of the contract;

しかし認められない事態としては，通信機器の故障，金融市場での為替等の大幅な変動，契約違反等がある。[35] ストライキの際には当事者は解決するよう合理的な努力をしなければならず，また契約の履行が不可能となるような労使間の自主的な合意については，不可抗力とは認められない。[36]

(c) 不可抗力条項でもっとも重大な問題は，条項に該当する事態が発生したとき，十分に免責が認められる程度の困難性とはどの程度のものかという点で

---

[33] 不可抗力条項は，免責条項(Exemption Clause)とは本質的に異なっている。後者は契約違反の当事者を保護することが目的であるが，前者はある一定の事態が発生したとき，その結果契約に違反するか否かに関係なく適用されるものである(Leo D'arcy, Carol Murray & Barbara Cleave, *Schmitthoff's Export Trade: The Law and Practice of International Trade*, §6-016 at 120 n. 90 (10th ed. 2000))。過失については，McKendrick ed., *supra* note 7, at 72-77 参照．

[34] *ICC Force Majeure Clause 2003 ICC Hardship Clause 2003* (ICC Pub. No. 650, February 2003). また船舶に関する詳細については，Stewart C. Boyd, Andrew S. Burrows & David Foxton, *Scrutton on Charterparties and Bills of Lading*, Sec. 11 (Liability of shipowner for loss of, or damage to, goods carried) arts. 105-121 at 200-249 (20th ed. 1996)，個々の具体的事例については，Beale, general editor, *supra* note 19, §14-148 に詳しい。

[35] McKendrick ed., *supra* note 7, at 82.

[36] *Id.* at 89-90.

ある。[37]一般に物理的，法的に不可能な場合は不可抗力にあたり，価格上昇による経済的損失は認められない。しかし多大なコスト増加による不可抗力を主張する場合，当初想定していたコストと追加コストとの釣り合いを考慮して判断されるであろう。[38]

(d) 当事者は不可抗力にあたる事態を示すことだけではなく，その結果を回避または軽減するため合理的な手段をとったことを示さなければならない。[39]また当事者が予定していた手段が不能となっても，代替的手段が可能である場合には，最大限努力しなければならない。

(e) 原則的に不可抗力条項の適用にあたっては通知義務が課せられており，その義務を怠った場合，不可抗力による免責を主張できない。[40]またどの程度の内容を通知しなければならないか，[41]通知の手段，通知期間についてもできる限り明確にしておくべきである。

(f) 適用されたときの効果は，当事者は即座にそれ以降の契約上の履行が免除されるか，もしくは当分の間，履行義務が中断されるかである。ほとんどの契約においては，履行が中断される最長の期限が明記され，その期限が到来してもなお履行が不可能な場合に契約は終了する，という形になる。

(g) 不可抗力条項は契約を終了させる場合と，一時中断という場合がある。方法としては，不可抗力に該当する事態が終了すれば，その通知時に不可抗力状況が終了する，と規定するか，履行する等何らか客観的な基準を取り決めるかのいずれかが考えられる。[42]

(h) 後発的事態に対する契約上の明示条項は，フラストレーションの成立を

---

[37] Id. at 94.
[38] Id. at 97; Restatement (Second) of Contracts, Ch. 11, Introductory Note at 311 において，10倍または12倍変化した場合は実行困難であると判断される可能性があるとしている。筆者はこれが具体的な判断基準を示しているものと考えている。そのため，それ以下の場合であっても希望する際には交渉し相手の同意を得た上，明示する必要があるであろう。
[39] Channel Island Ferries Ltd. v. Sealink U. K. Ltd.〔1988〕1 Lloyd's Rep. 323.
[40] McKendrick ed., *supra* note 7, at 99.
[41] Intertradax S. A. v. Lesieur-Tourteaux S. A. R. L.〔1977〕2 Lloyd's Rep. 146. ここでは，不能の原因が機械の故障と原材料の不足の二つあったが，不可抗力では機械の故障についてのみ規定していた。この事件で裁判所は，原因が二つあれば，二つともに通知すべきである，と判示した。
[42] McKendrick ed., *supra* note 7, at 118.

排除することがあり，またフラストレーション理論では認められない事態についても免責とすることがある。[43]イギリスでは契約の明示条項が当事者を拘束する場合，免責法理は認められない，とされる。[44]アメリカでは売主がより大きな義務を負っている場合，[45]また文言や状況が反対の意思を示している場合，[46]免責条項は原則として排除される。イギリスは明示条項，アメリカは反対意思とされ，アメリカの概念の方がより広い。これらから，契約書に予想しない新しい状況を対象とする条項が含まれている場合，フラストレーション理論による免責は一般に適用されない，とされる。[47]

4 UCC および CISG における規定

UCC 第 2 編第 615 条コメント 8 では「合意により大きな義務を負わない限りにおいて」とあるため，条文の範囲を超えて当事者が免責を取り決めることを禁止する意図があったのではないかという懸念があり，不可抗力条項の適法性(legality)が問題となったことがあった。[48]しかし現在ではそうした懸念は解明され，[49]この条項は不可抗力条項を禁止しておらず，次の二つのことを示すものとされている。[50]

---

[43] Treitel, *supra* note 7, §12-002 at 455-457.
[44] Joseph Constantine S. S. Line Ltd. v. Imperial Smelting Co.,Ltd.〔1942〕A. C. 154, 163（*Id.* § 12-002 at 455）
[45] UCC §2-615.
[46] Restatement (Second) of Contract §261 & comment c.
[47] McKendrick ed., *supra* note 7, at 118. ただし Public Policy のため，準拠法の国の制定法によって規制されている場合は除外される等の制限はある。Empresa Exportadora De Azucar v. Industria Azucarera National SA(The Playa Larga)〔1983〕2 Lloyd's Rep. 171 では，売主に履行期の延長を認め，一定期間経過後に買主に契約解除権が与えられる，とする不可抗力条項は売主と買主の国家間の外交・通商関係の断絶を理由としてフラストレーションを排除しないとした。これら中断に関する条項がある場合，履行のための特定の障害が示されており，それが発生しても長期間にわたって継続する場合には，フラストレーションを排除しない。その他フラストレーションを排除する規定の制限に関しては，Treitel, *supra* note 7, §12-005～§12-015 at 460-469 参照。
[48] George I. Wallach, *The Law of Sales under the Uniform Commercial Code*, § 5-11 (Force Majeure) at 5-45 (Rev. ed. 1992).
[49] 詳しくは，William D. Hawkland, *The Energy Crisis and Section 2-615 of the Uniform Commercial Code*, 79 Com. L. J. 75, 78 (1974)参照。
[50] Wallach, *supra* note 48, §5. 11.

(1) その条項は，免責主張の根拠となる後発的事態を指定していること。

(2) その事態が当事者の履行能力に実際上影響を与えていること。

これらを満たす事例として，Eastern Air Lines Inc. v. McDonell Douglas Corp. 事件がある[51]。この事件は，航空機の製造業者である McDonell 社が航空機引渡しの遅延について，不可抗力による免責を主張したもので，最終的に認められた[52]。この事件により，不可抗力条項の解釈原則として次の三つが確立された[53]。

(1) 不可抗力条項の解釈は，同類解釈則(*Ejusdem generis*)の制限を受けない[54]。その事態が売主の支配を超えるものであり，かつ過失がない限り，明記された別の事態に制限されない。

(2) 不可抗力条項は，UCC 第2編第615条の規定よりも広い免責基準を定めることが可能である。免責に関する一般的文言しかない場合は，同条に基づいて判断される。また詳細な文言がない場合であっても，取引慣習や状況から UCC の規定よりも広い免責基準を認めることも可能である。

(3) 明記された事態は，予見不能なもの(unforeseen or unforeseeable)である必要はない。売主が特定の事態を明記して，それを予想し得たとしても免責されることがある。しかし一般文言でカバーされる偶発的事態は予見可能なものでなければならない。

一般に，当事者の責めに帰さない事由によって履行できない場合，各国の法

---

[51] 532 F. 2d 957 (5th Cir. 1976). 事件の概要，分析および UCC 第2編第615条適用の詳細については，Stewart Macaulay et al., *Contracts: Law in Action* 669-680 (vol. II, 1995) 参照。

[52] 当該契約書には "Excusable Delay" という規定があった。McDonell 社はアメリカのベトナム戦争のため，民間取引よりも軍事用の注文を優先するよう政府から強力な要請(jawboning)があったことを証拠として，それが免責の根拠に該当すると主張した。この事件により政府の公式なまた技術的な行為にのみ免責が認められる，という見解が否定されることとなった。詳しくは，Macaulay et al., *supra* note 51, at 677-678 参照。

[53] Wallach, *supra* note 47, §5. 11 at 5-45〜5-47.

[54] これは，法律文書でまず具体的な文言が記され，次に一般的な文言が掲げられているとき，後者は前者と同類・同種のもののみをさすと解すべきである，という解釈原則のことをいう(田中英夫編集代表『英米法辞典』290頁(東京大学出版会，1991年))。また同類解釈則に制限されないためには，単に "including" とするのではなく，"including but not limited to" の方が制限されないため好ましいという(Joseph M. Perillo, *Calamari & Perillo on Contracts*, §13. 19 (Force Majeure Clause) at 550 (5th ed. 2003))。

は一定の要件の下に契約不履行の責任を免除する点で一致しているが，その理論や概念は異なっていることが多い。実行困難性，フラストレーション，事情変更の原則等の法的内容はそれぞれ異なっており，不可抗力の意味さえも各国によりさまざまな概念があり微妙に異なっているため，ウィーン売買条約（CISG）[55]では，当事者の責めに帰さない障害によって契約が履行できない場合のリスク配分につき，当事者が明示の取り決めをしていない場合に備えて，異なった法的意味をもちうる用語の使用をできるだけ回避しながら，同条約第79条（自己の支配を越えた障害発生による不履行）を規定している[56]。原文は注に示

---

[55] 正式には「国際物品売買契約に関する国連条約"United Nations Convention on Contracts for the International Sale of Goods; CISG"」という。本条約は1988年に発効し，2005年9月末現在，締約国は62ヶ国である。先進国で未締約国は英国と日本のみである。

[56] 曽野和明・山手正史『国際売買法』261-262頁（青林書院，1993年）。また1978年のDraft, UCCとの比較，事例については，Albert H. Kritzer, *Guide to Practical Applications of the United Nations Convention on Contracts for the International Sale of Goods* 503-522 (1989) 参照。

[57] CISG Article 79.
(1) A party is not liable for a failure to perform any of his obligations if he proves that the failure was due to an impediment beyond his control and that he could not reasonably be expected to have taken the impediment into account at the time of the conclusion of the contract or to have avoided or overcome it or its consequences.
(2) If the party's failure is due to the failure by a third person whom he has engaged to perform the whole or a part of the contract, that party is exempt from liability only if:
 (a) he is exempt under the preceding paragraph; and
 (b) the person whom he has so engaged would be so exempt if the provisions of that paragraph were applied to him.
(3) The exemption provided by this article has effect for the period during which the impediment exists.
(4) The party who fails to perform must give notice to the other party of the impediment and its effect on his ability to perform. If the notice is not received by the other party within a reasonable time after the party who fails to perform knew or ought to have known of the impediment, he is liable for damages resulting from such non-receipt.

邦訳については，同書（資料編）44-47頁，新堀聰『国際統一売買法』218-221頁（同文舘出版，1991年）参照。この第79条の規定は，国際物品売買契約に関する統一法（ULIS）第74条第1項を基礎として作成されている。大きな変更点としては，ULISでは"circumstances"に対して，CISGでは"impediment"となった点がある。これは履行を妨げることを意味する"obstacle"の意味があり，免責は履行の障害となるときのみ，という意図があり，第4項の規定からも支持されている。CISG, UCCおよびULISとの比較については，John Honnold, *Uniform Law for International Sales* 533-537 (2d ed. 1991) 参照。またウィーン外交会議で問題となった免責に関する規定は，第一にその規定の射程に関するもの，第二に第三者の行為による責任の範囲に関するものであった。詳しくは，ペーター・シュレヒトリーム（Peter Schlechtriem）著内田貴・曽野裕夫訳『国際統一売買法』143-150頁（商事法務，1997年）参照。また第79条の性質等につき大陸法の観点から分析しているものとして，潮見佳男『契約責任の体系』第2部第1章（有斐閣，2000年）がある。

し[57]，内容について以下，検討していきたい。

　第1項において，①義務の不履行が自己の支配できない障害によるものであること，②契約時にその障害の発生を予想することが合理的に期待できなかったこと，③その障害・結果を合理的に回避または克服できなかったこと，以上の三点を不履行の当事者が証明すれば免責が認められることとなる。また第5項より，免責の対象となるのは損害賠償責任のみであり，不履行の相手方当事者が有する契約解除権，履行要求の権利等は何ら妨げられるものではない。この「障害」には，履行困難性も含まれることもあるが，原則として調達や生産の費用が増大した場合であっても，それは免責が認められる障害にはならない[58]。第2項の第三者を原因とする不履行の場合には，当事者が第1項の要件を満たし，かつ第三者も第1項を満たした場合にのみ，当事者は免責される。ただし使用人については，常に責任を負い，ストライキについては，各国の労働法制とストライキの状況・程度によるものとされる[59]。また第3項により，一時的な障害はその存続期間のみ免責事由となる。しかし一時的なものであっても，その結果生ずる不履行が重大な契約違反を構成すれば，相手方は契約を解除できる。しかし相手方が契約を解除しなければ契約は有効に存続し，障害が消滅すれば履行を再開しなければならない[60]。また第4項より，不履行当事者は障害が存在すること，およびそれが自己の履行能力に与える影響について通知しなければならず，またこれは到着主義とされる[61]。ここで重要な点は，この第79条は当事者が障害の発生について何ら事前合意をしていない場合においても適用されることである。同条約の第6条によると，当事者は条約のいかなる規定をも排除または変更することが可能である[62]。さらに同条約第8条では，状況に照らして契約の柔軟な解釈を認めており[63]，根本的に変化した状況においては，契

---

[58] シュレヒトリーム，前掲注57，145-146頁。
[59] 同書148頁。
[60] 曽野和明・山手正史，前掲注56，271頁。
[61] この通知要件については，ULISに規定されていなかった。
[62] CISG Article 6
　　The parties may exclude the application of this Convention or, subject to Article 12, derogate from or vary the effect of any its provisions.

約は履行を想定していなかったと判断されることもありうる。つまり不可抗力条項は，同条約第 79 条に優先する。そのため商学的見地からの対応としては，契約時に不可抗力条項を作成することにより，将来発生する可能性のある不確定リスクを防止することが重要である。それらの条項には次の三点を含んでいることが望ましい。第一に，免責が認められる具体的事例。第二に，不履行となる事態が発生した場合における相手方への通知義務。第三に，履行が一定期間中断した後，当事者が合意に達しない場合は未履行部分の契約を解除する旨の規定。

5 ICC のモデル不可抗力条項

　ほとんどの国の法では不可抗力に関する規定があるが，その内容は国により異なっているため，国際商取引を行っている当事者の要求に合致していない場合がある。そのため国際商取引の当事者は，不可抗力条項または Hardship 条項を必要としている状況にあるといえる。そのため ICC（国際商業会議所）は契約締結時に当事者が利用できるように，支援する目的で 1985 年および 2003 年にモデル条項を作成している。不可抗力条項は，履行が事実上不可能になった場合の免責要件を定めており，これは契約上の制裁からの救済を認めている。

---

[63] CISG Article 8
　(1) For the purposes of this Convention statements made by and other conduct of a party are to be interpreted according to his intent where the other party knew or could not have been unaware what that intent was.
　(2) If the preceding paragraph is not applicable, statement made by and other conduct of a party are to be interpreted according to the understanding that a reasonable person of the same kind as the other party would have had in the same circumstances.
　(3) In determining the intent of a party or the understanding a reasonable person would have had, due consideration is to be given to all relevant circumstances of the case including the negotiations, any practices which the parties have established between themselves, usages and any subsequent conduct of the parties.
[64] Ralph H. Folsom, Michael Wallace Gordon & John A. Spanogle Jr., *International Business Transactions*, § 4. 3 at 118 (3d ed. 1995).
[65] McKendrick. ed., *supra* note 7, at 268.
[66] 新堀聰，前掲注 57, 158-159 頁。
[67] *ICC Force Majeure Clause 2003 ICC Hardship Clause 2003* (ICC Pub. No. 650, Feb. 2003).

また契約の中断と終了のための規定をも含んでいる。Hardship 条項は，契約を継続できるように再交渉と契約条項の改正を想定したものである。原文は注に示し，[68]そのコメントに基づいて説明していきたい。

---

[68] *ICC Force Majeure Clause 2003* (ICC Pub. No.650, Feb., 2003)
  1. Unless otherwise agreed in the contract between the parties expressly or impliedly, where a party to a contract fails to perform one or more of its contractual duties, the consequences set out in paragraphs 4 to 9 of this Clause will follow if and to the extent that that party proves:
      [a] that its failure to perform was caused by an impediment beyond its reasonable control; and
      [b] that it could not reasonably have been expected to have taken the occurrence of the impediment into account at the time of the conclusion of the contract; and
      [c] that it could not reasonably have avoided or overcome the effects of the impediment.
  2. Where a contracting party fails to perform one or more of its contractual duties because of default by a third party whom it has encouraged to perform the whole or part of the contract, the consequences set out in paragraphs 4 to 9 of this Clause will only apply to the contracting party:
      [a] if and to the extent that the contracting party establishes the requirements set out in paragraph 1 of this Clause; and
      [b] if and to the extent that the contracting party proves that the same requirements apply to the third party.
  3. In the absence of proof to the contrary and unless otherwise agreed in the contract between the parties expressly or impliedly, a party invoking this Clause shall be presumed to have established the conditions described in paragraph 1 [a] and [b] of this Clause in case of the occurrence of one or more of the following impediments:
      [a] war (whether declared or not), armed conflict or the serious threat of same (including buy not limited to hostile attack, blockade, military embargo), hostilities, invasion, act of a foreign enemy, extensive military mobilisation;
      [b] civil war, riot rebellion and revolution, military or usurped power, insurrection, civil commotion or disorder, mob violence, act of civil disobedience;
      [c] act of terrorism, sabotage or piracy;
      [d] act of authority whether lawful or unlawful, compliance with any law or governmental order, rule, regulation or direction, curfew restriction, expropriation, compulsory acquisition, seizure of works, requisition, nationalization;
      [e] act of God, plague, epidemic, natural disaster such as but not limited to violent storm, cyclone, typhoon, hurricane, tornado, blizzard, earthquake, volcanic activity, landslide, tidal wave, tsunami, flood, damage or destruction by lightning, drought;
      [f] explosion, fire, destruction of machines, equipment, factories and of any kind of installation, prolonged break-down of transport, telecommunication or electric current;
      [g] general labour disturbance such as but not limited to boycott, strike and lock-out, go slow, occupation of factories and premises.
  4. A party successfully invoking this Clause is, subject to paragraph 6 below, relieved from its duty to perform its obligations under the contract from the time at which the impediment causes the failure to perform if notice thereof is given without delay or, if notice thereof is not given without delay, from the time at which notice thereof reaches the other party.
  5. A party successfully invoking this Clause is, subject to paragraph 6 below, relieved from any liability in damages or any other contractual remedy for breach of contract from the time

第6章　国際商取引における不可抗力条項　139

まずこのモデル不可抗力条項は，契約書にそのまま組み入れるか，もしくは参照を示すことによる利用を意図して作成され，参照の際には次の文言が推奨されている。

"Any reference in a contract to the 'ICC Force Majeure Clause' shall, in the absence of evidence to the contrary, be deemed to be a reference to this Clause."

2003年改訂版の作業部会(task force)は作成にあたり，国際商取引で重要な規則であるCISG，ヨーロッパ契約法原則(PECL)[69]，UNIDROIT国際商事契約原則の規定を大いに参考にしている。これはこの三つの原則が国際商取引において不可欠なものであるという認識から，それらとの整合性を考慮したものであり，賢明といえるであろう。また本モデル条項には三つの長所(merit)があるという。第一に，不可抗力条項の一般公式として多くの当事者が利用できること。例えば契約書において不可抗力の一般原則や具体的事象について何も取り決めしていない当事者，契約書に一般原則の規定はあるが具体的事象の作成に参考とする当事者の利用があげられる。第二に，具体的事象に挙げられてい

---

　　indicated in paragraph 4.
6. Where the effect of the impediment or event invoked is temporary, the consequences set out under paragraphs 4 and 5 above shall apply only insofar, to the extent that and as long as the impediment or the listed event invoked impedes performance by the party invoking this Clause of its contractual duties. Where this paragraph applies, the party invoking this Clause is under an obligation to notify the other party as soon as the impediment or listed event ceases to impede performance of its contractual duties.
7. A party invoking this Clause is under an obligation to take all reasonable means to limit the effect of the impediment or event invoked upon performance of its contractual duties.
8. Where the duration of the impediment invoked under paragraph 1 of this Clause or of the listed event invoked under paragraph 3 of this Clause has the effect of substantially depriving either or both of the contracting parties of what they were reasonably entitled to expect under the contract, either party has the right to terminate the contract by notification within a reasonable period to the other party.
9. Where paragraph 8 above applies and where either contracting party has, by reason of anything done by another contracting party in the performance of the contract, derived a benefit before the termination of the contract, the party deriving such a benefit shall be under a duty to pay to the other party a sum of money equivalent to the value of such benefit.

[69] PECL(Principles of European Contract Law)の条文の和訳については，ユルゲン・バセドウ(Jürgen Basedow)編半田吉信他訳『ヨーロッパ統一契約法への道』(法律文化社，2004年)の資料編にあり，若干の説明が同書168-169頁にある。同条文は基本的にCISG第79条に依拠して作成されている。

るもの以外の事象が発生したときにおいて，不可抗力の一般公式として利用することにより，その後の手続が明確であること。第三に，不可抗力を主張する当事者を過度に保護することなく，その手続が明確であることから取引の公平性を確保している。

以下，条文ごとに内容を見ていきたい。

〈第1条〉 これは不可抗力に該当する要件を定めたものであり，一般公式とされる。具体的には1985年 ICC 不可抗力条項，CISG 第79条(債務者の支配を越えた障害による免責)[70]，PECL 第8：108条(障害事由に基づく免責)，UNIDROIT 原則第7.1.7条(不可抗力)[71]を参考に作成している。ただしそれら条文では履行不能(impossibility of performance)の法理よりも基準が緩いため，1(a)および1(3)を明記している。文言"impediment"は不都合や困難になっただけでは不十分で，またこれは不履行当事者の支配を超える必要があり，柔軟に解釈可能であるが，意図するところは契約時に当事者が考慮し，その偶発的事態を適切に対処することが合理的に期待することができたかどうか，についてである。また回避・克服できたはずであった場合には，当然に免責されない。

〈第2条〉 これは CISG 第79条第2項に基づき作成されており，第三者(sub-contractor)の契約不履行の場合を規定している。ここで重要な点は，下請け業者を理由に不可抗力を主張する当事者の立証責任を重くしている。具体的には，主張する当事者自身および下請け業者の立証責任を二重に課すこと(double threshold)により，不履行当事者の免責が容易に認められないよう負担を重くしている点がある。

〈第3条〉 これは1985年版の第2条に基づき作成され，不可抗力に該当する具体的事象が列挙されている。留意すべき点は，契約締結以後に発生したものだけではなく，契約締結時にすでに現存していた事象についても不可抗力に該当する可能性があることである。つまり契約締結時に現存していても，当事

---

[70] 詳しくは，甲斐道太郎他編『注釈国際統一売買法Ⅱ』199-233頁(法律文化社，2003年)参照。
[71] *ICC Force Majeure Clause 2003* が起草された当時に参照した UNIDROIT 原則は1994年のものであり，現在はその改訂版が2004年に公表されているが，7.1.7条の内容は全く同じである。

者が現実にその事実につき知らなかったか，もしくは知りうることができなかった場合も不可抗力に該当する可能性がある。また大きな変更点として，テロリズムの行為(act of terrorism)が追記された。一般的条文を拡大解釈することも可能であるが，近年そうした事態が多発しているため条文中に採用された。しかし筆者としてはテロリズムの客観的定義がまだ不明であるため，構成要件を明確にする必要があると思われる。

　また，これらの事象は当事者の履行に関するものでなければならず，原則的に一般的な労働・原材料不足，供給不能は認められない。そのため一般的不足や通信手段の不能等，列挙されていない事態に関する範囲の拡大・縮小は，当事者が事前に協議し合意しておくことが望ましい。供給者・下請の不能については第2項に原則が示されているが，具体的に特定の供給者・下請け・物品等であれば認められる可能性は高い。そのため起草や協議の際，特約とする等により対処が可能である。(d)の当局の行為(acts of authority)については，具体的な事態を想定して列挙し，有責の当事者を明確にしておいた方が好ましい。例えば自国の当局のライセンス等が必要とされるときの入手できないリスクは，原則履行者が負担し，また不履行当事者は発生した損害を最小限にしなければならない。ただしICCのインコタームズ等の規定と整合性を取りながら当事者の責任を事前に明確にしておくことが好ましい。

〈第4条〉　免責を主張する当事者は，できるだけ迅速に相手当事者へその障害と，それが履行に与える影響について通知しなければならず，その障害が消滅したときも同様である，とする。この条文起草の際，CISG第80条(自己の作為，不作為に起因する相手方の不履行)を参考にしながらも，その内容は第1条(a)および同条(c)において十分示されているとして，採用していない。適時に通知がなされなかった場合は，損害賠償責任だけではなく，発生から通知するまでの分は免責条項を主張できない。

〈第5条〉　免責が認められた場合，第6条の制限において，損害賠償責任だけでなく，契約上その他の制裁および全ての義務を負っていた未履行部分も免責される。

〈第6条〉　不可抗力に該当する事象が一時的な場合には，第4条および第5条の適用はその一時的な期間にのみ効力を有することとなる。その場合でも当然に相手方に通知する必要がある。

〈第7条〉　不可抗力を主張する当事者は，履行を妨害する事象から発生する影響をできる限り最小限に抑制する義務を負う。

〈第8条〉　履行を妨害する事象の存在期間が実質的に契約当事者の期待を満たせないほど長期間継続した場合には，他方当事者へ通知後の合理的期間経過後に契約を終了する権利があるとする。この場合，当事者は個々の取引に応じて契約を終了できる猶予期間を事前に特定することが望ましく，期間明示なき場合は，合理的期間(reasonable period)として個々の取引状況により解釈される。このように不可抗力の効力について，二段階に分けられる構成は，UNIDROIT 原則第7.3.1(契約の解除権)と同様である。

〈第9条〉　ここでは不可抗力が認められ第8条の規定により契約が終了した場合，契約終了までに相手方当事者の履行により便益(benefit)を得た場合，それを相手方当事者に返還しなければならないとする。これは不可抗力による契約終了に伴う原状回復利益の明文化といえる。ウィーン売買条約等他の法体系においては，契約終了の結果，当事者は原状回復しなければならないことが多いが，1985年版では，この原状回復は明記されていなかったが，2003年版により両当事者は履行から生ずる不当利得に関して公平となるよう明文化されている。

6　契約条項の組み入れ

条項の内容に関する検討も重要であるが，それが契約条項として認められるための手続も同様に重要である。契約条項の効力を主張するためには，それが有効に契約に組み入れられていなければならず，この点についてイギリスの判例・学説上ほぼ異論がない。[72]条項が契約に組み入れられる方法は具体的に次の四つがある。[73]第一は，条項内容そのものが商慣習化しているとき。第二は，約

款条項を含む書面に相手当事者が署名したとき。第三に，単純に交付された文書や掲示等に約款条項が含まれ，その存在について合理的な通知がなされているとき。第四に，契約当事者間で当該条項に基づいて継続的取引関係が存在するとき。以下見ていきたい。

　第一の場合，英法上，一方的に有利な慣習に効力は認められないとされる。[74] 第二の場合，契約文書への署名さえあれば，内容の知・不知に関係なく，詐欺や不実表示が存在しない限り，これに拘束されるのが原則であり，この方針は基本的に維持されている。[75]しかしこの原則は20世紀前半まではかなり厳格に適用されてきたが，現在では一つの原則とされるに留まり，署名があるからといってそれだけで文書に含まれる契約条項が完全に拘束力をもつとは限らなくなってきている。[76]

　第三の場合，その内容を契約締結前，もしくは契約締結時には相手が十分知りうるようにするため，通知は合理的に十分な方法で行わなければならない。その際，契約締結時の状況，一般的認識や期待だけではなく，通知の手段や場所の適切性，条項の入手の難易度，条項内容の読み易さ，通知を妨げる要因，その他の個別的事情が全般的に考慮されなければならない。とくに相手方の権利を広範囲に制限するような条項については，それだけ一層，明確な通知が要求される。[77]

　第四の場合，当事者間の従前の同種取引において繰り返し同一条項が契約に組み入れられていた場合，その継続的取引関係ゆえに当該取引の組み入れを認めようとするものであり，学説も一般にこれを承認している。[78]現在の立場は，

---

[72] Michael P. Furmston, *Cheshire, Fifoot and Furmston's Law of Contract*, §6.1 B (14th ed. 2001).

[73] 河上正二，前掲注25，5頁。手続，分類の詳細については次の文献参照。Richard Lawson, *Exclusion Clauses and Unfair Contract Terms*, Ch. 1 (Incorporation of Exclusion Clause) at 3-33 (6th ed. 2000); Paul Richards, *Law of Contract*, Ch. 8 (Exemption Clause) at 139-177 (5th ed. 2002).

[74] 河上正二，前掲注25，6頁。

[75] 同書14頁；Furmston, *supra* note 72, §6.2. A at 145-148.

[76] 河村正二，前掲注25，21-22頁。

[77] 同書38頁。

[78] 河上正二「英法における免責条項の個別契約への「組み入れ」と「通知」の法理（二・完）」法学論集第1巻第1号100頁（千葉大学，1986年9月）。また Philip H. Clarke, *Incorporating Terms into a Contract by a Course of Dealing*, 1979 J. B. L. 23 も参照。

長期的で一貫した取引が，免責条項が組み入れられる条項に基づいて行われている場合，通常の組み入れの手続がとられていないときでさえも，その条項は組み入れられているものと判断されることもある[79]。特に考慮すべき点は，第一に，反復した一連の継続的取引関係が存在していること。継続的という解釈において，回数等の基準は明確ではないが，認められた事例では，かなりの頻繁さが要求される。第二は，取引行為の一貫性。条項を取引基礎におくという点で，約款利用者は常に一貫した態度を示さなければならない。第三に，従前の取引における通知手段が適切なものであったこと。これらから，イギリスにおける免責条項の組み入れについて，次のように整理できる[80]。

(1) 相手が条項の存在を現実に認識し，これに同意を与えているとき，原則として条項の組み入れが認められる。

(2) 契約時に相手が条項の存在について現実的認識がない場合においても，条項が含まれる文書に署名することにより，原則同意したものと推定される。

(3) 上記(1)，(2)以外の場合，相手が特別な事情によって契約時に条項の存在を認識していたと推定されるときに限り，組み入れが認められる。特別な事情とは，条項に関して合理的かつ十分な通知が存在していたこと，商慣習等から共通の了解が当事者に存在していたこと，従前の継続的取引関係から当該取引がその条項を基礎として行われていると推定できること，がある。

(4) 上記(1)～(3)に該当する場合であっても，特異な条項，追加的な変更は，具体的な条項内容について特別な通知が存在しない限り認められない，とされる。

---

[79] Guenter H. Treitel, *The Law of Contract* 201-202 (11th ed. 2003). ここでは判断基準として，商取引における有効性基準(Business Efficacy Test)が取り入れられており，実務的必要性に基づいて法理論が形成される傾向を感じる(*Id.* at 202-203)。その他契約条項の組み入れに関しては，*Id.* §7. Sec. 1 (Express terms) at 191-201 参照。

[80] 河上正二，前掲注 78, 105-106 頁。

7 | 不可抗力条項の起草

　以上，不可抗力条項の検討から，その起草についての留意事項について売主・買主の双方にとって公平な観点から以下，考察していきたい。

　第一に，"Act of God"については，主要な制定法だけではなく，下位の規則や命令・指導等の行政当局のあらゆる行為を含むこと明示しておくべきである。例えば，形式的には曖昧に取れるような規制等で直接的に明確な罰則や行政上の処分対象にならないものでも，その影響が明確でないだけにより一層実質的な影響力をもつ規則・指導等は現実に存在し，そうした曖昧な行政上の指導も公権力の行使に該当すると解釈可能なように，できる限り事前に明文化すべきであろう。つまり，現実に問題となった際には個々の具体的事例に基づき判断されるが，重要なことは解釈可能な余地を確保しておくことである。

　第二に，「および契約上の履行を妨げる売主の支配を超えるすべての事態」といった具体的事態の列挙に続く一般的文言(general sweeper up formula)は慎重に利用しなければならない。これはその直前の具体的事態を拡大するのではなく，制限することになる場合があるからである。例えば，具体的事態だけの場合は単に履行を妨害したり，遅延させたりすることがあるが，後続する一般的文言があると，それに加えてさらに支配を超えるもので，かつ妨害するものでなければ認められない，との二重の要件が課せられていると解釈される可能性がある。そのためイギリスを準拠法と指定したり，そう解釈される契約においては，一般的表現を利用することは好ましくない。[81] そのため "and but not limited to other contingencies" 等の文言で解釈に限定されないよう明確にし，その相違を売主・買主双方が明確に認識し，付記することが望ましい。

　第三に，商品によっては契約の物品，仕入先等について，特定物の場合においてはその旨「特別である」ことを強調し，可能な限り具体的かつ詳細に明示

---

[81] 同書113-114頁。

し売主・買主の双方が正確に内容を認識しておくことが好ましい。アメリカUCC，CISG等の規定を法学的見地からすると，特定の商品，特定の取引相手先を具体的に明示し，代替的履行が困難であればあるほど，不可抗力が認められる可能性が高まる，といえる。しかし一方で商学的見地からすると，本質的に取引先企業や商品内容の詳細・ノウハウに関する情報は商業上の秘密(trade secret)であるため，契約書等において明示することは，法的リスク対策にはなるが，反比例して商学的なリスクは高まることとなる。必要最小限の情報を明示することを原則とし，現実的には取引相手やタイミング等の状況に応じて適切に対応することが大切である。

第四に，不可抗力に関する通知期日について，どの程度の詳細まで内容を通知すべきであるのか等，通知に関する手続と内容について，具体的に取り決めておくべきである。例えば協会約款の一つであるGAFTA[82]の契約書式No.100の第24条では，Faxによる通知を禁止している[83]。

第五に，契約終了の結果，未履行の義務は免除され，その他の契約上の義務および付随する制裁等も免除されることを明記しておくべきである。CISG第79条では，不可抗力が認められた場合，その損害賠償責任は免除されるが，それ以外の義務は何ら影響を受けないとされているため，他の全ての契約上の義務をも免除されることを明記するべきであろう。

第六に，契約解除権に関して，売主として不可抗力条項を作成する場合，事態が不可抗力に該当すれば，不履行当事者も契約を解除できるように取り決めておくのが好ましい。ICCモデル契約書では，売主買主の双方がともに契約解除は可能であるが，CISG等では被害当事者のみ契約解除権があるとされる。そのため法的に不履行当事者にも契約解除の選択権を認めるべきであろう。

また不可抗力条項の起草にあたり，基本的認識として，次のことを確認して

---

[82] GAFTA; the Grain and Feed Association. 穀物の国際取引に使用されることの多い標準書式の一つとして代表的なもの。ここでは品質，支払い，保障等の条項について標準契約書式(standard forms of contracts)として約80種類ある。詳しくはウェブサイト参照(http://www.gafta.com/)。

[83] McKendrick ed., *supra* note 7, at 91.

おくべきである。[84]

　まずイギリス，アメリカにおいて不可抗力条項の有効性は判例上も是認されていること。そのため当該条項自体の有効性については問題にはならず，その内容について，つまり起草内容が重要であるということ。国際取引の形態は近年，特に複雑かつ多岐にわたっており，それゆえ契約書自体の起草が難しく，あらゆる事態に適応できる条項の作成は現実的に困難である。そのため不可抗力条項についても，従来の内容をそのまま機械的に用いるのではなく，自己の立場や個々の取引状況を十分に反映して作成することが重要である。売主の場合であれば，商学的リスクの許す範囲で詳細に事態を明確にしたり，また買主の場合であれば不可抗力条項を故意に作成しなかったり，代替履行を確保する規定をおく等が考えられる。[85] また不可抗力条項の本質的性格から，取引契約を継続するか否かという結果となるが，こうした all or nothing，二者択一的な条項だけではなく，契約内容を合法的に調整した形で取引契約を継続するような条項，例えば Hardship 条項や Escalation 条項の役割が今後重要になってくるはずである。商学的見地からすると，中間的な存在である「調整する条項」を不可抗力条項と合わせて採用することが重要な起草戦略といえるであろう。

---

[84] 本林徹，前掲注6, 151-156頁。
[85] 「不可抗力条項は慎重に起草されなければならない。なぜなら状況の一部を想定した標準条項は，他の条項では問題の解決よりもさらなる問題を生じさせることがあるからである」(Bernard J. Cartoon, *Drafting an Acceptable Force Majeure Clause*, 1978 J. B. L. 230, 232)。標準取引条項は，規格商品の大量生産の割合が進むにつれて起草コストを削減できる利点が多いため，現在においてもその実務的な利便性から広く利用されている(T. Antony Downes, *Textbook on Contract* 266 (4th ed. 1995))。しかし経済の成熟段階，いわゆるポスト工業化社会においては，技術的水準が高く個性豊かな商品，つまり付加価値の高い商品が求められるため，多品種少量生産の傾向にあり，今後もその傾向は継続し，むしろ加速度的に進行するであろう。そのため標準条項も個々の取引事例に応じて取捨選択し，最適な取引条項を作成することが重要になる。契約と約款については，特集「契約と約款―意思と規制」比較法研究第49巻(1987年)に詳しい。また未来においては，大量生産とカスタム(受注)生産，高付加価値生産を同時に実現可能な「マス・カスタマイゼーション」取引が主流となり，大量生産と個別生産は対立するものではなく，協調するものである，との予測もある(根本忠昭「経済教室「量産」と「受注」を満たす生産へ」日本経済新聞31面(1997年4月23日))。

8 商学的見地からの免責約款の意義

　予想外の後発的事態が発生した場合，フラストレーション理論や不可抗力条項により，契約上の履行を中断・終了するが，取引当事者の本来の意図はどこにあるのであろうか。市価変動に応じてクレームを申し立てる一部の不心得者を除き，現実には当事者は取引の契約関係を維持し，状況の変化に応じて柔軟に修正を望んでいることが大半である。[86] 商学的な観点からすると，予想し得なかった損失についてもっとも合理的な解決方法は，発生した損失は両当事者で共有する，いわゆる痛み分けすることが原則であろう。[87] そうすることにより，逆に以前より信頼関係が深まり，その後取引が増加するかもしれない。また業界内の評判を呼び，全体的な取引も増加する可能性は十分ある。「法と経済学」の観点からすると，当事者の意図が明示されていない場合，その発生リスクを防止・回避・軽減・付保できる当事者（最安価損害回避者）が負担することが合理的である，とされる。[88] 裁判所がそうした「法の経済分析」の手法をある程度採用し経済的合理性のある判断をするよう努力しつつあるが，根本的にイギリスの裁判所は契約内容を調整する権限は付与されておらず，その機能は当事者のために契約を作成することではなく，作成された契約書を解釈するにすぎない。[89] そのため商取引の当事者自治の原則により，きわめて厳格であるフラストレーション理論に優先するよう，国際商取引においては不可抗力条項が頻繁に利用されている。アメリカでも伝統的に免責の事例について，裁判所は二者択

---

[86] Schmitthoff, *supra* note 28, at 82.
[87] Comments, *Loss Splitting in Contract Litigation*, 18 U. Chi. L. Rev. 153, 157(1950-51).
[88] Richard A. Posner, *Economic Analysis of Law*, §4. 1 at 105（6ᵗʰ ed. 2003）.
[89] Schmitthoff, *supra* note 28, at 82-83. Schmitthoff は，これはイギリス商事法における欠陥であり，改善していくべきであると述べている (*Id*. at 91)。裁判所が修正できる国，できない国等については，*Id*. at 83-83 参照。筆者はあまり裁判所が積極的に調整することには賛成しない。根拠は，裁判所はあまり積極的に介入すべき立場ではないと考えるからである。そのため裁判所の役割は，特に私法分野においては，あくまで当事者の意思を明示黙示にわたり探求する立場を堅持し，その範囲内ですべきであり，逆に言うと，その範囲内でかなり実行力ある解決方法は見出しうるものと考える。ただし判決という形ではなく，裁判上の和解等において積極的な役割を果たすのであればより好ましい。

一的な判断を下してきた傾向がある。しかしこの判断には，次のような問題点が指摘されている。[90]第一に，現実的に望ましい結果を導くため，既存の理論を無理に拡大解釈すること。第二に，一方の当事者にのみ不相応な利益や損失をもたらしやすいこと。第三に，善意をもって契約の修正をもとめる当事者を消極的にさせてしまうこと。第四に，買主が勝訴しやすい傾向にあるということ。この第四については，法の経済分析の「最安価損害回避者」という観点からは認められている。しかし1980年のAlcoa事件において[91]，この二者択一的な判断を否定した。しかし，この事例においても裁判所の判断に次のような問題があるとの批判が多い。[92]第一に，裁判所は当事者のために契約書を作成しない，という原則に反すること。第二に，契約の安定性を損なう可能性があること。第三に，前例がなく説得力ある根拠に乏しいこと。第四に，司法が統率力を持ちすぎる懸念が生ずること。

以上のような問題点が指摘されているが，商取引の現実的な観点からすると，商取引は両当事者の関係を継続的に保持することに大きな意義がある。そのためその関係を柔軟に保持しつつ，現実の変化に適合するよう契約を修正することは，契約関係の重要性と訴訟外における修正合意の両方を可能にすることとなる。裁判所は契約を再作成するのではなく，予想外の後発的事態により生じた両者の認識と現実の乖離(gap)を埋めることが仕事であると考えられる。[93]そして裁判所が導く契約の修正は，紛争解決のための柔軟な方法を提供することとなる。[94]このように裁判所は契約を修正するという方向にわずかに傾きつつあるといえるが，商学的見地からどう考えればよいのだろうか。

---

[90] Comments, *Court-Imposed Modifications: Supplementing the All or Nothing Approach to Discharge Case*, 44 Ohio State L. J. 1079, 1080-1087 (1983).
[91] Aluminum Co. of America v. Essex Group Inc., 499 F. Supp. 53 (D. C. Pa. 1980). 事件の概要および関連する論文は多数あり。Robert S. Summers & Robert A. Hillman, *Contract and Related Obligation* 973-975 (4th ed. 2001)等参照。なおこれは近年アメリカの裁判所が契約条項の修正を命じた唯一の事例であるとされている。
[92] Comments, *supra* note 90, at 1092-1097.
[93] *Id.* at 1098.
[94] *Id.* at 1102.

商学的見地からすると，継続的な取引関係をできるだけ維持し，長期的に利益を享受する関係が望ましいものであると考えているであろう。逆に言うと法的解決を求めるということは，その後の関係を途絶することを意味し，それが望ましい，また不心得な当事者も現実に存在する限りは商取引の安全な履行における究極的な担保としての役割を法が担うことになる。しかし現実の商取引においては，圧倒的少数であり，ほとんどが同一業界内の継続的取引である。そのため，当事者の立場からすると，状況の変化には柔軟に対応したい，と考えているであろう。そのため，予想外の後発的事態の発生について，契約を終了させることにより契約上の義務および損害賠償責任を免除する，という不可抗力条項だけではなく，むしろ商学的見地からは，契約を調整する条項を積極的に取り入れることが現実的な方法ではないかと考える。つまり困難な事態が生じた場合には両者が契約内容を再協議することを主たる目的とする Hardship 条項，損害賠償額に上限を設定する Limitation 条項，状況に応じて価格を調節する Escalation 条項，特別に禁止的事項について定めた Prohibition 条項等について，それぞれの条項の性質を理解・区別し，各条項の役割を十分に理解した上で，個々の取引に応じて最適な条項を作成することが重要である，という認識を持つことが大切である。特に Hardship 条項については，従来からエネルギー産業等の長期供給契約においては，頻繁に利用されている。これは一般に，当事者が契約締結時に予想できなかったり，または予測可能であってもあえてそのためのリスク回避措置を契約中に講じておかなかったような事情変更の事態が発生した場合，契約どおりに債務を履行することにより契約当事者が各自その契約を通じて取得する利益に著しい不均衡を生ずることとなったとき，その不均衡を是正するための契約内容の修正を行うことについて交渉する合意の約款である，とされる。[95]また事情の変更によって当事者の義務の当初の均衡が根本的に変化した場合に契約の修正を定める条項である，ともされる。[96]またこれは，対象となる事態に関する規定と，その事態が

---

[95] 岩崎一生「事情変更による契約の解除」国際商事法務第19巻第2号216, 220頁(1991年2月)。

発生したときのとられるべき手続に関する規定から構成されている。この条項のもっとも特徴的な点は，当事者に再交渉義務を課すことにある。これはあくまで交渉することの事前合意であり，合意する義務を課すものではない。そのため本質的にこの条項は最終的な拘束力という点では弱く，それゆえ合意に至らない場合には仲裁もしくは訴訟等の制裁規定を定めるべきであるとされる[98]。また ICC からモデル不可抗力条項・Hardship 条項が出版されているため[99]，これを基礎として，個々の取引に適合するよう修正して利用することも賢明である[100]。

　後発的事態の発生による履行不能に関する条項として，本質的に契約を解除する効果をもつ不可抗力条項があり，本章ではそれについて判例・学説を中心に法学的な検討を行ってきた。その結果，法学的リスク対策として，具体的詳細な内容を契約書に明記することが好ましいことが導かれた。しかし商学的な観点からすると，取引内容の必要最小限以上の情報を開示することは，商売上の秘密を公開することになってしまうため，その程度については本質的に限界がある。つまり取引内容の明示は，法学的リスクと商学的リスクがトレードオフの関係にあるため，効果的な対策とは本質的になり得ない。国際商取引においては従来から特約という形で，不可抗力条項が起草され頻繁に使用されているが，本質的に予想される全ての事態を列挙し得ないこと，当事者の意思や文言の解釈において誤解が生じやすいこと，さらに不可抗力条項はその効果が契約終了させることにあるため，商学的に効果的な解決手段となり難いことがあ

---

[96] 多喜寛「長期国際契約と事情変更」JCA ジャーナル第27巻第8号2頁（1980年8月）。
[97] Schmitthoff, *supra* note 28, at 85. この条項が認められるためには，①当事者の支配できない範囲のものであること，②根本的な性質のものであること，③予見できなかったこと，の要件を満たさなければならない。この三要件は，ほぼ不可抗力条項と同等であろう。
[98] *Id.* at 87. これらの制裁規定がなければ，Hardship 条項は欠陥である，という意見さえある。不可抗力条項および Hardship 条項の起草に関する基本的な技術的文献として，岩崎一生『英文契約書――作成の理論と実務』153-159頁（全訂新版，同文舘出版，1998年）参照。
[99] *ICC Force Majeure Clause 2003 ICC Hardship Clause 2003* (ICC Pub. No. 650, Feb. 2003).
[100] 長期国際取引契約書の作成については，特集「シンポジウム：長期国際取引契約書の作成方法」国際商事法務第7巻第10号471-532頁（1979年10月）；澤田壽夫「UNCITRAL 工業施設建設契約リーガルガイド免責（Exemption）と履行困難（Hardship）条項［上］［下］」国際商事法務第12巻第5・6号（1984年5月，6月）参照。

現実の商取引においては，取引契約を継続的に維持することで長期的な利益の享受を望んでいる。そのため商学的な見地からすると契約の解除だけでなく，契約の修正による商取引の継続を可能とするような調整条項の整備がより重要である。具体的には契約条項の修正の協議を目的とするHardship条項，その他継続を主とする条項につき，個々の取引状況に応じて効果を高めるよう，総合的な観点から利用すべきである。

　契約関係が長期間にわたって継続される場合には，非公式な関係の方が公式な合意よりも重要な影響力を持つ。長期間にわたる人的つながりは，ビジネスであれ個人的なものであれ，厳密に縛られていることは好ましくなく，また本質的に私法に関することは強制が困難である。当事者は規制ではなく，関係をコントロールする非公式なものに頼ることが望ましい[101]。長期的な経済的利益を享受するという商学的観点に軸足をおき，法理論的な検討からその限界をよく理解した上で可能な範囲で契約書に明記することにより法的リスク対策を行い，最終的な解決は再協議や訴訟外による合意も含めた商学的解決が可能となる手段を確保することが重要である。

---

[101] Robert D. Cooter & Thomas S. Ulen, *Law and Economics*, §6. Ⅱ. G at 225-226 (4th ed. 2003).

第7章
アメリカにおける代替的紛争処理制度

　国際商取引において何らかのトラブルが生じた場合，そのほとんどが当事者間による和解交渉によって解決されているのが現状である。しかし当事者間による交渉で問題を解決できない場合には，何らかの第三者機関を利用することとなる。具体的には斡旋，調停，仲裁，訴訟等があるが，近年アメリカでは，訴訟以外の紛争解決制度が急速に発展・整備されてきている。これらは訴訟による紛争解決ではなく，訴訟に代替するということから，代替的紛争処理制度(Alternative Dispute Resolution; ADR)とよばれる。本章において近年急速に発展しているアメリカにおける代替的紛争処理制度について，商学的な観点からその有効性について考察していきたい。

1 ｜ 代替的紛争処理制度の内容

　代替的紛争処理制度とは，訴訟に代替する訴訟外の紛争処理制度をいう。[1] 国際商取引における紛争を処理する国際的司法機関が存在していない現在，その解決する制度は，その主体により主権国家が運営する裁判所における訴訟と，

---

[1] 浅田福一『国際取引契約の理論と実際』387頁(同文舘出版，1996年)。その分類には諸説あるが，一般に交渉(negotiation)は，第三者が介入しないという点でADRには含まれない(Steven Shavell, *Alternative Dispute Resolution: An Economic Analysis*, 24 J. Leg. Stud. 1 n.1(1995))。またアメリカのニュージャージー州では，これらの制度は"Trial"に代わるのではなく，補完するものだという考えからADRではなく，CDR(Complementary Dispute Resolution)をいう文言が用いられている。近年のアメリカにおけるADRおよび民事訴訟の実態については，財団法人法曹界編『アメリカにおける民事訴訟の実情』(法曹界，1997年)参照。

私人や私的機関による訴訟外の制度(ADR)に大別される。この概念は、アメリカでは"Trial"(事実審)以外の紛争解決制度を意味している。民商事紛争の解決制度としては、訴訟が代表的であるが、歴史的には訴訟外による紛争処理制度の方が古く、調停の歴史は人類の歴史と同じくらい古くから行われているといわれている。古代ギリシャでは紀元前8世紀頃には地域社会の長老が仲裁人となって私的紛争を処理しており、アテネでは紀元前403年には商事紛争に関する仲裁制度が整備されていたとされている。

一方、近年急速にアメリカで発展・整備されつつある ADR は比較的新しい。もともとは1960年代以降、裁判所での訴訟遅延と訴訟費用の高騰化が顕著になるにつれ、訴訟による紛争解決に対する信頼が低下し、その原因である裁判所の著しい混雑を改善するため、より簡易で形式的でない紛争解決手段が模索され始めた。その潮流の一環としてアメリカ連邦司法省の指導のもと、1964年の Civil Rights Act による地域関連サービス(Community Relation Service)が推進され、パウンド会議(Pound Conference)が開催された1976年以降、ADR が本格的に定着した。この会議では訴訟に代わる新たな紛争解決制度が提唱さ

---

[2] 岩崎一生「国際取引と訴訟外紛争処理制度」法律のひろば第41巻第4号26頁(1988年4月)。
[3] 林田学「アメリカにおける ADR の現状―その序論的スケッチ」上智法学論集第35巻第1・2合併号18頁(1991年6月)。しかしイギリスでの ADR はアメリカのそれと異なり、仲裁を含まず主として調停を意味するという(Andrew Watson「Alternative Dispute Resolution in Britain: Present and Future」法政理論第26巻第3号147頁(新潟大学、1994年)。イギリスにおける ADR については、Dennis Cambell ed., *Dispute Resolution Methods* 151-180(1994)参照。
[4] Christian Bühring-Uhle, *Arbitration and Mediation in International Business* 274 (1996).
[5] 岩崎一生「国際取引と訴訟外紛争処理制度―米国における ADR の動向とその影響[上]」国際商事法務第14巻第10号748頁(1986年10月)。
[6] William F. Fox, Jr., *International Commercial Agreements*, §8.2 at 286 (3d ed. 1998); Peter Stein, *Legal Institutions: The Development of Dispute Settlement* 17 (1984). 仲裁制度の歴史については、森井清『国際商事仲裁』15-22頁(東洋経済新報社、1970年)参照。
[7] 稲葉一人「アメリカ連邦裁判所における ADR の現状と課題(一)」判例時報第1525号7頁(1995年6月11日)。
[8] パウンド会議(The 1976 National Conference on the Causes of Popular Dissatisfaction with the Administration of Justice, April 7-9;司法運営に関する一般的不満の原因に関する会議)は、合衆国司法会議、州最高裁長官会議、アメリカ法曹会議の共同開催という形で行われた。ADR が一つのテーマとして取り上げられ、Harvard 大学の Frank E. A. Sander 教授により、後に説明する"Multidoor Courthouse"の概念が提唱された(野村美明「アメリカにおける裁判外紛争処理」北大法学論集第42巻第4号1067頁(1992年3月))。

れ，全米に地域(community)を基盤とした非営利型 ADR が普及し，その後商業ベースで紛争解決サービスを提供する営利型 ADR 企業が多数出現した[10]。代替的紛争解決は，①法的紛争が全ての紛争当事者(disputants)の利益のために裁判所以外で解決されることを認め，②訴訟の費用と遅延を減少させ，③裁判所に提起される可能性のある紛争を未然に防止する，という三点を目的とする一連の慣行と手段である，と定義される[12]。元来，ADR は裁判所の訴訟手続以外で実施される私的かつ任意の紛争解決手続を意味し，文字通り伝統的な訴訟手続に代替するものと位置づけられていた。しかし 1980 年代に入り ADR の有用性が社会的に認知され，訴訟事件の急増による裁判所の過重な負担を軽減することが国家的な課題になってきたことから，対立概念であった訴訟手続自体が ADR を訴訟の構成要素の一部分として取り入れるようになり，1983 年改正の連邦民事訴訟規則(Federal Rules of Civil Procedure)第 16 条において，紛争解決のために ADR を公式に認知するに至った[13]。そして連邦レベルでの民事訴訟制度の総合的な改革を意図した 1990 年民事司法改革法(Civil Justice Reform

---

[9] 三木浩一「アメリカ合衆国連邦地裁における訴訟附属型 ADR［上］」国際商事法務第 23 巻第 10 号 1047 頁(1995 年 10 月)。

[10] 大沢秀介「アメリカにおける代替的紛争解決運動に関する一考察」法学研究第 61 巻第 5 号 330 頁(慶応大学，1988 年)。

[11] 報酬に基づき何らかの ADR サービスを提供する企業は，1983 年から 1988 年の 5 年間だけでも 10 倍以上増加したとされている。また非営利型の ADR 期間は 1980 年頃には約 100 団体程度であったものが 1993 年時点では 400 を超えており，急増しているのが現状である(三木，前掲注 9，1049 頁)。現在アメリカで ADR サービスを提供している組織は大小を含めると数千から数万とも言われ，実態は明らかではない(レビン久子「アメリカの最新 ADR 事情(22)」JCA ジャーナル第 44 巻第 1 号 46 頁(1997 年 1 月))。アメリカにおける紛争処理ビジネスについては，林田学「アメリカにおけるリゾリューションビジネス―ADR 会社と訴訟コンサル会社」比較法第 30 号 53 頁(東洋大学 1993 年 3 月)参照。

[12] J. Lieberman & J. Henry, *Lessons from the Alternative Dispute Resolution Movement*, 53 U. Chi. L. Rev. 424, 425 (1986).

[13] 三木浩一，前掲注 9，1047 頁。1983 年改正規則第 16 条 c 項 7 号では，"extrajudicial procedure" と表現されていたが，1993 年改正規則第 16 条 c 項 9 号では，"special procedure to assist in resolving the dispute" と訴訟附属型 ADR を考慮して，より現実的な表現がなされている。

[14] これは司法府が自立的に行っている改革の不徹底さに不満を抱いた立法府が，民事訴訟の肥大化がアメリカ経済の国際的競争力を阻害しているという認識に基づき，訴訟手続の遅延と費用の高騰化の解消を目的とした連邦法である，とされる。この第 102 条では効率的な訴訟運営のため，①事件の性質に適合した処理，②訴訟の早期段階での裁判所の関与，③正式事実審理(trial)前段階における裁判官と弁護士との恒常的コミュニケーション，④適切な事件における ADR の利用，の四原則を示している(野村美明，前掲注 8，1079 頁)。

Act of 1990)が制定され，訴訟附属型 ADR の採用を検討項目として全米 94 の連邦地方裁判所に対して，同法の定めたガイドラインに沿って各地域の事情を勘案した改革プランの作成を命じ，各裁判所は各種訴訟附属型 ADR の優劣について検討を始めた。これらから将来の ADR は，訴訟附属型 ADR を中心に移行するのではないかといわれる。ADR の推進者である Sander 教授は，「裁判所の受理件数の増大に対応するには，紛争処理という観点から，裁判は社会に存在する多様な手段の一つにすぎないことを認識し，紛争の性格，紛争当事者の関係が継続的か否か，訴額，手続コスト，迅速な処理の要否等の基準により，紛争が調停，仲裁，訴訟のそれぞれの最適な手続へ割り振り分けられるべきである」と主張している。

---

[15] これは"Court-Annexed ADR"であり，訴訟手続とは独立して実施される"Free-Standing ADR"とは区別される（三木浩一，前掲注9，1047頁）。これは裁判所に訴訟事件として係属した事件が法律の規定または裁判所の命令によって，裁判所の監督下にある ADR 手続に付され，ADR が訴訟手続の一般的な流れの一部を構成している。"Court-Annexed"とは一般的に ADR 手続が裁判所により規制を受けた状態で用いられていることを意味し，元来裁判所の仲裁制度を民間の仲裁制度と区別するために用いられていたものであるが，現在では裁判所に基礎をおく ADR 手続全般に用いられている。最近ではより幅広い意味を含む文言として"Court-Related"もしくは"Court-Connected"等の表現が用いられている（稲葉一人，前掲注7，14頁）。

[16] Deborah R. Hensler, *What We Know and Don't Know about Court-Administered Arbitration*, 69 Judicature 270 (1986).

[17] 橋本聡「紛争処理の柔軟化と多様化—アメリカ合衆国連邦地方裁判所を例に(1)」民商法雑誌第105巻第3号344頁，364頁(1991年12月)。アメリカでは各州がそれぞれ法制度を有し，連邦にも独自の制度がある。商事契約等に関する紛争は，原則として相手方がもっとも密接な関係を有する州の法律に準拠するが，独占禁止法，証券取引法，特許法，著作権法等の紛争は連邦法に準拠することになる。外国法人は原則として連邦裁判所で訴訟を行うことになる。アメリカの訴訟制度・手続について簡潔に説明されている文献として，マーク・H・アルコット(Mark H. Alcott)「アメリカにおける訴訟」国際商事法務第21巻第10号1156頁(1993年10月)。

[18] この「訴訟の爆発的増加」について，Galanter 教授は次のように反論している。訴訟が過剰か否かの判断は，過去の歴史との比較，他国との比較等十分に検討していないことを指摘し，民事事件1件あたりの審理日数は今世紀初頭と比較すれば，1980年の場合にはむしろ減少しており，裁判官一人当たりの処理件数もそれほど大きな増加はみられないという。理由として連邦司法部の職員が1960年と比較して二倍以上増加している点を挙げている(Marc Galanter, *Reading the Landscape of Disputes: What We Know and Don't Know (and Think We Know) about our Allegedly Contentious and Litigious Society*, 31 U. C. L. A. L. Rev. 4, 37 (1983))。また Kim Dayton, *The Myth of Alternative Dispute Resolution in the Federal Court*, 76 Iowa L. Rev. 889 (1991)も参照。また *Businessweek* at 61 (April 13, 1992)によると，1960年当時と比較すると，連邦裁判所における民事事件の数は約3倍に増加し，州の裁判所では過去6年間で民事事件が400万件以上増加し，1990年の段階では，1840万件になっている。またロサンゼルスの Superior Court では，1940年当時トライアルまでの期間は平均6ヶ月であったのに対し，1990年では平均5年となっている（林田学，前掲注3，19頁）。

ADR を急速に発展させた原因としては、訴訟提起数の爆発的増加(litigation explosion)[18]およびそれに伴う訴訟の遅延と訴訟費用の高額化、訴訟手続におけるディスカヴァリ(discovery)の濫用、陪審制度の不確実性等があげられている。まず訴訟急増の原因となった社会的背景について、次の五つが考えられる。

第一に、産業化の進展による共同社会(community)の崩壊現象が一段と進行したことがある[19]。これにより従来はそのコミュニティ内で解決されていた紛争が内部で解決しきれなくなり、近隣の紛争が裁判所に持ち込まれるようになったことがある。第二に、1960年代以降アメリカにおいて消費者・環境問題などが社会問題化し、現代型紛争が頻発するようになったことがある。裁判所はこれらの対応に追われ未決事件が山積するようになり、またこれらの被害者が弁護士費用を支払えず提訴できないといった問題も表面化し社会問題として拡大したことがある。第三に、車社会の到来がある[20]。裁判の遅延が悪化した1950年代はアメリカが本格的に自動車社会へ移行した時期であり、自動車の大衆化とともに事故が増加し、自動車保険が不十分であったため、事故原因の究明から補償まで全て裁判で解決しなければならなかった。第四に、1960年代からの反体制運動がある。ヴェトナム反戦運動、ウーマン・リブ運動、公民権運動など多くの人々が裁判にかけられた。第五に、1970年代からは薬物が原因となる凶悪犯罪の増加による刑事事件の増加があり、訴訟の遅延が一層、慢性化するようになった[21]。

このような社会的背景から訴訟が急増し、訴訟の遅延が顕在化したのであるが、ADR発展の理由はこれだけではない。根本的に従来の裁判所による法的解決手段に限界があるように思われる。法的な解決は社会における政治的・宗教的・道徳的な規範とは区別された自立的な法規範を前提として、これを維持

---

[19] 吉村徳重「裁判外紛争処理の動向とその分析」法政研究第51巻第3・4合併号712頁(九州大学、1985年3月)。
[20] レビン久子「アメリカ最新ADR事情(1)」JCAジャーナル第43巻第9号38頁(1996年8月)。
[21] 麻薬事件等の刑事事件は、先に審理されることも民事事件遅延の原因伴っている(林田学、前掲注3、19頁)。またアメリカでは1964年の公民権法の発令以来、人種差別は犯罪となり、多くの差別主義者が刑務所送致や罰金刑に処せられた。

しつつ現代の複雑な紛争を解決しようとする。訴訟の処理件数の膨大さから致し方ない面もあるが，現代の複雑な紛争について，その背景を十分に考慮しえないまま従来の法規範を基準として，紛争を文字通り「解決」することが，真の解決につながらず，信頼性の低下を招いているのではないか。つまり訴訟が数量的に増加するにつれて，その質的な多様性から現在の司法システムが対応しきれなくなっているのが現状であるだろう。じっくりと司法の判断をその根拠について吟味しながら先例となりうる重要なもの，金額的に少額な紛争，和解で十分解決可能なもの，大雑把でも迅速に判断が求められるもの等，当事者によって迅速性，費用，正義の実現等の優先順位は異なっており，また経済が発達した現在では専門性が高度に細分化したため，知的財産権に関する控訴審は別途設置する等，民事と刑事事件の区別だけでなく，民事においても不動産，金銭貸借，国際関係等の部門別になり，総合病院の診療科制度のような形態が司法制度においても効率的かつ有用な制度となるのではないか。従来の法的解決手段の制度的限界がADRを発展させた原因の一つとしてあるのではないかと思われる。

2 │ 国際民事訴訟の問題点

ADRの急激な発展の原因として，訴訟に関する問題が大きい。ここでは訴訟の問題点について具体的に考えていきたい。国際商取引における紛争解決手段としての訴訟の問題点は大きく次の四つある，とされる。[22]

第一に，裁判管轄権(jurisdiction)の問題。裁判所は当該国の民事手続法規に従って判断されるが，一般に原告・被告の本社所在地等さまざまな基準で管轄

---

[22] Bühring-Uhle, *supra* note 4, at 17-37. その他国際民事訴訟の法的諸問題については，石黒一憲『国際民事訴訟処理の深層』第1-4章(日本評論社，1992年)参照。
[23] アメリカの裁判所は，実際にはほとんど関係がないにもかかわらず，世界のいろいろな地域から頻繁に訴訟が提起されている。それらを却下するための法理としてアメリカでは"*Forum Non Conveniens*"が発達している。この法理の詳細については，中村弘『製造物責任の基礎的研究』317-399頁(同文舘出版，1995年)参照。また国際商取引における裁判管轄権については，高桑昭・江頭憲治郎編『国際取引法(第二版)』69-73頁(青林書院，1993年)参照。

権を決定できる。現実には原告自ら有利な法廷地を求める"Forum Shopping"（法廷地漁り）という現象まで発生し問題になっている。[23] また，たとえ当事者が法廷地について合意がある場合（裁判管轄条項）でも，その有効性を承認する国際条約は現在，存在していないため，それが無条件に認められるとは限らない。[24]

第二に，訴訟手続(Conduct of Procedure)の問題。大きく四点ほどあるが，まず法廷地の中立性(Neutrality of Forum)について。相手国で提訴することは外国人に対する偏見等の地元有利の懸念があり，たとえ判事が完全に公平であるとしても，手続や言語で不慣れな外国人にとっては不利である。また契約書において法廷地を第三国と指定していた場合でも，紛争がその国と関係が薄ければ管轄権がないとして却下される可能性もある。つぎに大陸法と英米法という法体系の相違がある。手続面では，前者では判事が当事者と協力し事実および法的問題を調査するという糾問的(inquisitorial)な形式で行われ，事実問題より法律問題，口頭証拠より文書等の物的証拠が重視される。また事前に提出された文書を中心に証人は一方当事者のものではなく法廷の証人となり，判事が直接質問する。これに対し後者では，受身的な判事や陪審の前で，弁護士が対話的な過程(dialectical process)で事実を示し，判事や陪審はそれを聞いて判断する。歴史的に一般人(common man)は読み書きできないものとされていたため，かつては全ての証拠は口頭で示され，書類を見たりメモを取ることも禁止されていた，という伝統の影響がみられる。また事実審理(trial)は手続全体の重要な点であるため，通常は連続して行われ，手続は事実の解明が中心であり，また証拠収集は当事者が幅広く行い，特に口頭証拠を重視し，事前のディスカヴ

---

[24] 岩崎一生，前掲注5，749頁。多数国間条約によって国際的裁判管轄権の規則を統一する代表的なものとして，EUの「民事および商事に関する裁判管轄権および判決の執行に関する条約(1968 European Convention on the Jurisdiction of the Courts and the Enforcement of Judgments in Civil and Commercial Matters(Brussels Convention；1968年ブリュッセル条約))」がある。これはEU加盟国の増加とともに，1988年にはヨーロッパ自由貿易連合(EFTA)諸国との間で，若干付加修正されたルガーノ条約(Lugano Convention on the Jurisdiction of the Courts and the Enforcement of Judgments in Civil and Commercial Matters)が締結されている（山田鐐一・佐野寛『国際取引法(第3版)』254-255頁（有斐閣，2006年））。

ァリによって相手の証拠を確認することも可能である。また証人への質問はお互いの弁護士が行い、伝統的に判事はあまり介入せず、弁護士が示した証拠に基づいて判断する、という形式で行われる。

またアメリカ特有の制度として、事実審理の前にディスカヴァリ制度(discovery)がある。これは当事者が相手方や第三者の有する証拠やその可能性のあるものについて知識を得る手続をいい、連絡記録、業務記録、その他書類の閲覧と宣誓下での質問という形で行われ、両者が事実審理の準備をするためのものとされる。[25] 初期の頃は全く行われないか、また行われてもごくわずかであった。アメリカでは裁判は、関連する情報がすべて公開された上での事実の探求であるべきであり、重要な情報を隠して勝負する知恵比べではないと考えられ、[26] 両者が収集した事実に関するすべての情報は、適切な訴訟を行ううえで不可欠なものである、という認識がある。[27] この制度はこうした理念に基づき、非常に広範囲にわたる証拠の収集を徹底的して行う制度に発達し、四つの方法が認められている。[28] また当事者は相手方のディスカヴァリの要求に協力的でなければならず、非協力的な当事者には制裁が課される。[29] ただしこのディスカヴァリで要求できる情報は当該事件に関係するものという要件があり、これにより相手の書類を徹底的に調査するという証拠漁り(Fishing Expedition)の防止が意図されている。しかし実際に「関連する(relevant)」という基準が明確でなく、広範に解釈される傾向にあるため訴訟を遅らせる原因となり、現実に深刻な問題であり、訴訟が増加し始めた1960年代からは、証拠漁りの道具に変質してしまっている、といわれている。[30]

---

[25] このディスカヴァリ制度は、1938年理想主義に燃える連邦最高裁調査官らの発案で、連邦民事訴訟規則に取り入れられた(藤田泰弘「訴訟社会アメリカにおける企業戦略―仲裁条項の勧め」国際商事法務第19巻第10号1231頁、1234頁(1991年10月))。

[26] Société Nationale Industrielle Aerospatialle v. United States, Dist. Ct., 107 S. Ct. (1987).

[27] Hickman v. Taylor, 329 U. S. 495, 507 (1947).

[28] 唐澤宏明『国際取引(新版)』334頁(同文舘出版、2003年)。主として①質問状、②書類もしくは物件の提出または工場及び装置の検証、③口頭尋問または質問書による証言取得、④事実について自認の要請、がある。

[29] 松枝迪夫『国際取引法』45頁(三省堂、1993年)。具体的には、①開示請求者の主張通りの事実があると認定される、②反対証拠の提出を禁止される、③非開示当事者の反対主張が削除される、④法廷侮辱罪で罰せられる等がある。

第三に，実体法(準拠法)の問題。準拠法を決定する基準となる各国の国際私法はそれぞれの国家の国内法の一部であるため，世界的な統一法は存在していない。そのため複数の法体系と関係がある国際商取引の場合，準拠法の決定が困難な場合がある。[31]準拠法について，事前に合意があった場合でも認められるとは限らないため，準拠法の予測が困難であり，それゆえ終局的判断が大きく変わる，ということがある。

第四に，外国判決の効力の問題。法廷地で得た判決を外国において承認を求めたり執行する場合，それら判決の承認・執行を義務付ける国際条約は現在存在しておらず，各国主権が独立並存している世界の現状においては，外国判決の承認・執行を容易に認めることは少なく，いずれも厳格な要件を課している。この判決の最終性(finality)と執行力(enforcement)は，商学的観点からすると重要な問題である。

以上のように，国際的な訴訟では，法廷地選択の問題，法体系の相違による問題，準拠法の問題，外国での判決執行力の問題がある。これらの問題は，国際商取引に固有の不可避な不安定要因である。こうしたリスクを回避・軽減するため，商学的観点からすると，正面から法理論による対策を固めることは得策ではなく，現実には法的な論争を当初から回避し訴訟外による解決・和解が選択される傾向にある。

3 代替的紛争処理の利点と問題点

(1) 一般的性質

紛争の解決手段として訴訟によるよりも，紛争「処理」という観点が重要に

---

[30] 極端な例であるが，ディスカヴァリに5年と6400頁もの書類が作成された例もある(Bühring-Uhle, supra note 4, at 31)。この書類作成義務は厳格に要求され，提出可能な書類を準備しない場合にはさまざまな制裁が科される。訴訟に費やす時間と費用の6割をこのディスカヴァリが占め，1988年の調査によると，訴訟当事者の大多数が，この手続を訴訟費用の増大と遅延のための秘密兵器として使用している，といわれている(On Trial, *Survey of the Legal Profession*, Supplement to Economist 12 (July 18, 1992))。

[31] 岩崎一生，前掲注5，750頁；Bühring-Uhle, *supra* note 4, at 34.

なり，訴訟は紛争を処理する手段の選択肢の一つという傾向が強まっている。ADR の目的としては，第一に当事者に不必要な出費をさせない迅速な解決および裁判所の負担軽減，第二に紛争解決過程への地域社会，市民，当事者の関与を高めること，第三に正義の実現，公正な結果の促進，第四に，国民に効率的な紛争解決手段を提供する等がある[32]。また ADR 手続に関する特徴として，次の七点がある[33]。

　第一に，訴訟における和解(settlement in litigation)となることが多いこと。企業間における訴訟の 95％以上が最終的に事実審理(trial)以前に和解している，とされる[34]。そのため裁判所の現実的な役割は，法的拘束力ある判決を下すことではなく，和解交渉の適切な状況を提供し導くことにあるといわれる。

　第二に，当事者自治(party-autonomy)が強いこと。すべての ADR 手続において，当事者が自主的な合意により自由に紛争を解決できるという権利を前提としているため，自由に手続を取り決めることができる。主として ADR 手続に参加すること，決定した方法に従って下された結果を受諾すること，の二点がある。これにより当事者の自意識が高められ，拘束力ある手続と比較して当事者が決定を遵守し，満足感を得られる重要な要因となる。

　第三に，経済的利益を主として判断する(focus on interest)こと。国際商事紛争においては，当事者の利益確保が紛争解決の最終的な目標であるため，当事者の利益が最大となるように交渉可能になる。この利益は権利を含み，権利は利益に影響を与えるが，権利の実現それ自体が目的ではないため，法的に重要でない問題であっても重要な要因となりうる。

　第四に，経営陣の直接的関与(management involvement)が高まること。当事

---

[32] Lon L. Fuller, *The Forms and Limits of Adjudication*, 92 Harv. L. Rev. 352 (1979); Frank E. A. Sander, *Alternative Methods of Dispute Resolution: An Overview*, 37 U. Flo. L. Rev. 1, 3 (1985).
[33] Bühring-Uhle, *supra* note 4, at 268.
[34] *Id.* at 269. また訴訟手続を通して和解を求めていくことを "litigotiation" という。国際商事仲裁の和解による解決の割合は，国内事件のそれが 90％近いことと比較して低調であり，40.6％というデータがある。またその和解もかなり最終段階においてなされているため，迅速性はやや優位であるが，訴訟費用よりも安価であるとは一概に言えないという(Stephen B. Goldberg et al., *Dispute Resolution Negotiation, Mediation, and Other Process*, Ch. 10 (International Disputes) at 550 (4th ed. 2003).

者利益は紛争解決に直接, 権限のある人物が関係することでより一層高まる。営業や法務の担当者だけではなく, 経営幹部のより大きな商学的観点から法的, 経済的問題について, 利益, 優先度, 将来の取引戦略等弁護士よりも責任ある見識をもった企業幹部が交渉に直接参加することにより, 諸問題を総合的に検討し, より迅速に建設的な結果が得られる可能性が高くなったといえるだろう。

　第五に, 手続が敵対的(adversarial)でないため, 両当事者に不必要な損害を与えることなく紛争の根幹について話し合うことが容易になる。

　第六に, 秘密の保持(confidentiality)に有利である。私的な紛争について紛争の存在自体, 解決内容, 交渉過程での商取引上の秘密(trade secrets)は保護されることになる。

　第七に, 関連コスト(transaction costs)の削減になること。紛争の種類により異なるが, 投入する時間や手続コスト等の直接的費用, 従業員の時間や労力, 取引関係の破綻による損害, 将来の取引機会の喪失等の間接的費用という点において, 総合的な費用削減に寄与すると考えられる。

(2) ADR の各種手続

　近年アメリカでは多岐にわたる手続があり, 以下裁判所主導のものとして(a)から(d), 私的なものとして(e)から(i)まである。[35] 以下簡潔に説明する。

(a) Court-annexed arbitration(裁判所附属仲裁)

　裁判所に提訴した中で, 紛争の種類や訴額が一定の要件に該当するものは原則強制的に付される。ただし裁定の効力は原則的に拘束力がなく, 不服の場合には一定期間内に正式裁判を申し立てることが可能であり,[37] 仲裁手続の過程お

---

[35] 樋口範雄「ADR (代替的紛争解決)」法学セミナー第459号10頁(1993年)。具体的な手続は各地域により若干異なっているため, 一般的な手続を紹介する。

[36] 対象事件の種類は, 人身障害, 財産権侵害, 契約違反等があり, 訴額については5万から15万ドルを対象とし, 一般に州よりも連邦の方が高額に設定されている(三木浩一「アメリカ合衆国連邦地裁における訴訟附属型ADR(下)」国際商事法務第23巻第12号1345頁(1995年12月))。

[37] 仲裁審理が開始された事件で, 10の先導裁判所のうち8において過半数の事件が裁定を不服として正式裁判が申し立てられている。ただしその場合でも, trial 前にほとんどの事件で和解が成立している(同書, 1347頁)。またアメリカで連邦地方裁判所に提訴された事件が trial に至る比率は, 5％以下である。

よび結果は考慮されない。ただし正式裁判を申し立てる場合には仲裁人報酬と同額の供託が要求され，正式裁判の結果が仲裁裁定よりも有利でなかった場合には供託金は没収され，さらに罰則が課されることもある。この手続の歴史は，訴訟当事者が合意に基づいて仲裁人を選任することを認めた1705年法に始まるが，州レベルでは1958年からフィラデルフィアにおいて本格的に開始され，連邦レベルでは1978年に三つの先導裁判所(pilot courts)で運用実験が開始された。具体的には該当事件は被告の答弁書が提出された後，書記官から両者に仲裁に付託される旨通知がある。仲裁人は弁護士または退職した裁判から選任され，この通知から仲裁審理開始までの期間は約3～6ヶ月で審理期間は数日，裁定も審理終結から数日以内に出される。この手続と私的仲裁との相違は大きく三つある。第一に，私的仲裁は当事者の合意に基づくものであるが，裁判所附属型の多くは強制的に行われること。第二に，私的仲裁は拘束力を有するが，裁判所附属型には拘束力がない。第三に，裁判所附属型は状況により職権で仲裁付託を取り消すことが可能であるが，私的仲裁は原則不可能である。この目的は，和解の促進ではなく，紛争当事者に簡易で迅速な訴訟を提供することにある[38]。

しかしこの手続に対して，憲法違反を中心とするいくつかの批判がある[39]。第一に，連邦憲法修正第7条の陪審裁判を受ける権利の侵害ではないかというもの。これについて判例では，正式裁判を求める権利が留保されている限り問題ないとする。正式裁判を申し立てた場合に課される可能性のある罰則(penalty)についても，合理的である限りは陪審裁判を受ける権利を侵害していない，としている。第二に，適正な手続による聴聞の機会を奪うのではないか，とする連邦憲法修正第5条のデュー・プロセス(due process)条項に反するという批判。

---

[38] あるアンケート調査によると，紛争解決費用の削減効果については，Trialに至らなかった場合には68％の弁護士がその効果について認めているのに対し，Trialに至った場合には逆に60％の弁護士が費用削減にならなかった，と回答している。裁判所の負担軽減については，97％の裁判官が軽減したと回答している。また手続全般について，当事者の80％以上が強制仲裁の手続および現実の審理も公正であったと回答している(三木浩一，前掲注36，1347頁)。
[39] 同書1352頁注132。

これに対して，仲裁裁定が拘束的で裁判所による審理の機会が完全に奪われていない限りは問題ないとされる。第三に，強制的な回付は特定類型の紛争や一定金額以下の場合のみ適用されるため，平等権の侵害になるのではとする批判。これには適用対象が合理的な理由で限定されている場合には問題ないとされる。第四に，司法権を裁判官のみに付与した連邦憲法第3条に反するのではないかという批判。これも正式裁判が留保されている限り，憲法が定めた権力の分配を侵害するものではない，としている。

(b) Summary Jury Trial(略式陪審審理)

これは1980年に考案され，過大な期待を抱きがちな当事者に合理的な判決の予測を与え，無駄なTrialを回避し，和解の推進を目的としている。手続要件や実施手順はTrialとほぼ同じで，Discovery, Pre-trial Conference等が終了した段階で当事者の申し立てまたは裁判所の職権で移行される。長期間の陪審裁判が予想される事件でtrialの準備が完了した事件において，主として当事者が陪審の下す結果の予測について相当異なった見方をしている場合に，和解を促進するよう構成されたものである。[40]この手続は国際事件を含む全ての民事訴訟で用いられ，複数当事者，複雑なもの，大規模な不法行為事件等で用いられている。裁判官が主となって行い，陪審員の選定手続はTrialとほとんど同じであるが，陪審員候補者に対する忌避が若干制限されている。評決に強制的な拘束力はなく，弁護士は陪審員の面前で法廷外供述の要旨を読み上げ，要約されたそれぞれの主張を陳述する。証人を在廷させての尋問は一般に行われない。裁判官はその後陪審員に通常よりも簡略な説示をし，陪審員はあくまでも勧告的意見で拘束力はなく，この評決を参考にしてすぐ，または一定期日後に和解協議が行われる。仮に和解が不調となっても，当事者は改めてTrialを受ける権利が留保されている。[41]

---

[40] 例えば一方または両者ないし弁護士が事件の実体判断の予測について非現実的な見方をしている場合や，当事者間の強い感情的な問題が和解交渉の大きな妨げになっている場合が適している(稲葉一人「アメリカ連邦裁判所におけるADRの現状と課題(二)」判例時報第1526号16頁(1995年6月21日))。

この手続の特徴は他のADRと異なり，Trialの手続がほとんどそのまま踏襲されている点にある。またこの手続ほど肯定と否定の評価が分かれるものも珍しい，といわれる。[42]これは訴訟と別の原理での紛争解決ではなく，訴訟の略式形態としての手続と捉えることができる。

(c) Early Neutral Evaluation (ENE；早期中立評価)

これは1982年10月，民事訴訟費用を削減し，訴答 (pleading) 手続を削減するため，Peckam判事が研究会 (task force) に調査を命じたことから始まる。[43]具体的には，提訴後一定の基準により自動的に，また担当裁判官の承認を得た上

---

[41] 同書16-17頁。利点としては次のものがある。①困難な事件の当事者に陪審員の事件への見方を示すことで和解の促進になる。②長期間のTrialを回避することで，当事者，裁判所にとって費用の削減となる。③弁護士と当事者に対し，証拠の現実的な検討をするように求めることができる。④当事者に裁判を受ける権利を保障する。⑤和解に至らない場合でもTrialで扱う問題を絞ることができる等。問題点としては次のものがある。①評決の信頼性は簡略化された証拠によるものであるため，精緻性に問題がある。②利用時期について，Pre-trialの時間と費用の削減には寄与しないため，さほど経済削減にならない。③強制的に付される制度ではTrialでの戦略を見せてしまうため，略式陪審手続とTrial手続の両方の準備が必要となる。④陪審の評決は弁護士の法廷での表現に基づいており，真の証拠たる証人に基づいていないため，弁護士の技量に重点が置かれすぎる面が多々ある。⑤裁判官，法廷，陪審等の貴重な資源を，単なる諮問的な評決を得るために用いるべきではない。⑥本当に効率的であるのか否かの本質的な疑問。

[42] 肯定派のLambrosは，次のような根拠を挙げている (Thomas D. Lambros, *The Summary Jury Trial: An Effective Aid to Settlement*, 77 Judicature 6 (1993))。①Ohio北地区で1990年から1993年上期までの民事事件で，この手続を行った事件の82％が行わなかった同種事件よりも最終決定までの日数が短く，平均減少日数は337日であった。②対審的な手続であるため，当事者に満足感を与える。③これは唯一の民衆参加型のADRである。④本格的なTrialでは費用倒れになる小額事件についても，陪審審理を受ける機会を提供する。⑤和解が成立した場合には，Trialに比べてコスト削減が可能であり，たとえ不調に終わっても争点や証拠が絞られるといった効果がある。⑥憲法で保障された陪審裁判を受ける権利や対審的な基本構造を侵害することなく訴訟に代替しうる。

またアメリカでは，当事者対立構造をとらない純粋和解型の紛争解決は，対審型のものに比べ当事者の不満足感が高い，という興味深い結果がある (E. Allan Lind et al., *In the Eye of the Beholder: Tort Litigant's Evaluations of their Experiences in the Civil Justice System*, 24 L.& Soc. Rev. 953, 965 (1990))。また反対派のPosnerは次のように根拠を挙げている (Richard A. Posner, *The Summary Jury Trial and Other Methods of Alternative Dispute Resolution: Some Cautionary Observations*, 53 U. Chi. L. Rev. 366 (1986))。①素人である陪審員に期待されているのは，証人の信頼性であり弁護士の判断ではないこと。②陪審員の構成が異なれば評決も異なる可能性が高く，評決の予想力は低い。③Ohio北地区の訴訟負担軽減の傾向は，略式陪審審理の導入以前から始まっていたため，因果関係が不明確である。④陪審制度は一般市民の権力的な徴用を基礎としているが明示的な法令の根拠がなく，陪審員を利用する新しい制度を創設すべきではない。⑤Mini-TrialやEarly Neutral Evaluationと比較してコストが高い。

[43] 稲葉一人，前掲注40，13頁；三木浩一「アメリカ合衆国連邦地裁における訴訟附属型ADR［中］」国際商事法務第23巻第11号1192頁 (1995年11月)。

[44] 例えば，集団代表訴訟 (class action) や差止命令 (injunction) を主張する場合には除外される。

での当事者間の合意や担当裁判官の職権によってこの手続をとることが可能である。また正当な理由があれば，申し立てにより免除も可能である。当事者とその弁護士は原則としてこの手続に出席しなければならない。この手続が採択されると，裁判所は当該事件に詳しい中立評価人(Neutral Evaluator)を選定し，両者に通知し，評価人は中立評価期日を定めて両者へ通知する。この時期は評価人の任命から45日以内，提訴から150日以内に実施されなければならない。評価人は訓練を受けた専門知識と経験を有するボランティア弁護士等が務める。両者はこの期日前に重要な争点，手続の出席予定者，和解内容の作成に必要と思われるディスカヴァリ等の書面を評価人に提出する。中立評価期日には評価人が手続の概要を説明し，両者の弁護士は評価人の面前でそれぞれ要約された陳述を行い，それぞれの主張，法律構成，証拠の概略が説明される。その後評価人は争点，主張，証拠などの不明瞭な点を明確にするための質問を行う。評価人は争いのない事実を確定し，合意が可能な争点については合意を促し，主たる争点を特定する。その後別室で書面による事件評価書(written case evaluation)が作成される。ここでは主張や証拠の強弱を見積もり，どちらが有利かを判断する。原告が勝訴した場合の賠償額の上限下限の算定等も行われる。評価書が完成するとその旨を当事者に告げ，その時点で当事者に和解の意思の有無を確認する。いずれかの当事者にその意思がなければ，即座に評価書を開示する。両当事者が和解に積極的なときは，調停人の立場で和解協議を仲介する。評価人の行う助言，提案，評価等は勧告的なものであり，その後のディスカヴァリ，異議手続，Trialには影響を与えない。またこの手続における情報や合意内容は秘密とされ，次のような特徴がある。

① 早期に当事者間で事件について直接話し合い，重要な情報を交換するための機会を提供する。
② その結果，代理人と当事者に早期の段階で自らの置かれた状況の分析を促す。

---

[45] 稲葉一人，前掲注40，13頁。

③ 相手方に自分たちの立場を早い段階で示し,逆に相手方の立場も検討する機会が提供される。
④ 自分たちの立場の相対的に有利不利な点と,Trialで認められる可能性についての非公開の評価と,事件進行に関する助言を与えられる。
⑤ 経験のある中立者の助言によって早期に和解交渉する機会を与える。

　この基本的な目的は,訴訟手続の早期段階において事件に対する中立的な専門家の評価を聞かせることで当事者が自ら事件を客観的に見直す機会を与えることにある。また当事者間の意思疎通(communication)の場を提供し,無駄なTrialの負担を回避し早期の和解を側面から支援することにある。特徴としては,訴訟手続の早い時期に事件の評価が実施される点がある。これはPretrial手続中に行われ,どのようにして効率的なディスカヴァリを行うか自体が中立評価人の助言対象となる。これは要点が外れたディスカヴァリによる訴訟費用の浪費を避けることが重要な目的の一つとされているからである。適する事件としては,当事者が法律,事実的な問題についての考え方が大きく異なっている場合,複雑な事件で専門家が争点を絞り単純化できる場合,当事者間の意思疎通が不十分な場合,事件の評価や見通しについて非現実的な期待を抱いている場合等がある。現実に例が多いのは,商取引契約や不法行為の事案である。

(d) Settlement Conference(和解協議)

　これはもっとも一般的なADRであり,裁判官または補助裁判官が従来の単なる判定人という裁判官像から離れ,積極的に和解のための交渉の場を用意し,早期の紛争解決のための役割を果たし和解を促進する。1983年の連邦規則第16条改正によって裁判官による和解交渉への関与が認められ,さらにPretrial手続での裁判官補助者の和解関与も明確に規定された。[46] 裁判官が自ら和解交渉に関与するか否かの判断は,和解成立の蓋然性とTrialに至る場合の当事者および裁判所にかかる時間・費用等が考慮される。

---

[46] 橋本聡「紛争処理の柔軟化と多様化―アメリカ合衆国連邦地方裁判所を例に(二・完)」民商法雑誌第105巻第4号488-490頁(1992年1月)。

一般的には Discovery 等，相手方の証拠を十分に知った後での Pre-trial 手続の最終段階で行われることが多い。Discovery により訴訟の見通しが立つため，当事者は和解を試みるであろう，という認識に基づいている。しかし最近では，戦術的判断や弁護士費用を稼ごうとする理由等から弁護士は和解時期を遅らせることもあり，また訴訟提起段階で十分な情報がある場合には，早期に和解協議を始める場合も増えている。

(e) Arbitration（私的仲裁）

仲裁は裁判に代替する紛争解決手段として，特に国際的な商取引契約において利用されている。仲裁とは，紛争関係にある契約当事者が相互の合意に基づき，公平な第三者である仲裁人を選任し，その判断に服することにより紛争を解決する手段で制度である。訴訟と比較すると次のような特徴がある。[47]

① 訴訟は一方的に手続が開始されるが，仲裁では両者の合意が必要とされる（仲裁契約の必要性）。

② 訴訟は控訴等が手続的に原則可能であるが，仲裁は一審制であり終局的な判断としての拘束力を持つ。紛争解決の迅速性という点においては有利であるが，不満足な判断であっても内容的には上訴できず，再審事由や取消事由等の手続問題でしか争うことができない。

③ 訴訟は原則公開であるが，仲裁は非公開で行われる。紛争の内容に関して秘密を保持できるという点は当事者にとって大きな利点であるが，仲裁が体系づけられていないことから，仲裁判断を予見できない点がある。

④ 訴訟と比較して仲裁では審理の集中が可能であるため効率的に処理できる。

⑤ 手続について，訴訟は手続法規に準拠して行われるが，仲裁では協調的かつ弾力的に行うことができる。また訴訟は勝敗のどちらかの二者択一であるが，仲裁は中間的な解決が可能である。また使用言語は訴訟では原則

---

[47] 浅田福一，前掲注1，399-401頁。また arbitration（仲裁）と mediation（調停）の二つの文言はその昔，同じ意味で使われていたが，現在は拘束力の有無に決定的な相違がある（John W. Cooly, *Arbitration vs. Mediation-explaining the differences*, 69 Judicature 263(1986)）。

その国の公用語で行われなければならないが，仲裁では合意により外国語でも可能である。

近年では仲裁の訴訟化が問題となりつつあり，そのためいろいろな形態の仲裁を生じさせている。[48] 例えばアメリカでは近年，次のような仲裁が発達してきている。[49]

(i) Bounded or High-Low Arbitration

当事者が事前に仲裁人の提示する最終決定が，一定の範囲内に収まった場合にのみ拘束力を認める，というものである。仲裁人には当事者がこのような合意をしていることを事前に知らせる場合と知らせない場合がある。

(ii) Final Offer (Baseball) Arbitration [50]

この手続は商取引紛争での利用が増加しており，比較的単純な国際商取引における紛争の場合，効率的な方法であると思われる。これは元来，大リーグの年俸交渉が行き詰まったとき仲裁で解決する慣例に由来する。その方法は，それぞれの当事者が仲裁人にお互い妥当と思う金額を仲裁人に提示し，仲裁人は原則としてこれを変更せずどちらか一方を選択し，それを最終決定とするものである。この特徴は，あまりに主観的な金額を提示すると拒否されてしまうため，各当事者は自らの金額を採択してもらうために，相手の立場を考慮した相対的金額を提示しなければならない点にある。つまり自らの金額が採択されるよう動機づけされることにより，合理的な案が提示される点にある。またこの方法では法律の解釈は議論にならないため，法理論より金額が重視される商取引紛争ではきわめて有効であると考える。ただ自らに有利な実施条件，仲裁人

---

[48] 仲裁の訴訟化の問題については，谷口安平「国際商事仲裁の訴訟化と国際化」法学論叢第140巻第5・6合併号1頁(京都大学，1997年)参照。また谷口安平「国際商事仲裁システム高度化のために―国際商事仲裁システム高度化研究会報告」ジュリスト第1108号81頁(1997年3月15日)も参照。また理論的に優れた分析をしているものとして，北山修吾「最近の国際商事仲裁研究における「精密化」指向と「弾力化」指向(1)-(3)」JCAジャーナル第457-459号(1995年8月-10月)がある。

[49] 稲葉一人，前掲注40，18頁。

[50] Bühring-Uhle, *supra* note 4, at 327；レビン久子「アメリカの最新ADR事情(24)」JCAジャーナル第44巻第3号48頁(1997年3月)。

[51] アップル社の事例では，このADR手続に9ヶ月，仲裁者の選定に7ヶ月，決定された書類は40頁でうち仲裁者の条件は7頁であった。時間が長期化するにつれて費用も高くなる。アップル社の場合総額25万ドル以上と推定されるが，裁判するよりは安いと推定される(レビン久子，前掲注50，49頁)。

を選択するための手続の決定に時間が予想外にかかってしまうという問題点がある。ただし最終的には，訴訟よりも費用はかからないといわれる。問題はやはり，仲裁人の選定にかかっている。

（f） Mediation（調停）[52]

調停とは，合意のための交渉をする紛争当事者を，中立的第三者が支援することによる，拘束力のない介入のことをいう。[53]調停にはさまざまな形式があるが，一般には中立的第三者による当事者間の交渉を促進し，非公開・非公式の手続で行われる。当事者は調停利用条項を事前に交わすか，紛争発生後の合意により当該手続を利用する。[54]調停の利点として，当事者だけの話し合いではそれぞれ相手の主張を過小評価し，自らの主張を誇張して交渉を有利に進めようとする傾向があるが，調停人が当事者双方の主張の強弱についてできるだけ客観的に評価することにより，中立的第三者の役割を果たし客観的な合理性が示

---

[52] 厳密には"mediation"は"conciliation"よりも正式で第三者の関与も積極的なものを言う。"conciliation"は日本語の「斡旋」に該当するが，現在では互換性のある概念とされる（野村美明，前掲注8, 1067-1068頁）。また日本語の「調停」と「斡旋」は，第三者が紛争当事者間の示談交渉による合意形成を促すその役割の強弱や，その手続の整備の程度による名称の区別であり，相互に明確な限界はないとされる（吉村德重，前掲注19, 718頁）。また1920年代には"adjustment", "compromise", "conciliation"といった語句が使用されていた（Marc Galanter, *The Emergence of the Judge as a Mediator in Civil Cases*, 69 Judicature 257（1986））。

[53] Bühring-Uhle, *supra* note 4, at 273. また調停者の役割として，次のことがあげられる（Leonard L. Riskin, *The Social Place of Mediation in Alternative Dispute Processing*, 37 U. Flo. L. Rev. 19, 26（1985））
① 当事者に話し合いをするよう促す
② 調停手続について当事者の理解を助ける
③ 当事者間のメッセージを伝える
④ 協議事項について合意できるよう支援する
⑤ 協議事項を取り決める
⑥ 交渉に最適の状況を提供する
⑦ 規律・秩序を維持する
⑧ 当事者の問題理解を助ける
⑨ 非現実な期待を戒める
⑩ 当事者自らの提案を助ける
⑪ 当事者の交渉を支援する
⑫ 解決を促進し提案する
⑬ 特定の解決方法を受け入れるように説得する

[54] 具体的な手続は次の通りである。①両当事者を交渉のテーブルに就かせる②交渉過程・手続を支援する③中立で公正な評価をする④具体的な解決案を提示する（ダニエル・M・コルキー（Daniel M. Kolkey）「米国における代替紛争解決制度概観」自由と正義第43巻第1号118頁（1992年1月））。

され，信憑性が高く説得力に富むと考えられる。また当事者にとっても調停人を説得するためには論理的な説明が求められる。そのため自らの主張を客観的に論理的に把握しなければならず，自己主張の欠点も理解でき，より現実的な対応が可能となる。また当事者は妥協の意思や譲歩できる範囲を早い段階で相手方に明らかにしすぎて，後に交渉の余地をなくすことを恐れ，妥協の意思を伝えることに消極的になりがちであるが，調停人を介在させることにより交渉上の内容を秘密に保つことができ，双方の立場をよりよく理解することにより，状況から判断して紛争解決が可能となるよう適時に助言することが可能となる。[55]また調停の交渉では，例えば日本では直接的な対決を好まず年長者の助言を尊重し相手の顔を立てる，孤立を避けたがる等の傾向があり，そうした相手方の特徴を理解して調停に臨むと交渉を有利に展開できる可能性が高い。

(g) Med-Arb(調停後仲裁)

これはまず調停と同様の手法で手続が進行し，それにより解決できなかった場合に原則として，同じ調停人による仲裁判断によって解決する手続である。[56]調停と仲裁を組み合わせることの現実的な利点は，調停が長引いた場合でも仲裁という手段により，最終的な拘束力ある判断により解決できる点にある。特に和解が好まれるアジア諸国の当事者は，交渉と調停に全力を尽くし，もしそれが失敗した場合，当事者はすでに友好的な関係を維持できず，紛争が悪化する傾向がある。そのため拘束力ある仲裁を組み合わせる利点は大きいと考えられる。[57]

(h) Mini-Trial(ミニ・トライアル)

これは模擬裁判，簡素化された裁判で，企業間の紛争において両当事者の代

---

[55] 調停に関する規則として，次のようなものがある。
　・AAA 1992 Commercial Mediation Rules
　・CPR Model Mediation Procedure for Business Disputes
　・ICC Rules of Optional Conciliation
　・UNCITRAL Conciliation Rules
[56] 稲葉一人，前掲注40，18頁。また事例としては，レビン久子「アメリカの最新 ADR 事情(3)」JCA ジャーナル第42巻第7号22頁(1995年6月)参照。
[57] Steven J. Burton, *Combining Conciliation with Arbitration of International Commercial Disputes*, 18 Hastings Int'l. & Comp. L. Rev. 637, 638 (1995).

表権があるものの前で，それぞれの弁護士が弁論する審理を開き，その上で代表者同士の話し合いにより和解の可能性を探る試みである[58]。典型的な手続は次の通りである[59]。両当事者がミニ・トライアルによることを合意すると，まず実施手続を定めた合意書が作成される。対象となる事件は企業間の複雑な紛争が多く，事件の個別性が強いため，紛争内容に応じた合意書の作成が重要である。その内容は，不提訴，対象となる紛争，ディスカヴァリ，情報の交換，出席者等について決定される。特徴は，出席者の構成にある。各当事者は和解締結の権限を有する社長，上級取締役などをメンバーとして選定し，これらがパネルメンバーとして事件を審理する。さらに双方が合意した中立的な第三者（Neutral）を加えることが多い。この第三者は引退した裁判官，経験豊富な弁護士が選定されることが多い。和解が行き詰まった場合，それぞれの主張の強弱や訴訟に持ち込まれたときの見解を述べたりするが，あくまで勧告的な意見であり拘束力はない。パネルが構成されるとその面前で各当事者の弁護士や専門家の証人がプレゼンテーションを行う。弁論や証拠の提示が裁判官，陪審員，仲裁人，調停人等の第三者に対してでなく，当事者本人であることが特徴である。パネルメンバーは紛争当事者であるが，裁判官や陪審員のように弁護士や証人に質問することができ，当事者の代表者はそれぞれの立場を離れて，第三者の目でそれぞれの言い分を判断し，新たな認識を踏まえて和解交渉に臨むことができる。また要約されたプレゼンテーションにより紛争の要点をつかみやすいため冷静に，より現実的に和解交渉が可能となる。

この手続の目的は二つあり[60]，第一に，この手続を通じて企業の重役達に，実際に裁判が行われた場合，どのような判決がでるかを予想する材料を提供すること。第二に，そのような材料を念頭に，重役達が示談のための話し合いを行い，交渉に積極的に関与させることがある。この方法はオーストラリアで行わ

---

[58] 樋口範雄，前掲注35，10頁；レビン久子「アメリカの最新ADR事情(4)」JCAジャーナル第42巻第8号30頁(1995年7月)。
[59] 三木浩一，前掲注43，1187頁。
[60] レビン久子，前掲注58，30頁。

れた一つの交渉母体となって発展したものであると言われているが，具体的には1974年の特許権侵害に関する訴訟において，和解のために使用されたのが最初とされる。[61]この手続では，事件に全く関係のないNeutralを選任し，その人が裁判長のような役割を担い，その面前で紛争当事者の弁護士が弁論を展開する。企業の重役達は陪審員の立場で参加し，それぞれの主張を聞く。Neutralの立場はあくまで補助的なもので円滑な進行が主な任務である。弁論を聞いた後判断を下すことなく，紛争に関する印象を述べる程度で，弁論が終了すると両当事者の代表である重役達が通常のTrial手続に進むか和解するかを決定する。

　訴訟，仲裁，調停，交渉等の伝統的な紛争解決手段では，法律家が紛争解決過程において主要な役割を果たすことが多い。しかし特に商取引紛争では，法学的観点からだけでなく，経済的観点，それらを包含した経営的・商学的観点からの考察がより重要である。なぜなら実際の判断基準はそこで行われるからである。いわば法理論，経済学的分析理論は，事件の概要・論点整理のため，法廷闘争の見通しをよくするためにあり，それらを踏まえたうえで商学的観点から訴訟続行，和解交渉のいずれかを選択することになる。そうした意味において，ミニ・トライアルは企業の経営者が直接，紛争解決プロセスに関与する数少ない手続であるため，この手続は，裁判所中心型ではなく，商取引中心型のADRといわれる。またパネルメンバーである重役は，社長や株主に対する説明義務や面目から交渉決裂を回避したがる傾向があるため，和解の成功率は高いといわれる。原因は，長期的な視点からの商取引における利益を総合的に

---

[61] 三木浩一，前掲注43，1187頁。この事件では提訴してから2年半にわたり両者は証拠収集を行い，10万頁を超える書証のディスカヴァリと合計50万ドルもの費用が投入されたにもかかわらずTrialの日程さえも決まらない状況であった。仲裁も提案されたが打開策として特許に詳しい元判事に意見を求めた。事件の概要と両者の主張を詳しくまとめた文書が事前にこの元判事に送付され，ごく簡単に尋問(interview)等が行われた。6週間にわたるディスカヴァリを経た後，Trial当日は各当事者が4時間ずつ主張し，その後各1時間半ずつ反論する機会が与えられ，さらに1時間の意見交換がなされた。この2日間の協議により理解を深めた両者はこれを基礎に和解協議を行い，わずか30分の交渉で基本的な和解合意が成立し，その後11週間の継続交渉を経て紛争を解決した。この事件をNew York Timesの記者が"Mini-Trial"というタイトルで報道したことからこの名称が定着したといわれる。

判断する点で異なっていることがあると考えられる。また手続の迅速性という点でも有利であり、ほとんどの審理が二日以内で終了し、またNeutralの果たす役割は相対的に小さい。この手続の利点を整理すると、次のことがあげられる。[62]

① 各当事者の重役がパネルを構成する。
② Neutralの役割は比較的小さく、費用と時間の節約効果が大きい。
③ 仲裁人の選定が、その役割が小さいため、あまり問題とならない。
④ 各当事者の代表者がパネルを構成するため、第三者の裁定に従うという感情的な不満が少ない。
⑤ 国際仲裁のような手続上の争いを回避できる。
⑥ 自主的判断が留保される。
⑦ ハイテク技術等、迅速性が要求される紛争にも柔軟に対応できる。

こうしたことから、仲裁手続と並んで、今後国際商取引における紛争の効果的な解決手段として有望であると考えられる。ただし問題点が二点ある。第一に、強制力がないこと。第二に、この手続が普及していないこと。

(i) Multidoor Courthouse

この構想は、1976年パウンド会議で多面的な紛争処理制度について、Sander教授が提唱したことに始まる。これは紛争の内容に応じて適切な手続へ回付するという構想である。まず利用者が受付(Intake)で紛争の種類、内容によりそれぞれ最適と判断される手続へ回付され紛争解決を目指すものである。具体的には少額請求、憲法上の問題を含むもの、先例の確立が必要とされる事例、差止請求等、一定の事件は正式裁判の手続になるが、それ以外は原則としてMultidoor部に回る。そこで当事者は事件分類フォームに事件内容をマーク式で回答し、設定されている規則に従って分類され、それぞれ最適と考えられる各手続に割り振りされる。いずれの手続においてもNeutralは研修を受けた弁護士等が務め、Multidoor部が手続等を定める。この紛争処理は対象範

---
[62] 三木浩一、前掲注9, 1191頁。

囲が多岐にわたるため，かなり細分化して専門性を高めることにより効率化が可能であり，例えば国際商取引の部門を設置することも効率的な紛争処理につながる可能性は高いと考えられる。

4 ｜ 代替的紛争処理制度に関する実証的調査

ここではカリフォルニア北地区における ADR の一種である ENE(Early Neutral Evaluation；早期中立評価)に関する実証調査に関する研究論文に基づき[63]，国際商取引における紛争の効率的解決について考察したい。アメリカにおける ADR はまだ歴史的に浅く試行錯誤の段階での実証的調査に関する資料は少なく大変貴重であると思われる。国際商取引の現状から，日本企業はアメリカと密接な関係があり，それゆえ紛争の潜在的可能性も高く，今後その解決方法として従来の訴訟や仲裁ではなく，今後発展整備されつつある ADR に関与する状況が高まると考えられる。そのため ADR の一種である ENE に関する実証的な調査資料はアメリカにおける ADR の動向を知り，国際商取引の紛争処理手段についての貴重な指針になると考えられる。

(1) **ENE 手続および具体例**

カリフォルニア北地区では，1982 年にコスト削減と訴訟遅延の問題を改善するため現行の訴訟上の問題点について調査した。その結果，訴訟手続中でもっとも当事者の負担費用を削減できる部分は，ディスカヴァリを含む争点形成過程であるとし，改善する手続として ENE プログラムが作成され，1985 年から導入された。これにより各当事者は早期に自らの状況を分析し，相手の言い分を聞き，さらに合意と紛争の範囲を確認し，争点となっている問題に直接関係のある証拠の迅速な開示(discovery)を目指している。

---

[63] J. D. Rosenberg & H. J. Folberg, *Alternative Dispute Resolution: An Empirical Analysis*, 46 Stanf. L. Rev. 1487 (1994). 以下の内容は当該論文により，細かな引用は省略する。

具体的には次の通りである。裁判所に訴訟が提起されると分類表記に従い，裁判所指令26(General Order 26)で定めた18の訴訟類型に属する事件のうち訴訟事件表(docket sheets)の偶数番号が実験事件(experimental group)として自動的にENEに付される。その場合，原告は被告に対してENEについての説明資料を提供しなければならない。裁判所が評価人(Neutral Evaluator)を選任すると両者に通知し，評価人はENE会合の日程を決定し，当事者に通知する。第一回会合は原則として評価人選任の日より45日，提訴から150日以内に実施される。評価人は研修を受けた弁護士等がなり，各当事者はENE会合前にその出席者，争点等に関する書面を評価人に提出する。評価人の助言や提案，評価等は勧告的なもので拘束力はなく，その後のディスカヴァリ，異議手続，トライアル等には影響を及ぼさない。

(2) 実証的調査の方法および結果

カリフォルニア北地区における1988年4月から1992年3月までの期間でENEの基準に適合した事件をその対象とした。18累計においてENEに付された事例(ENE cases)は1034，うち実際にENEまで進んだ事例は326であった。主として書面アンケートにより情報を収集し，アンケート送付先とその回収率は次の通り[64]。

	送付数	回収数	回収率(%)
ENE会合に参加した弁護士	720	377	52.4
ENE Evaluator	326	236	72.0
ENE当事者	290	143	49.0
Non-ENE類似事件担当の弁護士	725	261	—

各アンケートでは，多数の選択回答と小数の自由回答があり，質問内容は送付対象ごとに異なっている。調査結果の概略は次の通り[64]。

---

[64] ちなみにENEに付されなかった事例(non-ENE)は1034件であった。また以下のデータは，Id. at 1495-1515による。

(a) 一般事項
① ENE 当事者と ENE 弁護士の 3 分の 2 が当該手続に満足し，価値あるものであると回答している。
② 費用削減について，実際に削減できた回答と，削減できなかった回答の割合は同程度であったが，削減額は ENE 費用の約 10 倍であった。
③ 約半数の参加者は未決期間が短縮された，とした。
④ 当事者と弁護士のほとんどが，ENE 会合で得た情報により，より公平な解決へ結びついた，とした。
⑤ ENE 手続は，個々の事件ごと，評価人ごとに大きく変わる。
(b) コスト

	弁護士	当事者
① ENE は費用削減になった	51%	54%
② ENE 会合の平均費用	2,947 ドル	4,941 ドル
③ 削減できた費用の平均金額	4,643 ドル	44,154 ドル

ENE による費用増加の平均額は約 4,000 ドルであったが，削減できた平均額は，当事者でその 10 倍となっている。

(c) 満足度

	弁護士(%)	当事者(%)
① ENE 手続に満足している	67	66
② ENE を維持していく価値がある	59	66
③ 手続は公平であった	67	53
④ 不満のうち，評価人個人への不満足度	58	74
⑤ 評価人個人へ不満がなかった人の ENE 満足度	83	94
⑥ 今後も ENE の利用を希望する	84	67

弁護士，当事者ともに ENE への不満は，評価人個人に対するものが多く，それを除けば一般に ENE に対する満足度は高い。

(d) 未決期間

① ENE により迅速に解決した	弁護士 42%	当事者 44%
② ENE に付された事件のうち，ENE 会合まで進むのは約 3 分の 1			
③ Non-ENE との解決までの要日数の比較（ENE 635, Non-ENE 571）|		

提訴から解決するまでの期間	ENE(%)	Non-ENE(%)
60 日以内	7.9	6.3
180 日以内	37.1	30.9
240 日以内	47.8	40.5
360 日以内	61.2	56.1

当事者の満足度と，要解決日数との間には強い関係があり，満足度が高いほど，事件が迅速に解決されている傾向がある。

(e) その他

以上のほか，次のようなデータが得られている。

	弁護士(%)	当事者(%)
① ENE が今後の紛争処理手段として見込みあり	54	52
② ENE は争点を明確にする	59	66
③ ENE はコスト面（discovery 等）に影響を与える	54	49
④ ENE 会合で入手した情報で弁護士費用が削減した	45	—
⑤ 将来の discovery について合意した	29	49
⑥ ENE により，現実的な評価が可能になった	67	52
⑦ ENE 手続は，評価人により変わる		
⑧ 提訴から 150 日以内に第一回会合が行われる割合は 64%		
⑨ ENE 会合前に 57%の事件で何らかの会合がもたれていた		
⑩ ENE 満足度と紛争解決期間との間には，強い関係が見られる		
⑪ 満足している人および不満足な人は，全ての項目でその傾向がある		
⑫ 弁護士の不満は手続ではなく，過剰な期待と現実との乖離からが多い		

⑬ ENE会合の欠席率	
少なくとも一方当事者が欠席	9%
電話でのみ応対	10%
法人企業で代表権のない者の出席	12%

⑭評価人は事件の35%でトライアルに進んだときの費用の見積りを実行し,事件の29%で和解金額を提示している		
⑮評価人の個人的性格,技能,態度がENE手続に大きな影響を与える		
⑯評価人に満足している弁護士,当事者のうち,評価人が法的問題を正確に把握している	80	79
⑰評価人に満足している弁護士,当事者のうち,評価人が当該分野の専門家であった	71	77
⑱評価人に求められる資質 ・重要問題や争点を整理・特定する専門性・法的分析能力 ・当事者の理解を促進し,コミュニケーションを高める能力		

これらから,次のことが導かれる。

第一に,弁護士は和解を早期段階で持ちかけると,こちらが弱気であると取られるのではないかという懸念が強く,ENEにより幾分軽減できる。

第二に,早期段階での協議は,それだけで解決を容易にする要素がある。

第三に,和解やDiscovery計画を改善する重要な要因は,事件の正しい理解である。

第四に,ENEは当事者の事件理解をより一層促進するため,迅速な解決とともに,より公平な解決を導くことになる。

第五に,評価人が法的問題を把握し,かつその分野の専門家であれば,満足度は高くなる傾向にある。

(3) 実証的調査の結果総括および今後の指針

以上の調査から得られた結論は,次の通りである。

1) ENEを成功させるもっとも重要な要因は,評価人の技能・能力である。
2) ENEに過大な期待を抱いている参加者ほど不満足の割合が高い。

3) 交渉等のタイミングをうまく合わせることが重要である。
4) 当事者の参加は，紛争解決に大きな役割を果たしている。
5) 評価人に強い執行権限がないため，遅延の原因となっている。
6) 評価人の選定について，効率が不十分である。

これらから，今後より効率的にADRが機能するための指針として，具体的には次の点があげられる。[65]

1) ADRで解決できる事件，できない事件を区別して扱う。

公法，政治要素，憲法に関連するもの，先例の確立が必要とされている事件は，ADRに適さない。主として私法上の金銭に関する紛争であれば，ADR手続に付すことが適しており，国際商取引も，若干複雑ではあるが，適しているであろう。

2) 紛争当事者の視点から判断する。

紛争解決手段について，もはや二者択一的では不十分であり，法理論を基礎として，交渉，心理学，コミュニケーション等の観点からの分析も重要であり，それら要素を紛争処理の効率性に寄与するよう動機づけられた制度を構築していくことが重要である。また和解がもっとも望ましい解決方法とは必ずしもいえず，アメリカでは和解促進型より対審型（adversary）が好まれる傾向がある。[66]また当事者の観点からの紛争解決ということから，具体的には①迅速な解決，②安価な解決，③名誉・体裁の重視，④敵対的主張の希望，⑤長期的継続取引の希望等，各項目について優先順位をつけ，当事者が希望する項目に配慮して最適な手続へ回付する制度を構築することが今後重要であろう。そのためMultidoor Courthouseの構想は興味深いものがあり，電子商取引の激増とともに，具体的な制度構築をどうするかが問われていくであろう。

3) 優秀なNeutral Evaluatorの継続的な育成

法理論を基礎として，心理学，交渉，コミュニケーション等の知識を有

---

[65] *Symposium on Alternative Dispute Resolution*, 44 UCLA L. Rev. 1613, 1616-1630 (1997).
[66] Lind, *supra* note 42, at 964-965.

した当事者の観点からの評価人を育成しなければならない。また動機づけの体制として、報酬を紛争当事者からのものと、裁判所からのものと二本立てにし、前者により指名されるよう動機づけられ、後者により迅速に処理するよう動機付けする仕組みを採用すると効率的に機能するであろう。また評価人の専門性、取り扱い件数、資格等によりランク付けし一定レベルの質を確保する制度も導入すべきであろう。

5 商学的観点からの代替的紛争処理制度

国際商取引における紛争を解決するにあたり、商学的観点からすると訴訟による解決が賢明でない場合が多い。そのため訴訟上の問題をできるだけ排除し、商取引の実態に適合した解決手段として仲裁制度があり、実際の国際商取引においては仲裁条項が規定されていることが大半である。しかし仲裁の利用は意外に低迷しており、その最大の理由は、商事紛争の迅速かつ合理的な解決という本来の目的から大きく乖離し、仲裁人が訴訟と同様、公正な手続保障を過度に重視し、手続上の瑕疵を指摘されないよう必要以上に慎重な手続がとられていることにある。そのため訴訟と同様、仲裁手続の期間が長期化し、仲裁人の判断も取引の実態に即した現実性よりも、法的手続性が強くなり、仲裁が訴訟に類似する傾向にある。[67] いわゆる「仲裁の訴訟化」の進行である。具体的には陪審審理がないこと、控訴・上告がない点が異なる程度である。[68] 訴訟は国家の秩序維持と国民の生命財産の保護という目的のために国民の税金で運営されており、法律が規定している公正なる手続の確保と法に従った判断がなされる。アメリカでは国内紛争の増加により訴訟爆発・遅延という社会問題が頻発している現在、一方の当事者が外国である国際商取引の紛争を処理することは優先

---

[67] 岩崎一生、前掲注2、29頁。
[68] 岩崎一生「国際取引と訴訟外紛争処理制度―米国におけるADRの動向とその影響［下］」国際商事法務第14巻第11号844頁(1986年11月)。ドイツ、アメリカ、欧州における仲裁の法およびその実務については、P. シュロッサー(Peter Schlosser)他著小島武司編訳『各国仲裁の法とプラクティス』(日本比較法研究所翻訳叢書30、中央大学出版部、1992年)参照。

順位からすると好ましいとは言えず，また国際紛争を扱うことには困難であり，本質的に限界がある。そのため国際商取引の紛争は，当事者が費用を負担するADRの方が，紛争を発生させないインセンティヴの点から考慮しても合理的であろう。また訴訟や仲裁といった当事者対決型の紛争処理制度は，特に国際商取引においては効率的であるとはいい難い面がある。ADR発展の背景として，100％を目指す訴訟における解決はむしろごくわずかであり，大半の紛争は深刻度がそれほど高くなく，金銭で解決しうる問題である。そのため当事者の合理性の観点からすると，法律論争には元来興味がなく，また実益に乏しく，迅速性や費用を含めた総合的な解決が求められているといえるであろう。こうした現状からすると従来の訴訟による解決だけでは限界があり，また競争から協調へ，対決から対話へ，弁護士主導から当事者主導へ，という傾向が現実に選好されている。[69] 国際商取引では正しい回答よりも迅速な回答の方が重要なことが多い。[70] つまり商学的観点からすると，紛争処理のマーケティング（紛争の需要側の分析調査）の発想が必要であり，特に商取引における紛争では紛争処理サービスを提供する，という意識が重要になるのではないか。紛争の深刻度（迅速性，金額，複雑性等）に応じ，それぞれ最適なサービスを提供することにより，100％を目指す「解決」だけではなく，70％程度以上の満足を迅速に提供できる紛争「処理」という観点が必要であろう。通常，金銭上のみの問題であれば，2年後の完全解決よりも，金額が半減しても現在の解決を求めるであろう。というより弁護士費用等を含めると，金銭的にも効率的な場合が多い。

国際商取引のほとんどは，実務的にはほぼ問題なく履行され終了しており，当事者は不履行の状況を現実的な危険として把握して契約書にサインしているわけではない。単に取引したいから形式的にサインするだけである。[71] アメリカ

---

[69] 北山修悟「最近の国際商事仲裁研究における「精密化」指向と「弾力化」指向(3・完)」JCAジャーナル第42巻第11号20頁(1995年10月)。各国のADR制度の比較については，石川明・三上威彦編著『比較裁判外紛争解決制度』(慶應義塾大学地域研究センター叢書CAS,慶應義塾大学出版会，1997年)参照。

[70] Stewart Macaulay et al., *Contracts: Law in Action* 519 (Vol. 2, 1995).

[71] Fox Jr., *supra* note 6, §1.1 at 4.

では当事者の権利を保護する目的から，契約書が長くなる傾向にあり，ある国では数頁程度の契約書でもアメリカでは数百頁になることも多い。しかしアメリカ以外の企業は，そうした長い契約書は何か怪しいのではないかと疑いの目でみてしまう。また企業間の国際商取引では，そうした法的リスク対策よりも，「当社のことを信用していないのではないか」と信頼を失墜させて否定的な気持ちにさせる危険性があるという意味で商学的リスクを高めてしまう可能性は高い。商取引が行われなければそもそも法的リスクは発生し得ない。訴訟社会アメリカにおいてADRが逆説的に発達してきていることの根本に，訴訟社会の問題点にアメリカ自身が気づきはじめたからではないか。商学的観点からすると，時間は最も重要な経営資源であり，コスト削減においては長期継続関係を傷つけることなく，和解によって早期に紛争を解決することである[72]。当該国民の税金で運営されている司法制度である訴訟は，公法，国内取引が優先的に取り扱われるべきであり，国際商取引は先例を確立すべき争点に関するもの等を中心とし，それ以外は原則ADR制度が好ましいであろう。今後高度に専門化が進展し，また電子商取引が爆発的に増加している現在，この傾向は加速するであろう。しかし特にアメリカの企業と取引する場合には具体的な訴訟対策は急務であり，現実的問題として充実すべきであろう[73]。

　ADRの弱点は唯一，強制力に乏しい点にある。一方，訴訟制度は，執行力がある。そのため今後ADRの方向性としては，ADRと訴訟が相互補完的な関係を構築することが重要であろう。例えばMed-Arb（調停後仲裁）のようなHybridな手続が誕生している。今後ADRを制度的に構築するにあたり，常に次の点に留意すべきであろう[74]。

---

[72] Bühring-Uhle, *supra* note 4, at 126. また紛争解決における法的制度の限界および法社会学からの文献として，棚瀬孝雄『紛争と裁判の法社会学』（法律文化社，1991年）がある。
[73] 日本企業がアメリカにおいて民事訴訟の被告となっている状況を想定して手続法上の主要論点について現実的観点から論じた文献として，関戸麦「日本企業が米国民事訴訟で経験する手続法上の論点 Part 1～7」NBL第811号～817号（2005.6.15号～2005.9.15号）がある。ここでは主として①初期対応における留意点，②民事訴訟を回避するための手段，③原告有利な裁判所を回避する手段，④Discoveryにおける留意点，⑤Discovery手続における企業秘密保護のための手段，⑦専門家証人に関する留意点，を扱っており，現実の示唆に富む。

1) 裁判所の負担で処理することが適切で合理的な方法であるのか
2) 訴訟手続失敗の代替案でないか（訴訟手続の問題も検討すべきである）
3) 普遍的な方法を模索しているか
4) 当事者にとって満足度が高く，費用がかからない解決方法であるか
5) 経済的弱者に裁判と同等の権利を保障しているか
6) 利点と欠点を具体的に把握し，正式裁判と比較できているか
7) 国民の陪審裁判を受ける権利への妨げとなっていないか
8) ADR 導入による裁判所職員の配置は効率的となっているか
9) 正式裁判をコスト・時間の観点から比較検討し実証研究が重要である
10) ADR 手続の成功・不成功の客観的な評価基準を明確にする
11) ADR を強制的手続にすることは好ましいか
12) 各種独立している手続を有機的に統合運用できないか
13) 事件や当事者の個々の必要性に応じて最適な手続を提供できているか
14) ADR の導入・選択は実践的なものでるかどうか
15) 手続選択は地域により異なっているため，事実を正確に把握して制度構築すべきである
16) ADR に関する知識不足は，知識・経験を共有し相互補完すべきだ
17) ADR 手続の発展は，裁判所とは何のために存在し，裁判官の役割は何であるのかという根本問題まで検討しなければならない

　また訴訟の実質的問題として，司法制度を維持している当事者にはコスト意識が薄いことである。たとえ訴訟が長引いても裁判官にとって経済的不利益はなく，弁護士にとってはむしろその方が経済的利益は大きい。つまりコスト面からすると，訴訟においてもっとも不利な立場にあるのは，取引当事者である。そのため国際商取引における紛争解決する際の重要な基準として，商学的観点が最も重要であり，国際商取引における紛争の解決は，ことの善悪を論じるの

---

[74] 稲葉一人「アメリカの連邦裁判所における ADR の現状と課題（四・完）」判例時報第1530号14頁（1995年7月21日）。
[75] 岩崎一生，前掲注2，27頁。

ではなく，利益の合理的な調整である。こうした長期的な利益・関係という企業の立場を総合的に勘案した商学的観点から考察することが最も重要である。[75]

# 第8章
UNIDROIT原則における不履行の概念

1 国際商取引におけるUNIDROIT原則の意義

　20世紀の飛躍的な技術革新により，商取引のグローバル化が急速に進行している。国際商取引の急増による一定の紛争発生は必然的であるといえよう。そうした流れに対応するように，国家という枠組みを超えて世界中の商取引に適用されるグローバル商取引法が次第に形成されつつある。ここでいうグローバル商取引法とは，現時点ではまだ流動的であり厳密な定義は難しいが，新堀博士によると，国際商取引に適用される実体法が現代の一体化したグローバル経済に即して必要とされるという発想から，国際商取引にグローバルに適用される実体法をいう，と考えられる。主たる構成要素として，条約，モデル法，自律的国際規則および商慣習法がある。このうち自律的国際規則としてICCのインコタームズ(INCOTERMS)や信用状統一規則(UCP)等は現在の国際商取

---

[1] David A Levy, *Contract Formation under the UNIDROIT Principles of International Commercial Contracts, UCC, Restatement, and CISG*, 30 UCC L. J. 249 (1998).
[2] 新堀聰「グローバル商取引法各論　その一　ウィーン売買条約(1)」JCAジャーナル第49巻1号40頁(通巻第535号，2002年1月)。
[3] 新堀聰「グローバル商取引法と国際商事仲裁」貿易と関税第50巻第10号4-6頁(通巻第595号，2002年10月)。グローバル(Global)とは，国境や地域の多様性を一挙に飛び越え，自由に移動する財，サービス，資本，情報等を宇宙から球状(global)の地球を眺める発想からきている(佐伯啓思『アダム・スミスの誤算』序章16-17頁(PHP新書，1999年))。確かに宇宙からは国境や文化，言語，宗教等の相違は把握できず，そもそも無意味であろう。
[4] 新堀聰，前掲注3，6頁。

引では大変重要な役割を果たしており，必要不可欠である。ただしその一方で，その対象が極めて限定されているため，これら自律的国際規則が機能する前提として，一般的法原則の存在を必要としている。[5]その一般的法原則の代表的として，ウィーン売買条約(国際物品売買契約に関する国連条約；以下「CISG」)、[6]またモデル法として，ユニドロワ国際商事契約原則(UNIDROIT Principles of International Commercial Contracts, 以下「UNIDROIT 原則」)[7]がある。現在では国際商取引で発生するほとんどの法律問題は，特定国の国内法を適用することにより解決が図られているが，今後21世紀においては，真の国際売買法(truly international law of sales)もしくは商慣習法(lex mercatoria)の適用を検討すべき段階にきていると思われる。[8]そもそもこうしたグローバル商取引法が出現してきた原因として，大きく二つあると考えられる。[9]第一に，伝統的な抵触法(conflict of laws)による方法は予見可能性が低く不安定で頼りにならないことがある。[10]第二に，各国の実体法そのものに国際商事紛争を解決する原則・能力が十分でないことがある。[11]つまり商学的観点からすると，準拠法決定の原則で

---

[5] Michael J. Bonell, *The UNIDOROIT Principles of International Commercial Contracts: Nature, Purpose and First Experiences in Practice*, Ⅰ. Why the UNIDROIT Principles?, available at http://www.unidroit.org/english/principles/pr-exper.htm.

[6] 各条文の起草過程については，次の2冊が詳しい。甲斐道太郎・石田喜久夫・田中英司編『注釈国際統一売買法Ⅰ—ウィーン売買条約』法律文化社(2000年12月)；甲斐道太郎・石田喜久夫・田中英司・田中康博編『注釈国際統一売買法Ⅱ—ウィーン売買条約』(法律文化社，2003年)。なお加盟国等の最新情報については，国連国際商取引法委員会(United Nations Commission on International Trade Law; UNCITRAL)の Web site (http://www.uncitral.org/)参照。

[7] 私法統一国際協会(International Institute of the Unification of Private Law; UNIDROIT)が1994年に公表し，その後対象範囲を拡大し内容を若干修正したものが2004年版として公表されている。国際的な商取引原則について主として契約部分について定めたものである。日本語の文献は現段階では少なく，雑誌の特集として，特集「ユニドロワ原則：国際契約法への新たな展望」ジュリスト第1131号65-92頁(1998年4月1日)および翻訳として，曽野和明他訳『UNIDROIT国際商事契約原則』(商事法務，2004年)がある。条文等詳しくは Web site(http://www.unidroit.org/)参照。

[8] Larry A. DiMatteo, *The Law of International Contracting* 205 (2000). また大陸法における商慣習法をイギリス法に取り入れたのはマンスフィールド卿(Lord Mansfield, 1756-88 王座裁判所長官)にはじまるとされる(ヒックス(John Richard Hicks)著　新保博・渡辺文夫訳『経済史の理論』第5章注15(講談社学術文庫，1995年))。

[9] 新堀聰「グローバル商取引法の形成と代替的紛争解決(3・完)」JCA ジャーナル第49巻9号80頁(通巻第543号，2002年9月)。

[10] 準拠法決定の方式が曖昧なため，結果の予測が困難であることから欧州では「暗闇の中でジャンプするようなもの」との批判があり，Kegel は1964年にこれを「抵触法の危機」と呼んでいた。アメリカでも同様の批判がある(同書)。

ある各国の抵触法，また特定国の実体法による手続は現実的に有用でない，という現実から発生してきたといえよう。これらから，国際商取引の研究については，CISG および UNIDROIT 原則に関する知識および理解が不可欠であると考える。

本章では，グローバル商取引法の柱の一つとして重要な UNIDROIT 原則における不履行(non-performance)の規定について，条文，注釈(comments)，例示(illustration)，および若干の判例からその内容をより具体的に検証するものである。

筆者がこの最終章において CISG ではなく UNIDROIT 原則を選択した理由を述べたい。その最大のものは，CISG と異なった新しいアプローチを試みているからである。[12] 具体的には第一に，対象を特定の種類の取引に限定することなく，契約法一般を広くカバーしているため，一般的契約法原則として適用される可能性が高いと考えるからである。[13] 第二に，国家法の統一を目指すものではなく既存の国際契約法の再記述(restatement)を原則としていることから内容に合理性があることがあげられる。[14] 第三に，国際取引においてより説得力ある規則を採用するという起草方針(better approach rule)を採用していることがある。[15] 第四に，CISG の様に条約という形式ではないため，各国のコンセンサスを必要としないため，[16] 合意が困難なテーマも取り上げられており，重要なテー

---

[11] ヨーロッパ中世において，そもそも商慣習法(*lex mercatoria*, law merchant)の発生は，国家法の欠点を補うためであったとされる (William Blackstone, *Commentaries on the Law of England* (15th ed.), Vol. I , at 273 (1809), London.

[12] Michael J.Bonell, *The UNIDROIT Principles of International Commercial Contracts and the Harmonization of International Sales Law,* in Foundations and Perspectives of International Trade Law 298-301 (Ian Fletcher et al., eds., 2001). また CISG と UNIDROIT 原則との比較・関係については，ミヒャエル・ヨアヒム・ボネル／末次克己(訳)「『ユニドロワ国際商事契約原則』と『ウィーン売買条約』─両者は択一的か補完的か」ジュリスト第 1131 号 66-71 頁(1998 年 4 月 1 日)，新堀聰「グローバル商取引法各論 その二 ユニドロワ国際商事契約原則(1)-(3)」JCA ジャーナル第 50 巻 2 号-4 号(通巻第 548 号-第 550 号，2003 年 2 月-4 月)参照。

[13] Michael Bridge, *The International Sale of Goods: Law and Practice* 54-56 (1999).

[14] Restatement という試みは，アメリカにおける各法律分野のリステイトメントが成功しているといえるが，UNIDROIT 原則はそれに加えて今後主流となる考えを先に取り入れてしまうという考え方(Pre-state；前述)という考え方も積極的に採用している点が斬新である。

[15] 条約等では，どのルールが大多数の国で採用されているかを基準にルールを決定する方式(common core rule approach)を採用することが多い。

マを幅広く検討対象としていることがあげられる。

これらを総合するとUNIDROIT原則の特徴として，国際条約として厳格な手続を経ているものではなく各国の契約法，国際取引法の学者を中心とする再記述という形式を採用している点があげられる。その利点として，コンセンサスが不要であることから先進的で合理的なものを作成することが可能となる。一方その欠点として学者の自己満足に陥ってしまう可能性がある，という面も同時に孕んでいる。しかし後者の問題は現状を見る限り杞憂になりそうである。2005年9月末のデータによると，[17]条約として1988年発効のCISGに関するものは裁判例491件，仲裁60件あり，モデル法として1994年公表の本原則に関するものは裁判例16件，仲裁60件ある。これらから条約でもないモデル法が現実に引用・言及され判断・解釈の根拠とされる事例が比較的多く，特に仲裁廷で頻繁に利用され始めていることから，その有用性が裏付けられているといえる。[18]商学的な合理性，つまり企業の行動様式という観点から仲裁の利用が増加傾向にあり，積極的であることは，グローバル商取引法のあるべき方向性を示しているように感じられる。また法原則を参考にしながら企業の行動原理に則して判断・行動しており，これは長く不変である。ここでいう積極的とは，当事者が契約で準拠法の合意がある場合であっても，仲裁人は *lex mercatoria* の観点，商学的合理性の観点から[19]UNIDROIT原則を判断基準として採用する事例が見られる。以上から，世界的な商取引の判断基準としてUNIDROIT原

---

[16] UNIDROIT作業部会の各メンバーは，各国の代表ではなくあくまで個人として参加している。
[17] www.unilex.infoによる。以下本文中等で仲裁裁定を引用する際には，このデータベースから入手している。そのため以下個々の入手先は省略する。
[18] 実際UNIDROIT原則は，CISGの適用を受けない国際商取引の契約法として採用される事例が徐々に増加し始めている，という(Bonell, *supra* note 12, at 302-304.)。
[19] 商学的合理性の観点については，拙稿「国際商慣習法における商学的規範の重要性」神戸外大論叢第53巻4号47-54頁(2002年9月)参照。
[20] UNIDROIT原則の前文にあるように，その目的は主として三点ある。第一に，当事者が自主的に採用することで契約約款(*lex contractus*)としての役割，つまり特定の取引に最適となるよう修正するための現代法の一般原則(*ius commune*)として利用されること。第二に，準拠法としての特定国の実体法を補足(supplementing)し，解釈する際の指針として利用されること。第三に，現存している国際的な統一法を補足・解釈する際の指針として利用されること，がある(Michael Joachim Bonell ed., *A New Approach to the International Commercial Contracts The UNIDROIT Principles of International Commercial Contracts* 8-13 (1999).

則の重要性および将来性を強く感じ，ここでその規定内容を検討することは意義深いことであると考える[20]。

またほとんどの国際商取引は問題なく履行され終了しているが，大きな問題が発生した場合には，当事者の義務と契約違反の結果に関する合意内容の問題が常に付随しており[21]，そのため不履行の問題点を事前に理解し，明確に把握することで，迅速かつ活発な国際商取引を導くことになるであろう。それでは以下，具体的に見ていきたい。

2 Hardshipに関する規定

UNIDROIT原則は前文(Preamble)および第1～10章から構成されている[22]。本稿では不履行に関する規定として，第6章第2節のハードシップ(Hardship)[23]および第7章第1節の不履行一般(Non-Performance in General)があり，まずHardshipに関する規定について見ていきたい。

第6.2.1条では，契約の一般原則である「契約は守らなければならない」についての規定があり，次いで第2条でHardshipが次のように定義づけされて

---

[21] John O. Honnold, *Uniform Law for International Sales*, vii (preface to the third edition) (3d ed. 1999).
[22] 第1章 General Provisions，第2章 Formation and Authority of Agents，第3章 Validity，第4章 Interpretation，第5章 Content and Third Party Rights，第6章 Performance，第7章 Non-Performance，第8章 Set-Off，第9章 Assignment of Rights, Transfer of Obligations, Assignment of Contracts，第10章 Limitations Period から構成される。
[23] Hardshipについては，日本語に相当する適訳がないため，カタカナ表示が一般的であり，名古屋大学の加賀山教授がHardshipを「事情変更」と訳しておられる。Hardshipの概念自体は大陸法の概念であり(ラルフ・フォルソン(Ralph H. Folsom)，マイケル・ゴードン(Michael W. Gordon)，ジョン・スパニョール(John A. Spanogle)著柏木昇・久保田隆訳『アメリカ国際商取引法』89頁(2003年，木鐸社))，大陸法では「事情変更の原則」に相当する。この原則については，勝本正晃『民法に於ける事情変更の原則(復刻版)』(有斐閣，1971年，初版1926年)，五十嵐清『契約と事情変更』(有斐閣，1969年)がある。近年の優れた文献として，吉政知広「契約締結後の事情変動と契約規範の意義(一)(二・完)」民商法雑誌第128巻第1号43-83頁(2003年4月15日)，同第2号169-197頁(2003年5月15日)がある。大陸法では信義則の一部とされている。英米法ではHardshipに相当する概念はなく，Bryan A. Garner, editor in chief, *Black's Law Dictionary* 734 (8th ed. 2004)では，不便なこと(*ab inconvenienti*)等の一般的説明のみであり，詳細はない。ハードシップ条項を契約書に記載するのは大陸法諸国においてであり，英米ではあまり実例がないようである(唐澤宏明『国際取引(新版)』86頁(同文舘出版，2003年))。

いる。

第 6.2.2 条(ハードシップの定義)

ある出来事が生じたため,当事者の履行に要する費用が増加し,または当事者の受領する履行の価値が減少し,それにより契約の均衡に重大な変更がもたらされた場合において,次の各号の定める要件が満たされるときは,ハードシップが存在する。

(a) その出来事が生じ,また不利な立場の当事者がそれを知るに至ったのが契約締結後であること

(b) その出来事が不利な立場の当事者にとって契約締結時に,合理的にみて考慮しうるものではなかったこと

(c) その出来事が,不利な立場の当事者の支配を越えたものであること

(d) その出来事のリスクが,不利な立場の当事者により引き受けられていなかったこと

本条では七つの注釈が付されているため,以下それに基づき見ていきたい。第一に,Hardship に該当する要件として,(a)から(d)の4項目を満たした上で,契約の均衡(equilibrium)を変更する重大な(fundamentally)事態の発生が必要で

---

[24] UNIDROIT 本部は各国語の翻訳作業を,複数の版が存在することによる混乱を回避するという目的から,一種類のみ認めている。その責務は日本では作業部会に参加されていた廣瀬久和教授および現在参加されている内田貴教授が授権および義務とされ,公式な訳として,曽野和明・廣瀬久和・内田貴・曽野裕夫訳「ユニドロワ国際商事契約原則」NBL 第 754 号 53-66 頁(2003 年 2 月 1 日)があるが,これは条文自体,いわゆる black-letter rules のみである。注釈および例示が含まれている公式な訳としては,曽野和明他訳,前掲注7,がある。基本的に訳文はこの訳書によるが,一部筆者が修正している。なお名古屋大学の加賀山茂教授が Web site 上で私訳を公開されている(http://www.nomolog.nagoya-u.ac.jp/~kagayama/civ/contract/unidroit/unidroitj.html)。

[25] Article 6.2.2 (Definition of hardship)

There is hardship where the occurrence of events fundamentally alters the equilibrium of the contract either because the cost of a party's performance has increased or because the value of the performance a party receives has diminished, and

(a) the events occur or become known to the disadvantaged party after the conclusion of the contract;

(b) the events could not reasonably have been taken into account by the disadvantaged party at the time of the conclusion of the contract;

(c) the events are beyond the control of the disadvantaged party; and

(d) the risk of the events was not assumed by the disadvantaged party.

あることが定められている。

　第二に，ここでいう「契約の均衡に関する重大な変更」とは何か，ということである。状況の変化により契約上の履行義務は影響されない，とする一般原則（第6.2.1条）[26]から，重大な変更のみその対象となりうる。そしてその判断は個々の事例による，という。例えば金銭的算定が可能な場合，ここでは履行コストまたは履行自体の価値が50％を超えるときには重大な変更と判断される可能性がある，と示唆している[27]。例示として次の事件がある[28]。

　（例示1）　1989年9月東ドイツのA（買主）が旧社会主義国である東欧の他国のB（売主）から電子機器（electronic goods）の売買契約を締結した。引渡しは1990年12月であったが，1990年11月に東西ドイツが統合（unification）した。そのためAにとって資本主義市場が開放されたため，Aにとって当該商品価値は消滅した。そこでAは契約締結時の状況を比較し，劇的な変化（radical change）を根拠に商品の引取りと代金支払いを拒否した。仲裁廷（arbitral tribunal）では本原則のHardship条項に言及し，契約当時の均衡が劇的に変化したというAの主張を認める裁定をした[29]。

　均衡の問題では，二つの面がある。すなわち履行コストの上昇によるもの，および履行価値自体の減少によるもの，がある。前者の場合は一般に金銭的履

---

[26] Article 6.2.1 Contract to be observed
　Where the performance of a contract becomes more onerous for one of the parties, that party is nevertheless bound to perform its obligations subject to the following provisions on hardship.
[27] G. Gregory Letterman, *UNIDROIT'S Rule in Practice*, Ch. 4 at 200-201 (2001). ただし，この50％という基準は低すぎる，という批判は多い（H. Van Houtte, *The UNIDROIT Principles of International Commercial Contracts and International Commercial Arbitration,* in UNIDROIT Principles for International Commercial Contracts: A New Lex Mercatoria ? 121 *et seq.* (Institute of International Business Law & Practice ed., ICC Pub. No 490, 1995)）。
[28] Arbitral Award, SG126/90. Schiedsgericht Berlin.　原文illustrationを元に事件の概要を次のものを参考に，それぞれ表現が多少異なっているため筆者が統一した。仲裁判決等は，次から入手した。なお仲裁はその性質上，原則非公開であるため，固有名詞や一部事実について若干あいまいな点がある。http://www.unilex.info/case.cfm?pid=2&do=case&id=627&step=Abstract
　Michael Joachim Bonell ed., *The UNIDROIT Principles in Practice Caselaw and Bibliography on the Principles of Commercial Contracts*, 247-248, 349 (2002); Dietrich Maskow, *Hardship and Force Majeure*, 40 Am. J. of Comp. L. 657, 665-669 (1992).
[29] 東西ドイツ統合により東ドイツ企業にとって売主として，および買主としての面から問題が生じ，多数の紛争が生じた。

行義務でない場合を想定しており，例えば原材料の高騰，新規の安全基準の導入によるコスト増等がある。後者の場合は，履行を受ける当事者にとって，その履行自体に価値がなくなってしまう場合を想定し，こちらでは両当事者がその対象となる。例えば，インフレの急進行といった市場条件の変化，禁輸その他法規制，履行目的の挫折(Frustration of Purpose)等がある。ここでは客観的に測定可能なものでなければならず，また目的挫折では両当事者が履行の目的を知っていたか，もしくは知りうべきであったものでなければならない。後者の例として，以下の仲裁例がある。[30]

米Cubic社は，イラン空軍と1977年に軍用機器(military equipment)の売買および敷設の契約をした。1979年2月のイスラム革命まで忠実に契約は履行されたが，その後履行が困難となった。当事者は何度か交渉したが合意には至らず，結局イラン側は支払い返還(reimbursement of payment)および相手当事者の不履行に基づく損害賠償を求め，またCubic社側は契約金額残額の支払いをまだ受け取っていないという債務不履行に基づく損害賠償を求めた。契約書には準拠法としてイラン法が指定されていたが，結局両者は国際取引の一般原則の付加的適用に合意した。仲裁廷ではその合意に基づき，ICC仲裁規則第13条第5項の規定から，[31] 1994年公表のUNIDROIT原則に基づいて判断するとした。そして本原則第6.2.3条第4項に明示的に言及し，[32] イスラム革命という混乱の結果としてHardshipの存在を認め，各当事者は一方的に(unilaterally)契約の終了もしくは契約条項の修正を要求する権利がある，とした。また第

---

[30] Arbitral Award No. 7365/FMS, ICC International Court of Arbitration, Paris. (05. 05. 1997) Ministry of Defense and Support for the Armed Forces of the Islamic Republic of Iran v. Cubic Defense Systems Inc. (U. S. A.); Bonell ed., *supra* note 28, at 491-493.

[31] 現行ICC仲裁規則(ICC Rules of Arbitration 1998)第17条第2項に相当する。短文なので以下引用する。"In all cases, the Arbitration Tribunal shall take account of the provisions of the contract and the relevant usages." 詳しくは，Yves Derains and Eric A Schwartz, *A Guide to the New ICC Rules of Arbitration* 224-226 (1998)参照。

[32] Article 6. 2. 3 (Effects of hardship)
  (4) If the court finds hardship it may, if reasonable,
    (a) terminate the contract at a date and on terms to be fixed, or
    (b) adapt the contract with a view to restoring its equilibrium.

7.3.6条を引用し、可能であれば原状回復(restitution)を目指すべきであるとした。ただし準拠法であるイラン法を補完する、という趣旨から関連する利息(interest)については第7.4.9条を適用しなかった。これらから、政治的混乱を含む場合には、Hardshipが認められる可能性が高いといえるであろう。

第三に、Hardshipを主張するためには最低限、次の四点を満たさなければならない。

(a) その事態は契約締結後に発生したか、知られたものであること。これは、不利な立場の当事者は、契約締結時にもし知っていればその事実を考慮して交渉したであろうから、事前に知っている場合は認められないとする。当然のことではあるが、その立証が難しい場合も考えられる。

(b) 不利な立場の当事者がその事態の発生を合理的に予見し得なかったこと。契約締結時に予見しえた場合、Hardshipは主張できない、とする。

UNIDROIT原則第6.2.2(Definition of Hardship)の例示を以下見ていきたい。

(例示2) A(売主)は当該地域の政治的緊張が高まる中で、5年間一定の価格でB(買主)に原油(crude oil)の供給契約を締結した。2年後近隣諸国で戦争が勃発し、それがエネルギー危機をもたらし原油価格が急騰した。これらの場合

---

[33] Article 7.3.6 (Restitution)
  (1) On termination of the contract either party may claim restitution of whatever it has supplied, provided that such party concurrently makes restitution of whatever it has received. If restitution in kind is not possible or appropriate allowance should be made in money whenever reasonable.
  (2) However, if performance of the contract has extended over a period of time and the contract is divisible, such restitution can only be claimed for the period after termination has taken effect.

[34] Article 7.4.9 (Interest for failure to pay money)
  (1) If a party does not pay a sum of money when it falls due the aggrieved party is entitled to interest upon that sum from the time when payment is due to the time of payment whether or not the non-payment is excused.
  (2) The rate of interest shall be the average bank short-term lending rate to prime borrowers prevailing for the currency of payment at the place for payment, where no such rate exists at that place, then the same rate in the state of the currency of payment. In the absence of such a rate at either place the rate of interest shall be the appropriate rate fixed by the law of the State of the currency of payment.
  (3) The aggrieved party is entitled to additional damages if the non-payment caused it a greater harm.

予見できたものと判断され，Hardship は認められない。

（例示3） AとBはX国の通貨で売買契約をした。その通貨は他の主要通貨に対してじりじりと値を下げていた(depreciating slowly)。1ヶ月後X国で政治危機が起こり，通貨が80％切り下げられた。X国の通貨価値の急落を予見できないとして，Hardship が認められる。ただしここでの予見可能性についての判断が難しい。というのは，世の中の事柄について単なる想像だけであれば，ほぼ全ての事柄が可能であり，問題は現実性を考慮した予見と区別することが重要である。そうした意味で，蓋然性(probability)という文言が適切であろう。

(c) その発生した事態は，不利な立場の当事者の支配が及ばないものであること。つまりこれは，当事者の責めに帰し得ないものをいう。政治的混乱や禁輸措置等の公的規制等がこれにあたる。

(d) 不利な立場の当事者がその発生リスクを引き受けていなかったこと。

契約とはそもそも事前のリスク配分であるから，商取引ではリスクを引き受けることと引き換えに対価を受領する，ということが根本にある。ここでは「引き受ける(assumption)」という文言から，明示される必要はなく当然に引き受けているものを含む，と解釈される。

（例示4）[35] 保険会社は当該地域での戦争や暴動(insurrection)の危険性がかなり高まったため，その危険に見合う追加保険料を要求した。本来，当初の保険契約締結の際に，保険会社は付随するリスクを本質的に引き受けているものと判断されるので，これは認められない。

第四に，Hardship は未履行部分のみをその対象とする。そのため，履行済み・提供済み部分については認められず，一部が履行済みである場合には，未履行部分のみがその対象となる。

（例示5） AはX国の産業廃棄物処理業者Bと廃棄物貯蔵について4年間トン当たりの固定価格で契約をした。2年後環境保護の運動が進展し10倍の

---

[35] 筆者が若干修正した。

コストがかかるようになった。この場合，残存2年間のみHardshipを主張しうる。

　第五に，Hardshipは，長期契約(long-term contract)を主とするものである。Hardshipは条文で明確に他の契約を排除していないが，長期契約を想定している。これは履行期が一定期間にまたがって行われるものをいう。

　第六に，Hardshipと不可抗力(Force Majeure)の関係について，不可抗力は第7.1.7条で定義されており[36]，一つの事件・事実が両方に該当することもありうる。その相違については，主として当事者がどの救済方法を希望するのかにより異なる。つまり，Hardshipでは，契約は有効とされ，契約関係維持のため契約条件の再交渉がその目的となる。一方，不可抗力であれば，不履行責任から免責されることがその目的となる。

　第七に，Hardshipと契約実務について，本条におけるHardshipの定義は一般的なものであるため，実務ではより詳細で緻密な(more precise and elaborate)条項を必要とするため，本条文を修正して利用すべきであろう。

3 │ Hardshipの効果

　ここでは，Hardshipが上記で認められた場合の効力について見ていきたい。条文は次のように規定している。

　第6.2.3条(ハードシップの効果)[37]

---

[36] 条文については，本章脚注41参照。
[37] Article 6.2.3 (Effects of hardship)
　(1) In case of hardship the disadvantaged party is entitled to request renegotiations. The request shall be made without undue delay and shall indicate the grounds on which it is based.
　(2) The request for renegotiation does not in itself entitle the disadvantaged party to withhold performance.
　(3) Upon failure to reach agreement within a reasonable time either party may resort to the court.
　(4) If the court finds hardship it may, if reasonable,
　　(a) terminate the contract at a date and on terms to be fixed, or
　　(b) adapt the contract with a view to restoring its equilibrium.

(1) ハードシップがあるとされるときには，不利な立場の当事者は，再交渉を要請する権利を有する。この要請は不当に遅延することなく，かつそれを基礎づけるだけの根拠を示していなければならない。
(2) 再交渉の要請は，それ自体は不利な立場の当事者に履行を留保する権利を与えるものではない。
(3) 合理的期間内に合意に達することができないときは，各当事者は裁判所に事項の判断を求めることができる。
(4) 裁判所はハードシップがあると認める場合において，それが合理的であるときは次の各号の判断を行うことができる。
　(a) 裁判所の定める期日および条件により契約を解消すること
　(b) 契約の均衡を回復させるために契約を改訂すること。

以下，注釈に基づいて見ていきたい。

第一に，不利な立場の当事者は再交渉を要求する権利を得る。Hardship はそもそも契約均衡の重大な変更があるため，状況の変化に応じて契約を適合させるよう修正するための再交渉を相手方に請求できる，とする。

（例示1）　X 国にある建設会社 A は，Y 国に工場を建設するため，Y 国政府代理人である B と Lumpsum 契約[38]をした。高精度の機械（sophisticated machinery）のほとんどは外国から輸入する必要があり，決済通貨である Y 国の通貨価値の予期せぬ急落により当該機械の生産コストは 50% 以上増加した。A は変化した状況に適応するよう契約の原価格を再交渉するよう B に請求することができる。ただし A の再交渉の要求は，その契約自体にすでに契約の自動修正に関する条項[39]が存在する場合には認められない。つまりこれは予測できるものおよびそのリスク分担を事前に取り決めている場合には認められない，というものである。

（例示2）　事実関係は例示1と同様で，原材料と労務コストの変更に関連す

---

[38] Lump sum とは，一括払いの契約をいう（田中英夫編集代表『英米法辞典』533 頁（東京大学出版会，1991 年））。
[39] 例えば Escalation Clause, Escalator Clause 等がこれに該当する。

る価格指数条項(Price Indexation Clause)を含んでいるときAは価格の再交渉を要求できない。

しかし契約書中の修正条項(Adaptation Clause)がHardshipとなる事態について規定していない場合には，Hardshipに基づく再交渉は妨げられない，とされる。

（例示3）　事実関係は例示2と同様で，Aのコスト上昇はY国の新しい安全規制の導入を理由とする場合，Aは状況の変化に順応させるよう契約の原価格をBに再交渉するよう要求できる。

第二に，不当に遅延することのない再交渉の要求については，Hardshipとなる事態が発生した後，できるだけ早期になされなければならない。厳密な期限(precise time)は定められておらず，個々の事例によるが，例えば徐々に状況が変化する場合には長期になりうることもある。ただし不利な立場の当事者は，不当に遅延することなく要求しないことだけを理由に，再交渉の権利を喪失することはない。要求に関する遅延は，Hardshipが実際に存在しているかどうか，そしてもし存在している場合の結果について，影響を与える場合がある。つまり合理的な期間内に再協議の要求を相手方にしないと，たとえHardshipが認められる事態が発生していても認められない可能性がある。

第三に，再交渉要求の根拠(grounds)について，本条第1項では(Article6.2.3(1))さらに，相手方当事者の再交渉要求が正当なものであるか否かを正当に判断する機会を与えるために，再交渉要求が基準としている根拠の明示を不利な立場の当事者に課している。この際不十分な要求は，期限内になされたと判断されないが，Hardshipの根拠が明確であり，明示する必要がない場合は別である。再交渉の要求の根拠を示さないことは，不当な遅延(undue delay)から生ずる同様の影響を受けることがある。これは根拠を示した上で再交渉の要求を行うよう不利な立場の当事者に課しているものであり，これにより迅速な取引に配慮した内容といえる。

第四に，再交渉の要求と履行の留保(withholding of performance)について，本条第2項で，再交渉の要求事態が不利な立場の当事者に対して履行を留保す

る権利を与えるものではない，とされる。この根拠は，Hardshipの例外規定からくるもので，救済の乱用リスクの問題でもある。そのため履行の留保は例外的な状況のみ正当化されうる。

（例示4）AはBと建設契約を締結した。その工場はX国で建設されることになっており，その国では契約締結後，新しい安全規制(safety regulations)を採択した。この規制は追加の設備を必要とするものであり，Aに相当の負担となるため，均衡を損なうものであった。Aは再交渉を要求する権利を得る。また価格修正の合意に至っていない場合でも，新規設備を備え付けるまでの期間履行を保留することができることもありうる。こうした場合も微妙であるが均衡を損なうとされても合意に至らない段階では原則履行義務を留保できないとする。その上で個々の判断で留保が可能である，という解釈である。

第五に，信義則(good faith)に基づき再交渉を行うことがある。本条文に明示されていないが，不利な立場の当事者からの再交渉の要求および再交渉過程における両当事者の行為は，信義則の一般原則（第1.7条）および協力義務（第5.1.3条）の制約を受ける。そのため不利な立場の当事者は，Hardshipが実際に存在していることに真摯でなければならず，戦略(manoeuvre)として利用してはならない。また再交渉の要求があると，両者は建設的な方法で再交渉を行わなければならず，特に妨害するような行為，必要な情報を提供しないこと等は差し控えなければならない，とされる。

第六に，合意に至らない場合の裁判所への手段[40]について，両者が合理的期間内に新たな状況を理由として契約条件の修正に合意できない場合，本条(3)では各当事者に裁判所へ訴える手段を与えている。その状況とは，不利でない立場の当事者が再交渉の要求を完全に無視する場合や，誠実に協議したにもかかわらず前向きな結論に至らなかった場合がある。再交渉の期間については，個々の事例によるとされる。

第七に，Hardshipに関する裁判所の対応については，本条第4項により

---

[40] UNIDROIT原則において「裁判所(court)」は仲裁廷を含む（第1.11条）。

Hardshipが存在する場合，裁判所は大きく二つの措置を講じることができる。一つは，契約を終結させる(terminate)こと。その際の日時や条件は裁判所が決定する権限をもつ。もう一つは，第4項(b)の通り均衡を確保するという観点から，裁判所が契約条件を修正すること。その際には損失の当事者間の公正な分配(fair distribution)を目指さなければならない。これには価格修正を含む可能性が高いため，例えば一方がどの範囲まで危険を引き受け，履行を受ける権利をどの範囲まで有しているか，という責任範囲に関しても裁判所が考慮しなければならない。そのため新しい状況の変化により生じた損害をうまく配分することは難しいことがある。本条第4項では，裁判所は合理的であるときのみ，契約を終結または修正できる，と明示している。その判断も難しい場合，唯一の合理的解決方法として，裁判所は現在の契約条件を再確認し，または当事者に交渉を再開するよう指示することができる。

　(例示5)　輸出業者Aは，X国納入業者Bに3年間ビールを供給する契約をした。2年後新しい法律がX国に導入され，それはアルコール飲料(alcoholic drinks)の販売と消費を禁止する，というものである。Bは直ちにHardshipを主張し，Aに再交渉するよう要求した。AはHardshipの事態発生については認めたが，Bの修正案を受諾しなかった。押し問答の末，Bは裁判所へ訴えた。もしBがかなり低価格ではあるが，近隣諸国で販売する可能性があるのならば，裁判所は原契約の有効性を確認し，価格について合意できるレベルまで引き下げることを指示できる。一方でもしBにその可能性がなければ，裁判所は契約を終結し，同時に輸送途上(en route)にある最後の積荷に対する支払いをAに対してBが支払うよう指示することになる。

4 ｜不可抗力に関する規定

　第7章は不履行(Non-Performance)についての規定であり，不可抗力については，その第1節第7条に次のように規定されている。
　第7.1.7(不可抗力)[41]

(1) 債務者はその履行か自己の支配を超えた障害に起因するものであることを証明し，かつ，その障害を契約締結時に考慮しておくことまたはその障害もしくはその結果を回避し，もしくは克服することが合理的にみて期待しうるものでなかったことを証明したときは，不履行の責任を免れる。

(2) 障害が一時的なものであるときは，前項の免責はその障害が契約の履行におよぼす影響を考慮して合理的な期間にのみその効力を有する。

(3) 履行をしなかった債務者は，その障害およびその障害が自己の履行能力に及ぼす影響について債権者に通知しなければならない。その通知が，債務者が障害を知りまた知りうべきであったときから合理的期間内に債権者に到達しない場合，債務者は，不到達の結果生じた損害につき責任を負う。

(4) 本条は，当事者が，契約の解除権を行使すること，または履行を留保し，もしくは支払われるべき金銭の利息を求めることを妨げるものではない。

以下，注釈に基づき順に見ていきたい。

第一に，不可抗力の概念について，本条はコモン・ローの根拠では，フラストレーション(Frustration)，実行不可能性(Impossibility)，大陸法では不可抗力という分野に相当する。不可抗力という文言が選択されたのは，国際貿易において，不可抗力条項として多くの契約書に組み込まれ，幅広く認知されているからである。

(例示1) X国の製造メーカーAは，Y国の公益会社(utility company)であ

---

[41] Article 7.1.7 (Force Majeure)
 (1) Non-performance by a party is excused if that party proves that the non-performance was due to an impediment beyond its control and that it could not reasonably be expected to have taken the impediment into account at the time of the conclusion of the contract or to have avoided or overcome it or its consequences.
 (2) When the impediment is only temporary, the excuse shall have effect for such period as is reasonable having regard to the effect of the impediment on the performance of the contract.
 (3) The party who fails to perform must give notice to the other party of the impediment and its effect on its ability to perform. If the notice is not received by the other party within a reasonable time after the party who fails to perform knew or ought to have known of the impediment, it is liable for damages resulting from such non-receipt.
 (4) Nothing in this article prevents a party from exercising a right to terminate the contract or to withhold performance or request interest on money due.

るBに原子力発電所(nuclear power station)を設置する契約をした。その契約条項によると，Aは10年間その発電所が必要とするすべてのウランを固定価格で供給することを引き受けており，通貨はアメリカドル建て，支払い場所をニューヨークと明示されていた。そして次の事態が発生した。

(1) 5年後，Y国の通貨はX国の1％まで下落した。支払い条項によりそのリスクは両当事者に割り当てられているため，Bの免責は認められない。

(2) 5年後，Y国はY国以外の通貨での支払いを禁止する外国為替規制を課した。Bはアメリカドル建ての支払いから免責される。Aはウラン供給を終結する権利を得る。

(3) 5年後世界のウラン市場は，テキサス州の投機家に買い占められ(cornered)，世界市場におけるウラン価格は契約価格の10倍に高騰した。契約締結時に予見できるリスクであるため，Aはウラン引渡しの免責は認められない。

　第二に，不可抗力の結果，両当事者の権利と義務に与える影響について，本条文は，不履行の重大な(fundamental)場合に履行をまだ受けていない当事者が契約を終了させる権利を制限するものではない。本条項が認められていることは，不履行当事者が，その不履行による損害賠償責任を免除されることである。

　いくつかの例では，損害は履行の妨げとはならず，また多くの例では単に履行の遅延になるにすぎず，その場合本条の効力は，履行のための時間を猶予することとなる。こうした事態における猶予期間(extra time)は，障害が継続するよりも長くなることもある。なぜなら重大な問題が契約の進行において障害となりうるからである。

（例示2）　AはX国に天然ガスパイプライン(a natural gas pipeline)を敷設する契約をした。気象状況のため11月1日から3月31日まで作業は不可能であった。契約では10月31日までに完了しなければならないが，近隣国の内戦(civil war)のため，仕事の開始が1ヶ月遅れ期日内には不可能であった。もし1ヶ月遅れであってもその結果，再開が4月1日まで完了ができないときAは5

ヶ月の遅延が認められうる。

これらから，単なる経済コストが増加する等を理由として不可抗力は認められることは難しく，政治的混乱や公的規制等を理由とする場合の極めて限定された事由のみ不可抗力が認められる可能性がある，といえるであろう。

5 商学的見地からの考察

Hardshipとは，通常，長期供給契約においてその履行が全面的に不可能(totally impossible)ではないが，履行当事者にとって過度に困難(excessively difficult)になることをいう[42]。実務的な観点からHardship条項は有益でなく薦められないという主張もあるが[43]，交渉手続の一段階として，形式的に条項を挿入することにより，相手方に誠実な交渉を促進する効力が有するので，存在意義はあるであろう。

経済的果実をパイに例えるならば，法はパイをできるだけ公平に分ける手段であり，経済はパイを効率的にかつできるだけ多く生産しようとする手段である。商はこうした法や経済の方法を考慮した上でパイという果実を長期的な観点から将来にわたって確実に入手することを行動原理とするものであろう。そのため商学的には，市場・取引に存在し続けることに一つの意義があると考える。法の根本的な目的の一つとして，正義の実現があるといえるだろう[44]。基本

---

[42] James M. Klotz & John A. Barrett Jr., *International Sales Agreements, An Annotated Drafting and Negotiating Guide* 255 (1998).

[43] 北川俊光・柏木昇『国際取引法(第2版)』38-39頁(有斐閣，2005年)。ここでは，特に事情が変わった場合に当事者の機会主義的行動を誘発し，契約の安定性と予測可能性を害することになるため，という。そうした現実からそうしたリスクが高い場合には当該条項を排除し，また当該条項を挿入する際，交渉する場合の条件を厳密にし，交渉期限を厳格にする等の対策が必要である。またHardship条項の交渉義務が認められる要件としては，次の三つがあるとされる。第一に，有効な契約が存在すること。第二に，事情変更に応じた契約調整のために変更する義務を両当事者が負っていること，第三に，一定の交渉余地があること。またドイツのホルンによると，再交渉義務といってもその内容は単に「交渉に応ずる義務」から一定の「情報を提供する義務」および「一定事項についての説明義務」等多様な義務を含んでいるという(山本顯治「契約交渉関係の法的構造についての一考察(三・完)-私的自治の再生に向けて─」民商法雑誌第100巻第5号808頁，809-813頁，818頁脚注2(1989年8月15日号))。当該条項の意義は，問題点を絞り込み，妥協点をどこに見出すか，という機会を与えることにあるため，筆者は当該条項を原則的に必要であると考える。

的かつ普遍的な契約法の大原則として，*Pacta sunt servanda*（Agreement shall be observed；契約は守らなければならない）というものがある。これは一見当然のことであるが，一方で契約締結時の状況が履行時期に根本的に変化した場合に当初の契約どおりの履行を厳格に求めることが「正義」に合致するであろうか，という問いは大昔から存在する。仮に法理論的により厳格な履行を命じたとしても，その結果当事者が破産等に陥れば，商学的見地からすると元も子もなくなってしまう。ない袖は振れないのである。つまり条項が根本的に変化した場合に厳格な履行を要求することは，商取引の本質的な目的と正反対の結果になる可能性が高い。法理論的厳格性はこれを保持しつつ，しかし一方で，商学的な見地からその目的が根本的に覆されるような後発的な事態が発生する場合に備えた理論を確立することが重要である。状況が商取引の目的を根本的に変化させる場合について，事前に一定の要件・手続を明確にした上で当初の契約上の権利義務を合理的に修正・免責する理論を整備することは，法の根本的目的の一つである「正義の実現」に適うことになるであろう。

　Hardshipの問題は特殊な状況に関するもの，いわゆる非常時のものであり，そのため戦争によってこの理論は発展してきたとされる。[45]こうした非常時の原則としては，質的対処方法よりも量的対処方法が優先されることとなる。UNIDROIT原則が商事仲裁において多く利用されているという現実は，そうした量的対処に適した基準が含まれているからであろう。近年は仲裁の訴訟手続化が急速に進展しているが，仲裁の欠点として興味深い見解がある。仲裁では，両当事者の対立する主張について，法的な検討はもとより条理による質的検討をも十分行われず，いわば主張の量的側面，つまり両者の主張を足して2で割るといった折半主義により紛争解決する，という傾向が若干みられるよ

---

[44] 何が正義であるかを誰がどういった手続で判断するかは難しい問題である。ジョン・ロールズ（John Rawls）著田中成明編訳『公正としての正義』（1979年，木鐸社）は興味深い内容であるが，筆者はあまりこの見解に同調しない。残念ながら筆者はここでそのような大テーマを論じる余裕も能力もないので，意見は差し控えるが，オーストリア学派からの優れた文献を一点紹介したい。シャンド（Alexander H. Shand）著中村秀一・池上修訳『自由市場の道徳性』（勁草書房，1994年）。
[45] Maskow, *supra* note 28, at 659.

うである。そうした傾向が一部で残存する商事仲裁において，UNIDROIT 原則において Hardship に関する規定が存在することは，質的な基準を提供しているという面で存在意義があると評価している。商取引では，各国間の制度や理論の相違がある中でも，法理論というある程度安定した枠組みの中で，プロセスよりも結果が重要であり，法はプロセスが重要である。商学的見地からすると，法的手続だけではなく，その前段階，途上の交渉段階を通じて継続的に当事者と交渉する際に有利な状況を模索しながら行われる。

Hardship は経済的均衡に関する理論であり，不可抗力は Hardship を含む実行困難性を伴う免責理論である。この両者の相違を当事者は十分理解し，それぞれの権利と義務を把握した上で活用していくことが重要である。現在わが国は CISG にまだ加入(accession)による締約国となっていないが，日本企業が CISG を準拠法として選択すること，いわゆる Opting-in の問題については，何ら問題ない。UNIDROIT 原則も同様であり，今後は CISG を中心としてそれを補完するものとしての利用が十分考えられる。実際，例えば ICC の国際商慣習委員会は 1997 年 12 月に「ICC モデル国際売買契約書(The ICC Model International Sale Contract)」を公表したが，これは全体として CISG と Incoterms に基づいて起草されている。そのため本書式をそのまま採用する場合，CISG の締約国か否かに関係なく適用されることとなる。今後の世界標準となる可能性が高いと思われる。また UNIDROIT 原則は，筆者個人としては CISG とともに国際商取引における契約法の一般原則として有用性はかなり高いと考えている。

---

[46] 中川善之助・兼子一監修『国際取引』103-104 頁（青林書院, 1973 年）。
[47] 山本顯治「契約交渉関係の法的構造についての一考察(一)-私的自治の再生に向けて-」民商法雑誌第 100 巻第 2 号 198 頁, 218-220 頁(1989 年 5 月 15 日号)
[48] Bernard Audit, *The Vienna Sales Convention for the International Sale of Goods (CISG)* 42,(1998) ; Franco Ferrari, *The Sphere of Application of the Vienna Sales Convention* 30 (1995).
[49] ICC Publication No. 556.
[50] 第 1 条 2 (a)において，特定国の国内法ではなく，CISG を準拠法とすることが定められている。
[51] EU 内での契約法原則の内容が今後，国際商取引原則の形成に大きな影響を与えると思われる。そのため今後，EU 契約法原則との比較研究，または EU 契約法原則の観点から国際商取引契約原則を考察することは，たいへん重要な意義があるものと考える。それゆえ今後の研究課題の一つとしたい。

以上から，CISG および UNIDROIT 原則は今後の国際商取引における世界的標準となる可能性が高く，PECL を含め英米法と大陸法の融合という観点からも契約不履行の免責法理の商学的見地からの考察は，今後も意義深いものであると考える。特に留意すべきこととして，国際商取引は生き物であり，常に変化するということに留意し，現実的な問題に合理的な解決指針を提供する，という普遍的な観点からの検討が重要である。

おわりに

　近年における国際商取引を取り巻く世界的状況の変化には目を見張るものがある。最後に，それらが国際商取引にどのような影響を与えているのか考えてみたい。

　第一に，政治体制の変化を契機とした世界経済における市場経済化への急速な進展が見られる。EUの急速な発展において見られるように，商取引における国内と国外との区別が曖昧になり，そもそもそうした区別をすること自体の意義が急速に薄れつつある。またモノやサービスの商取引だけでなく，資本取引の自由化も漸進的に進み，多国籍企業は特定の国家に所属するという意識が薄れ，純粋に経済合理性を根拠に意思決定を行いつつある。こうした市場経済化の進展により現実に国際商取引は急増しており，その結果として中・先進諸国は経済的豊かさを享受し，今後もこの傾向は一貫して継続することとなり，国際商取引の量的増加は今後も衰えないであろう。

　第二に，インターネットの普及に見られるように，科学技術の急速な進展による桁違いの生産効率性の向上がある。これにより供給コストは劇的に低下し，一般消費財に見られるデフレ現象を引きおこし，経済的利益を享受している。国際商取引においても，ペーパーレス化が進み，電子的手続の導入による時間や距離を超越した取引が可能になり，商取引が活発化している。商取引手段の効率化が進むことにより，特別な知識や経験，ノウハウが乏しくても商取引が可能になり，結果として商取引の量的増加につながっている。

　第三に，科学技術の進展による商取引の専門化・細分化が高度になる傾向が見られる。特に先進国ではモノやサービスの品質の要求が高度化し，取り扱うモノやサービスの内容が高度に専門化している。そのため，従来の売主と買主といった単純な二者だけで商取引が完結する取引はむしろ稀少になり，一つの商取引に外注や専門家，下請け・孫請けといった多数の当事者が関与すること

となり，商取引が高度に複雑化し，それゆえ法的リスク管理も複雑化せざるを得ない状況になりつつある。契約不履行という観点からすると，国際商取引ではいわゆる不特定物の割合が相対的に低下し，反比例的に特定物の割合が増加することになる。今後こうした傾向は科学技術の発展と比例的でなくむしろ加速度的になるであろう。商取引において究極的には，全てのモノやサービスが受注型の生産・供給方式へと向かっていくであろう。そのため商取引における契約不履行の問題について，法理論的制度が実際の商取引契約に，かなりの程度適合するよう根本的に構築せざるを得ない状況が刻々と迫りつつあるのではないかと感じる。ごく近い将来それが確信に変わっていくであろう。具体的には，商取引の契約不履行については，特定物が中心になり，当事者だけでなく第三者の責任をどのように扱うのかについて，根本的に構築する必要があるだろう。

　第四に，商取引の量的拡大に伴い，リスク管理が従来以上に重要になってくると思われる。便益を利益と理解すると, 利益と危険は比例的関係にあるため，顕在化しているものだけでなく，潜在的なリスクもそれだけ増加しているといえるであろう。そのため今後の商取引はリスク管理，とくに企業経営といったマクロ的経営管理の一部分としての法的リスク管理が重要になると思われる。つまり法的観点からでなく，企業としての経営管理的観点と整合性を確保しつつ，その範囲において効率的な法的リスク管理という観点が重要になるであろう。商取引の国際化および多様化という現象面の変化が，質量ともにいかに大きなものであっても，その根本は，契約上のリスク配分と不可避な変化を調整する柔軟性を維持する必要性との間に存在する高い水準の不確実性と固有の緊張によって影響を受けるということである。つまり商取引の成功の可否は，発生しうる可能性を含めた付随するリスクをどう安定的に管理するかにある。

　第五に，商取引におけるリスク管理は，法的なコントロールがもはや不可能なレベルまで拡大しつつあるという事実がある。実際に量的に国際商取引が拡大するにつれて，伝統的な司法制度のみでは，量的に対応が難しくなりつつあり，また全ての紛争を司法制度に持ち込むことは非現実的であり，かつ非効率

的である．そのため商取引上の紛争については，それを解決する，という発想ではなく，それを効率的に処理する，という発想を基本とした制度の構築が必要であるだろう．また商取引の最初から最後までのプロセスにおいて，可能な限り自立的に行うことが重要であり，結果的に効率的となる．つまり Hard Law が主流の時代ではなく，これはあくまで骨格として支えるものであり，商学的な Soft Law が主流とならざるを得ない時代になりつつある．

　第六に，商取引においては，リスク管理を長期間にわたって安定的になされなければならないという現実がある．重要な点は，長期間にわたる安定的なリスク管理である．そのため商取引では，特に特定の産業においては，長期取引契約が頻繁に見られる．そうした場合，法学的な契約書ではなく，むしろ信頼や取引関係といった商学的要素が決定的に重要な役割を果たしている．つまり法学的な制度はコストがかかるが，商学的信頼はいったん確立すると維持コストは低く，安定的なリスク管理を効率的に長期間にわたって可能となる．そうしたことから，国際商取引のリスク管理を法学的な観点からだけではなく，むしろ商学的な観点から把握することが重要になってくるであろう．例えば商取引のリスクを封じ込めるという法学的発想は好ましいものとはいえず，また効率的でもない．なぜならばリスクは利益の源泉であるからである．つまり一定のリスクを保持しつつそれを可能な限り少ないコストで安定的に管理することにより，経済的利益を長期間にわたって安定的に享受するという商学的な発想が重要である．

　国際商取引は本質的にリスクが高いものであるといえるが，それに伴い享受する便益も大きいものといえるであろう．商取引は今後も質量ともに大きく発展していくものであると筆者は考えるが，どれほど変化しようとも，商取引の本質はコストを最小限に抑制し，利益の極大化を図ることにある．この場合のコストには不測の事態というリスクが潜在的にあり，一般にはこれを法的リスクとしてその管理を試みる．これも重要であるが，こうした Hard Law の制度に基づいた法学的リスク管理だけでなく，量的な増加が予想される将来的な国際商取引における不測の事態に対処するというリスク管理においては，むし

ろ商学的リスク管理としての Soft Law の観点から，長期間にわたる安定した効率的なリスク管理という観点を確立することが重要であると思われる。

　本論文では国際商取引における契約不履行について英米における法学的な制度を，できる限り商学的観点から考察を試みた。その過程において筆者が強く感じたことは，商取引においては，国内および国外に関わらず，法学的理論を基礎としつつも，商学的原理である信用や評判という要因が現実的に大きな要因を占めているということである。これは数値化が困難であるため具体的に表現することは難しいが，決定的に重要な要因であることは間違いない。今後，国際商取引の拡大に付随してリスクも比例的に増加するが，その際リスクを法学的観点だけでなく，こうした数値化が困難な商学的観点からの長期間にわたる効率性の高い安定的なリスク管理という観点の確立が重要であると思われる。従来の"*Lex Mercatoria*"（商慣習法）ではなく，21 世紀の新たな"*Principia Mercatoria*"（商取引原則）の構造を精緻に組み立てていくことを目指すべきであろう。

　筆者が私淑する Ludwig von Mises 博士(1881-1973 年)によると「人間は逆境にあっても目的をもって努力し続けるところに価値がある」(*Human Action*)という。長期的展望をもって今後はそうした商学的原理・原則の体系化，客観性を高めること，普遍化していくことが課題であると考える。また「科学はそれ自体で判断しえず，効果を検証するという手段により，社会をより良く理解するための基礎を提供するにすぎない」(*Socialism*)という。学術的な普遍性を導き体系化するとともに，こうした学術的・科学的な普遍性を適時・適切に使いこなせる教養の深化も目指していきたい。

引用文献一覧

〈外国語・単行本(Foreign Language, Books)〉
Applebey, George, *Contract Law* (2001).
Atiyah, Patrick S., *Essays on Contract* (Rev. ed. 1990).
Atiyah, Patrick S., *The Rise and Fall of Freedom of Contract* (1979).
Atiyah, Patrick S., *An Introduction to the Law of Contract* (5th ed. 1995).
Atiyah, Partrick S. & Stephan A. Smith, *An Introduction to the Law of Contract* (6th ed. 2005).
Atiyah, Patrick S, John N. Adams & Hector McQueen, *The Sale of Goods* (11th ed. 2005).
Audit, Bernard, *The Vienna Sales Convention for the International Sale of Goods* (1998).
Barnett, Randy E., *Contracts Cases and Doctrine* (1995).
Beale, Hugh G., *Chitty on Contracts* (General Principles & Specific Principles, 29th ed. 2004).
Beale, Hugh G., W. D. Bishop & Michael P. Furmston, *Contract Cases and Materials* (4th ed. 2001).
Beale, Hugh G. et al., *Cases, Materials and Text on Contract Law* (2002).
Beatson, J., *Anson's Law of Contract* (28th ed. 2002).
Blackstone, William, *Commentaries on the Law of England* (15th ed. 1809).
Blum, Brian A. *Contracts Examples and Explanations* (3d ed. 2004).
Bonell, Michael Joachim ed., *A New Approach to the International Commercial Contracts The UNIDROIT Principles of International Commercial Contracts* (1999).
Bonell, Michael Joachim ed., *The UNIDROIT Principles in Practice Caselaw and Bibliography on the Principles of Commercial Contracts* (2002).
Boyd, C., Andrew S. Burrows & David Foxton, *Scrutton on Charterparties and Bills of Lading* (20th ed. 1996).
Bridge, Michael, *The International Sale of Goods: Law and Practice* (1999).
Bühring-Ule, Christian, *Arbitration and Mediation in International Business* (1996).
Burrows, Andrew, *Remedies for Torts and Breach of Contract* (3d ed. 2004).
Calamari, John D., Joseph M. Perillo & Helen Hadjiyannakis Bender, *Cases and Problems on Contracts* (2d ed. 1989).
Chitty, *A Practical Treatise on the Law of Contract* (1834).
Cooter, Robert D. & Thomas S. Ulen, *Law and Economics* (4th ed. 2003).
Corbin, Arthur Linton, *Corbin on Contracts* (One Vol. ed. 1952).
Crandell, Thomas D. & Douglas J. Whaley, *Cases, Problems, and Materials on Contracts* (3d ed. 1999).
Craswell, Richard & Allan Schwartz, *Foundation of Contract Law* (1994).
D'arcy, Leo, Carole Murray and Barbara Cleave, *Schmitthoff's Export Trade: The Law*

and *Practice of International Trade* (10th ed. 2000).

Dawson, John P., William Burnett Harvey & Stanley D. Henderson, *Cases and Comment on Contracts* (6th ed. 1993).

Derains, Yves & Eric A. Schwartz, *A Guide to the New ICC Rules of Arbitration* (1998).

DiMatteo, Larry A., *The Law of International Contracting* (2000).

Dobbs, Dan B., *Law of Remedies* (2d ed. 1993).

Downes, T. Antony, *A Textbook on Contract* (5th ed. 1997).

Farnsworth, E. Allan, *Contracts* (4th ed. 2003).

Farnsworth, E. Allan, William F. Young & Carol Sanger, *Contracts Cases and Materials* (6th ed. 2001).

Ferrari, Franco, *The Sphere of Application of the Vienna Sales Convention* (1995).

Fletcher, Ian et al eds., *Foundations and Perspectives of International Trade Law* (2001).

Fox, Jr., William F., *International Commercial Agreements* (3d ed. 1998).

Friedman, Lawrence M., *Contract Law in America* (1965).

Fuller, Lon L. & Melvin Aron Eisenberg, *Basic Contract Law* (7th ed. 2001).

Furmston, Michael P., *Cheshire, Fifoot & Furmston's Law of Contract* (14th ed. 2001).

Gilmore, Grant, *The Death of Contract* (2d ed. 1995).

Goldberg, Stephen B. et al., *Dispute Resolution Negotiation, Mediation, and Other Process* (4th ed. 2003).

Guest, A.G., general editor, *Benjamin's Sale of Goods* (6th ed. 2002).

Hamilton, Robert W., Alan Scott Rau & Russell J. Weintraub, *Cases and Materials on Contracts* (2d ed. 1992).

Honnold, John, *Uniform Law for International Sales* (2d ed. 1991, 3d ed. 1999).

Institute of International Business Law and Practice ed., *UNIDROIT Principles for International Commercial Contracts: A New Lex Mercatoria ?* (ICC Pub. No. 490, 1995).

Kessler, Fridrich, Grant Gilmore & Anthony T. Kronman, *Contracts Cases and Materials* (3d ed. 1986).

Klotz, James M & John A. Barrett Jr., *International Sales Agreements, An Annotated Drafting and Negotiating Guide* (1998).

Kritzer, Albert H., *Guide to Practical Applications of the United Nations Convention on Contracts for the International Sale of Goods* (1989).

Kronman, Anthony T. & Richard A. Posner, *The Economics of Contract Law* (1979).

Lawson, Frendrick Henry, *Remedies of English Law* (2d ed. 1980).

Lawson, Richard, *Exclusion Clauses and Unfair Contract Terms* (6th ed. 2000).

Leavell Robert N. et al., *Equitable Remedies, Restitution and Damages cases and materials* (7th ed. 2005).

Letterman, G. Gregory, *UNIDROIT'S Rule in Practice* (2001).

Lewison, Kim, *The Interpretation of Contracts* (2d ed. 1997).

Lord, Richard A., *A Treatise on the Law of Contracts by Samuel Williston* (Williston on Contracts) (4th ed. 1990).

Macaulay, Stewart, et al., *Contracts: Law in Action* (1995).
McGregor, Harvey, *McGregor on Damages* (17th ed. 2003).
McGregor, Harvey, *Mayne and McGregor on Damages* (12th ed. 1961).
McKendrick, Ewan, general editor, *Sale of Goods* (2000).
McKendrick, Ewan ed., *Force Majeure and Frustration of Contract* (2d ed. 1995).
Menger, Carl, *Investigations Into the Method of the Social Sciences* (3d ed. 1996).
Menger, Carl, *Principles of Economics* (1994).
Mises, Ludwig, *Human Action* (4th rev. ed. 1963).
Mises, Ludwig, *Socialism* (1981).
Murray Jr., John Edward, *Contracts: Cases and Materials* (5th ed. 2000).
Murray Jr., John Edward, *Murray on Contracts* (4th ed. 2001).
Nicholas, Barry, *The French Law of Contract* (2d ed. 1992).
Perillo, Joseph M., *Calamari and Perillo on Contracts* (5th ed. 2003).
Pellilo, Joseph M., *Corbin on Contracts* (Rev. ed. 1993).
Pollock, *Principles of Contract* (13th ed. 1950).
Poole, Jill, *Casebook on Contract* (2d ed. 1995).
Posner, Richard A., *Economic Analysis of Law* (6th ed. 2003).
Pothier, R. J. (W.D.Evans transl.), *A Treatise on the Law of Obligations, or Contracts* (1806).
Rendleman, Doug, *Cases and Materials on Remedies* (6th ed. 1999).
Richards, Paul, *Law of Contract* (5th ed. 2002).
Rosett, Arthur & Daniel J. Bussel, *Contract Law and Its Application* (6th ed. 1999).
Samuelson, Paul M., *Economics* (11th ed. 1980).
Sassoon, David M & O. H. Merren, *C.I.F. and F.O.B. Contracts* (4th ed. 1995).
Schoenboard, David et al., *Remedies: Public and Private* (2d ed. 1996).
Sedwick, *Treatise on the Measure of Damages* (1847).
Stein, Peter, *Legal Institutions: The Development of Dispute Settlement* (1984).
Stone, Bradford, *Uniform Commercial Code in a nutshell* (6th ed. 2005).
Summers, Robert S. & Robert A. Hillman, *Contract and Related Obligation* (4th ed. 2001).
Treitel, Guenter H., *An Outline of the Law of Contract* (6th ed. 2004).
Treitel, Guenter H., *Frustration and Force Majeure* (2d ed. 2004).
Treitel, Guenter H., *The Law of Contract* (11th ed. 2003).
Wallach, George I. & William H. Henning, *The Law of Sales under the Uniform Commercial Code* (Rev. ed. 1992).
Whincup, Michael H., *Contract Law and Practice* (4th ed. 2001).
White, James J. & Robert S. Summers, *Uniform Commercial Code* (4th ed. 1995).

〈外国語・論文(Foreign Languages, Articles) (カッコ内は章番号‐脚注番号)〉
Bonell, Michael J., *The UNIDROIT Principles of International Commercial Contracts and the Harmonization of International Sales Law*, in Foundations and Perspectives of International Trade Law 298 (Ian Fletcher et al. eds., 2001).(8-12) (8-18).

Bonell, Michael J., *The UNIDROIT Principles of International Commercial Contracts: Nature, Purpose and First Experiences in Practice, I. Why the UNIDROIT Principles ?*, available at http://www.unidroit.org/english/principles/pre-exper.htm/ .(8-6).

Burton, Steven J., *Combining Conciliation with Arbitration of International Commercial Disputes*, 18 Hastings Int'l & Comp. L. Rev. 637(1995).(7-57).

Businessweek 61 (April 13, 1992). (7-18).

Calabresi, Guido, *Some Thoughts on Risk, Distribution and the Law of Torts*, 70 Yale L. J. 499 (1961). (3-22).

Cartoon, Bernard J., *Drafting an Acceptable Force Majeure Clause*, [1978] J. B. L. 230. (4-80) (6-85).

Charny, David, *Nonlegal Sanctions in Commercial Relationships*, 104 Harv. L. Rev. 373 (1990). (3-49) (5-108).

Clarke, Philip H., *Incorporating Terms into a Contract by a Course of Dealing*, 1979 J. B. L. 23. (6-78).

Coarse, Ronald, *The Problem of Social Cost*, 3 J. L. & Econ. 1(1961). (3-22).

Comment, *Lost Profit as Contract Damages: Problems and Proof and Limitations on Recovery*, 65 Yale L. J. 992 (1956). (2-101) (3-18).

Comments, *Court-Imposed Modifications: Supplementing the All or Nothing Approach to Discharge Case*, 44 Ohio State L. J. 1079 (1983). (6-90).

Comments, *Loss Splitting in Contract Litigation*, 18 U. Chi. L. Rev. 153 (1950-1951). (6-87).

Cooly, John W., *Arbitration vs. Mediation-explaining the differences*, 69 Judicature 263 (1986). (7-47).

Cooter, Robert D. & Melvin A. Eisenberg, *Damages for Breach of Contract*, 73 Cal. L. Rev. 1434 (1985).(4-97).

Danzig, R., *Hadley v. Baxendale: A Study in the Industrialization of the Law*, 4 J. Leg. Stud. 257 (1975). (2-42).

Dayton, Kim, *The Myth of Alternative Dispute Resolution in the Federal Court*, 76 Iowa L. Rev. 889 (1991). (7-18).

Farnsworth, E. Allan, *Legal Remedies for Breach of Contract*, 70 Colum. L. Rev. 1208 (1970). (3-14).

Friedman, Lawrence M. & Stewart Macaulay, *Contract Law and Correct Teaching: Past, Present, and Future*, 1967 Wis. L. Rev.805. (5-68).

Fuller, Lon L., *The Forms and Limits of Adjudication*, 92 Harv. L. Rev. 352 (1979).(7-32).

Fuller, Lon L. & William R. Perdue, *The Reliance Interest in Contract Damages*, 46 Yale L. J. 52 (1973). (2-61).

Galanter, Marc, *The Emergence of the Judge as a Mediator in Civil Cases*, 69 Judicature 257 (1986). (7-52).

Galanter, Marc, *Reading the Landscape of Disputes: What We Know and Don't Know (and Think We Know) about our Allegedly Contentious and Litigious Society*, 31 U. C. L. A. L. Rev. 4 (1983). (7-18).

Gillette, Clayton P., *Commercial Rationality and the Duty to Adjust Long-Term Contract*,

69 Minn. L. Rev. 521(1985). (5-100).
Goetz, Charles & Robert E. Scott, *Liquidated Damages, Penalties and the Just Compensation Principle: Some Notes on an Enforcement Model and a Theory of Efficient Breach*, 77 Colum. L. Rev. 593. (3-61).
Hawkland, William D., *The Energy Crisis and Section 2-615 of the Uniform Commercial Code*, 79 Com. L. J. 75 (1974). (6-49).
Hensler, Deborah R., *What We Know and Don't Know about Court-Administered Arbitration*, 69 Judicature 270 (1986). (7-16).
Hillman, Robert A., *Court Adjustment of Long-Term Contracts: An Analysis under Modern Contract Law*, 1987 Duke L. J. 1. (5-111).
Holmes, Oliver Wendell, *The Path of the Law*, 10 Harv. L. Rev. 457 (1897). (3-27).
Horwitz, Morton J., *Book Review, Grant Gilmore, The Death of Contract*, 42 U. Chi. L. Rev. 787 (1975). (2-42).
Houtte, H. Van, *The UNIDROIT Principles of International Commercial Contracts and International Commercial Arbitration*, in UNIDROIT Principles for International Commercial Contracts: A New Lex Mercatoria ? 121(Institute of International Business Law & Practice ed., ICC Pub. No.490, 1995). (8-27).
Joskow, *Commercial Impossibility, the Uranium Market and the Westinghouse Case*, 6 J. Leg. Stud. 119 (1977). (5-50).
Kornhauser, Lewis A., *Reliance, Reputation and Breach of Contract*, 26 J. L. & Econ. 691 (1983). (3-52).
Lambros, Thomas D., *The Summary Jury Trial: An Effective Aid to Settlement*, 77 Judicature 6 (1993). (7-42).
Levy, David A., *Contract Formation under the UNIDROIT Principles of International Commercial Contracts, UCC, Restatement, and CISG*, 30 UCC L. J. 249 (1998). (8-1).
Lieberman, J. & J. Henry, *Lessons form the Alternative Dispute Resolution Movement*, 53 U. Chi. L. Rev. 424. (1986).
Lind, E. Allan et al., *In the Eye of the Beholder: Tort Litigant's Evaluations of their Experiences in the Civil Justice System*, 24 L. & Soc. Rev. 953 (1990). (7-42) (7-66).
Macaulay, Stewart, *An Empirical View of Contract*, 1985 Wis. L. Rev. 465 (1985). (5-101).
Macaulay, Stewart, *Non-Contractual Relations in Business*, 28 Am. Soc. Rev. 55 (1963). (3-38) (5-107) (5-109).
MacNeil, Ian R., *Contracts: Adjustment of Long-Term Economic Relations under Classical, Neoclassical, and Relational Contract Law*, 72 NW. U. L. Rev. 854 (1978). (3-51) (5-110).
MacNeil, Ian R., *Economic Analysis of Contractual Relations*, 75 NW. U. L. Rev. 1018 (1981). (3-50).
Maskow, Dietrich, *Hardship and Force Majeure*, 40 Am. J. of Comp. L. 657 (1992). (8-28).
On Trial, Survey of the Legal Profession, Supplement to Economist 12 (July 18, 1992). (7-30).
Page, William Herbert, *The Development of the Doctrine of Impossibility of Performance*,

18 Mich. L. Rev. 589 (1920). (5-10) (6-11).
Palay, *A Contract Does Not [sic] A Contract Make*, 1985 Wis. L. Rev. 561. (5-112).
Patterson, *Constructive Conditions in Contracts*, 42 Colum. L. Rev. 903 (1942). (5-18).
Polinsky, Mitchell, *Risk Sharing through Breach of Contract Remedies*, 12 J. L. & Econ. 427 (1983). (3-36).
Posner, Richard A., *The Summary Jury Trial and Other Methods of Alternative Dispute Resolution: Some Cautionary Observations*, 53 U. Chi. L. Rev. 366 (1986). (7-42).
Posner, Richard A. & Andrew M. Rosenfield, *Impossibility and Related Doctrines in Contract Law: An Economic Analysis*, 6 J. Leg. Stud. 83 (1977). (3-34) (5-4) (5-106).
Prance, Norman, *Commercial Impracticability: A Textual and Economic Analysis of Section 2-615 of the Uniform Commercial Code*, 19 Ind. L. Rev. 457 (1986). (5-26).
Quillen, Gwyn D., *Contract Damages and Cross-Subsidization*, 61 South. Cal. L. Rev. 1125 (1988). (3-13).
Riskin, Leonard L., *The Social Place of Mediation in Alternative Dispute Processing*, 37 U. Flo. L. Rev. 19 (1985). (7-53).
Rosenberg, J. D. & H. J. Folberg, *Alternative Dispute Resolution: An Empirical Analysis*, 46 Stanf. L. Rev. 1487 (1994). (7-63).
Sander, Frank E. A., *Alternative Methods of Dispute Resolution: An Overview*, 37 U. Flo. L. Rev. 1 (1985). (7-32).
Schmitthoff, Clive M., *Hardship and Intervener Clause*, 1980 J. B. L. 82. (6-28).
Scott, Robert E., *Conflict and Cooperation in Long-Term Contracts*, 75 Calif. L. Rev. 2005 (1987). (5-93).
Shavell, Steven, *Alternative Dispute Resolution: An Economic Analysis*, 24 J. Leg. Stud. 1 (1995). (7-1).
Slawson, W. David, *The Role of Reliance in Contract Damages*, 76 Corn. L. Rev. 197 (1990). (3-26).
Speidel, Richard E., *Court-Imposed Price Adjustments Under Long-Term Supply Contracts*, 76 Nw. U. L. Rev. 369 (1981). (5-90).
Wallach, George I., *Anticipatory Repudiation and the UCC*, 13 U. C. C. L. J (1980). (2-110).
Weintraub, Russel J., *A Survey of Contract Practice and Policy*, 1992 Wis. L. Rev. 1. (5-65).
Wladis, John D., *Impracticability as Risk Allocation: the Effect of Changed Circumstances upon Contract Obligations for the Sale of Goods*, 22 Geo. L. Rev. 503 (1988). (5-11).
Symposium on Alternative Dispute Resolution, 44 UCLA L. Rev. 1613 (1997). (7-65)

〈日本語・単行本(Japanese, Books)〉
浅田福一『国際取引契約の理論と実際』同文舘出版，1996年。
アリストテレス『ニコマコス倫理学(上)(下)』岩波文庫，1973年。
五十嵐清『契約と事情変更』有斐閣，1969年。
石川明・三上威彦編著『比較裁判外紛争解決制度』(慶應義塾大学地域研究センター叢書 CAS) 慶應義塾大学出版会，1997年。
石黒一憲『国際民事訴訟処理の深層』日本評論社，1992年。

磯村保他編『契約責任の現代的諸相(上巻)』東京布井出版，1996年。
伊藤正己編『英米法概論』青林書院，1961年。
岩崎一生『英文契約書―作成の理論と実務(全訂新版)』同文舘出版，1998年。
内田貴『契約の再生』弘文堂，1990年。
内田貴『契約の時代』岩波書店，2000年。
内田貴『民法Ⅱ　債権総論』東京大学出版会，1997年。
甲斐道太郎他編『注釈国際統一売買法Ⅰ・Ⅱウィーン売買条約』2000年，2003年。
勝本正晃『民法に於ける事情変更の原則(復刻版)』有斐閣，1971年(初版1926年)。
加藤雅信・藤本亮編『日本人の契約観』三省堂，2005年。
亀田尚己・小林晃・八尾晃『国際商取引入門』文眞堂，2004年。
唐澤宏明『国際取引(新版)』同文舘出版，2003年。
川島武宜『日本人の法意識』岩波新書，1967年。
北川俊光・柏木昇『国際取引法(第2版)』有斐閣，2005年。
木下毅『英米契約法の理論(第二版)』東京大学出版会，1985年。
クーター＆ユーレン(Cooter, Robert D. & Thomas S. Ulen)著太田勝造訳『新版　法と経済学』商事法務研究会，1997年。
久保宏之『経済変動と契約理論』成文堂，1992年。
小林秀之・神田秀樹『「法と経済学」入門』弘文堂，1986年。
近藤昌昭他『仲裁法コメンタール』商事法務，2003年。
佐伯啓思『アダム・スミスの誤算』PHP新書，1999年。
潮見佳男『契約責任の体系』有斐閣，2000年。
シャンド(Shand, Alexander H.)著中村秀一・池上修訳『自由市場の道徳性』勁草書房，1994年。
ジュリスト増刊「新仲裁法の理論と実務」有斐閣，April, 2006年。
シュレヒトリーム(Schlechtriem, Peter)著内田貴・曽野裕夫訳『国際統一売買法』商事法務，1997年
シュロッサー(Schlosser, Peter)他著小島武司編訳『各国仲裁の法とプラクティス』(日本比較法研究所翻訳叢書30)中央大学出版部，1992年
曽野和明・山手正史『国際売買法』青林書院，1993年。
曽野和明他訳『UNIDROIT 国際商事契約原則』商事法務，2004年。
高桑昭・江頭憲治郎編『国際取引法(第二版)』青林書院，1993年。
田中和夫『英米法概説(再訂版)』有斐閣，1981年。
田中英夫『英米法総論(上)(下)』東京大学出版会，1980年。
棚瀬孝雄『紛争と裁判の社会学』法律文化社，1991年。
中川善之助・兼子一監修『国際取引』青林書院，1973年。
中村弘『製造物責任の基礎的研究』同文舘出版，1995年。
中村弘『貿易契約の基礎』東洋経済新報社，1983年。
中村弘・田口尚志『貿易業務論(第9版)』東洋経済新報社，2002年。
新堀聰『国際統一売買法』同文舘出版，1991年。
新堀聰『貿易取引入門』日本経済新聞社，1992年。
日本文化会議編『日本人の法意識』至誠堂，1973年。

則定隆男『契約成立とレター・オブ・インテント』東京布井出版，1990年。
則定隆男『レター・オブ・インテントの用途と書き方』東京布井出版，1995年。
バセドウ，ユルゲン(Basedow, Jürgen)編半田吉信他訳『ヨーロッパ統一契約法への道』法律文化社，2004年。
樋口範雄『アメリカ契約法』弘文堂，1994年。
ヒックス，リチャード(Hicks, John Richard)著新保博・渡辺文夫訳『経済史の理論』講談社学術文庫，1995年。
平井宜雄『損害賠償法の理論』東京大学出版会，1971年。
フォルソン・ゴードン・スパニョール(Folson, Ralph H., Michael W. Gordon & John A. Spanogle)著柏木昇久保田隆訳『アメリカ国際商取引法(第6版)』アメリカ・ビジネス法シリーズ12)木鐸社，2003年。
ブラウカー(Braucher, Robert)＆道田信一郎『アメリカ商取引法と日本民商法Ⅰ売買』東京大学出版会，1960年。
財団法人法曹界編『アメリカにおける民事訴訟の実情』法曹界，1997年。
松浦好治編訳『「法と経済学」の原点』(「法と経済学」叢書Ⅰ)木鐸社，1994年。
松枝迪夫『国際取引法』三省堂，1993年。
丸山英二『入門アメリカ法』弘文堂，1993年。
マーロイ(Malloy, Robin Paul)著馬場孝一・國武輝久訳『法に潜む経済イデオロギー』木鐸社，1994年。
メンガー，カール(Menger, Carl)著八木紀一郎・中村友太郎・中島芳郎訳『一般理論経済学1・2』みすず書房，1984年。
望月礼二郎『英米法(新版)』青林書院，1997年。
森井清『国際商事仲裁』東洋経済新報社，1970年。
守屋善輝『英國契約法概説』有斐閣，1974年。
山田鐐一・佐野寛『国際取引法(第三版)』有斐閣，2006年。
ラムザイヤ(Ramseyer, J. Mark)『法と経済学』弘文堂，1990年。
ラーレンツ，カール(Larentz, Karl)著勝本正晃校閲神田博司・吉田豊訳『行為基礎と契約の履行』(日本比較法研究所叢書)中央大学出版部，1969年。
ロールズ(Rawls, John)著田中成明編訳『公正としての正義』木鐸社，1979年。
我妻栄『債権各論(上巻・民法講義Ⅳ)』岩波書店，1954年。

〈日本語・論文(Japanese, Articles)〉

アルコット，マーク・H．(Alcott, Mark H.)「アメリカにおける訴訟」国際商事法務第21巻第10号1156頁(1993年10月)。(7-18)。
伊澤孝平「不可抗力の意義(一)」民商法雑誌第3巻第3号418頁(1936年)。(6-4)。
稲葉一人「アメリカ連邦裁判所におけるADRの現状と課題(一)～(四・完)」判例時報第1525号，1526号，第1529号，第1530号(1995年6月11日，6月21日号，7月11日号，7月21日号)。(7-7)(7-15)(7-40)(7-43)(7-45)(7-49)(7-56)(7-74)。
岩崎一生「国際取引と訴訟外紛争処理制度」法律のひろば第41巻第4号26頁(1988年4月)。(7-2)(7-67)(7-75)。
岩崎一生「国際取引と訴訟外紛争処理制度―米国におけるADRの動向とその影響[上][下]」

国際商事法務第 14 巻第 10 号 748 頁・第 11 号・844 頁 (1986 年 10 月・11 月)。(7-5)(7-31)(7-68)。

岩崎一生「事情変更による契約の解除」国際商事法務第 19 巻第 2 号 216 頁 (1991 年 2 月)。(6-95)。

植田淳「国際取引契約における Force Majeure 条項と Hardship 条項」神戸外大論叢第 42 巻第 6 号 63 頁 (1991 年)。(6-27)。

大沢秀介「アメリカにおける代替的紛争処理運動に関する一考察」法学研究第 61 巻第 5 号 330 頁 (慶応大学, 1988 年)。(7-10)。

加藤雅信・藤本亮「契約を守る心と破る心(1)〜(3)」ジュリスト第 1255〜1257 号 (2003 年 11 月 1 日号・同 11 月 15 日号・同 12 月 1 日号)。(3-55)。

加藤亮太郎「契約と事情変更について Economic Hardship をめぐるアメリカ法を中心として」国際商事法務第 25 巻第 2 号 133 頁 (1997 年 2 月)。(6-24)。

河上正二「英法における免責条項の個別契約への「組み入れ」と「通知」の法理(一)」法経研究第 17 号 4 頁 (千葉大学法経学部, 1985 年 1 月)。(6-25)。

河上正二「英法における免責条項の個別契約への「組み入れ」と「通知」の法理(二・完)」法学論集第 1 巻第 1 号 100 頁 (千葉大学, 1986 年 9 月)。(6-78)。

北川善太郎「不可抗力免責(上)—英米法を中心として」JCA ジャーナル第 21 巻第 10 号 (1974 年 10 月)。(6-8)。

北山修吾「最近の国際商事仲裁研究における「精緻化」指向と「弾力化」指向(1)〜(3)」JCA ジャーナル第 457 号〜第 459 号 (1995 年 8 月〜10 月)。(7-48)(7-69)。

コルキー, ダニエル・M. (Kolkey, Daniel M.)「米国における代替紛争解決制度概観」自由と正義第 43 巻第 1 号 118 頁 (1992 年 1 月)。(7-54)。

澤田壽夫「UNCITRAL 工業施設建設契約リーガルガイド免責(Exemption)と履行困難(Hardship)条項[上]・[下]」国際商事法務第 12 巻弟 5・6 号 (1984 年 5 月・6 月)。(6-100)。

関戸麦「日本企業が米国民事訴訟で経験する手続法上の論点 Part1〜7」NBL 第 811 号〜第 817 号 (2005 年 6 月 15 日号〜2005 年 9 月 15 日号)。(7-73)。

多喜寛「長期国際契約と事情変更」JCA ジャーナル第 27 巻第 8 号 2 頁 (1980 年 8 月)。(6-96)。

辰巳直彦「契約責任と債務不履行類型—三分体系批判—」『契約責任の現代的諸相(上巻)』1-35 頁 (北川善太郎先生還暦記念, 磯村保他編, 東京布井出版, 1996 年)。(4-10)。

棚瀬孝雄「関係的契約論と法秩序観」『契約法理と契約慣行』72 頁 (棚瀬孝雄編, 弘文堂, 1999 年)。(3-63)。

谷口安平「国際商事仲裁システム高度化のために—国際商事仲裁システム高度化研究会報告」ジュリスト第 1108 号 81 頁 (1997 年 3 月 15 日)。(7-48)。

谷口安平「国際商事仲裁の訴訟化と国際化」法学論叢第 140 巻第 5・6 合併号 1 頁 (京都大学, 1997 年)。(7-48)。

中村嘉孝「国際商慣習法における商学的規範の重要性」神戸外大論叢第 53 巻第 4 号 47 頁 (2002 年 9 月)。(8-19)。

新堀聰「グローバル商取引法各論 その一 ウィーン売買条約(1)」JCA ジャーナル第 49 巻第 1 号 40 頁 (通巻第 535 号, 2002 年 1 月)。(8-2)。

新堀聰「グローバル商取引法各論 その二 ユニドロワ国際商事契約原則(1)-(3)」JCA ジャーナル第 50 巻第 2 号〜第 4 号 (通巻第 548 号〜第 550 号, 2003 年 2 月〜4 月)。(8-12)。

新堀聰「グローバル商取引法と国際商事仲裁」貿易と関税第50巻第10号4頁(通巻第595号，2002年10月)。(8-3) (8-4)。

新堀聰「グローバル商取引法の形成と代替的紛争解決(3・完)」JCAジャーナル第49巻9号80頁(通巻第543号，2002年9月)。(8-9) (8-10)。

日本法社会学会編「法意識の現状をめぐって―シンポジウム日本人の法意識」法社会学第37号(1985年3月)。(3-37)。

野村美明「アメリカにおける裁判外紛争処理」北大法学論集第42巻第4号1067頁(1992年3月)。(7-8) (7-14)。

橋本聰「紛争処理の柔軟化と多様化―アメリカ合衆国連邦地方裁判所を例に(1) (2)」民商法雑誌第105巻第3号・第4号(1991年12月・1992年1月)。(7-17) (7-46)。

林田学「アメリカにおけるADRの現状―その序論的スケッチ」上智法学論集第35巻第1・2合併号18頁(1991年6月)。(7-3) (7-18)。

林田学「アメリカにおけるリゾリューションビジネス―ADR会社と訴訟コンサル会社」比較法第30号53頁(東洋大学，1993年3月)。(7-11)。

樋口範雄「ADR(代替的紛争解決)」法学セミナー第459号10頁(1993年)。(7-35) (7-58)。

樋口範雄「契約を破る自由について」[1983-2] アメリカ法217頁。(3-30)。

藤田泰弘「訴訟社会アメリカにおける企業戦略―仲裁条項の勧め」国際商事法務第19巻第10号1231頁(1991年10月)。(7-25)。

ボネル，ミヒャエル・ヨアヒム(Bonell, Michael Joachim)「『ユニドロワ国際商事契約原則』と『ウィーン売買条約』―両者は択一的か補完的か―」ジュリスト第1131号66頁(1998年4月1日)。(8-12)。

三木浩一「アメリカ合衆国連邦地裁における訴訟附属型ADR［上］［中］［下］」国際商事法務第23巻第10号・11号・12号(1995年10月・11月・12月)。(7-9) (7-11) (7-13) (7-15) (7-36) (7-38) (7-39) (7-43) (7-59) (7-61) (7-62)。

本林徹「不可抗力と免責」『現代契約法体系』124頁(遠藤浩・林良平・水本浩監修，第9巻国際取引契約(2)，有斐閣，1985年)。(6-6)。

山本顯治「契約交渉関係の法的構造についての一考察―私的自治の再生に向けて(1)～(3)」民商法雑誌第100巻第2号198頁・第3号387頁・第5号808頁(1989年5月・6月・8月)。(8-43) (8-47)。

吉田邦彦「契約侵害(債権侵害)に関するアメリカ法の近時の動向」北大法学論叢第38巻5・6合併号(下巻)1605頁(北海道大学，1988年7月)。(3-58)。

吉田邦彦「論文紹介 "Ian R. MacNeil, Economic Analysis of Contractual Relations, 75 Nw. U. L. Rev. 1018 (1981)"」[1989-1] アメリカ法80頁。(3-51)。

吉田豊「不可抗力の概念とその周辺」法学新報第97巻第1・2号72頁(中央大学，1990年)。(6-4)。

吉村德重「裁判外紛争処理の動向とその分析」法政研究第51巻第3・4合併号712頁(九州大学，1985年3月)。(7-19) (7-52)。

吉政知広「契約締結後の事情変動と契約規範の意義(一)(二・完)」民商法雑誌第128巻第1号43頁(2003年4月15日)・同第2号169頁(2003年5月15日)。(8-23)。

レビン久子(Levin, Hisako)「アメリカの最新ADR事情(1)～(24)」JCAジャーナル第42巻第5号(1995年1月)-第44巻第3号(1997年3月)。(7-11) (7-20) (7-50) (7-51) (7-56)

(7-58) (7-60)。

ワトソン，アンドリュー(Watson, Adnrew)「Alternative Dispute Resolution in Britain: Present and Future」法政理論第26巻第3号147頁(新潟大学，1994年)。(7-3)。

特集「契約観・訴訟観・法意識の国際比較―21世紀の日本・法曹教育の基礎を作るために」Jurist 第1297号49-103頁(2005年9月15日号)。(3-53)。

特集「シンポジウム：長期国際取引契約書の作成方法」国際商事法務第7巻第10号(1979年10月)。(6-100)。

特集「ユニドロワ原則：国際契約法への新たな展望」ジュリスト第1131号65頁(1998年4月1日)。(8-7)。

〈辞典・法令集等(Dictionaries, Codes and Rules)〉

Garner, Bryan A. editor in chief, *Black's Law Dictionary* (8th ed. 2004).
ICC Guide to Incoterms 2000 (ICC Pub. No. 620, January 2000)
ICC Force Majeure Clause 2003 ICC Hardship Clause 2003 (ICC Pub. No. 650, February 2003).
ICC Model International Sales Contract (ICC Pub. No. 556, December 1997).
ICC Rules of Arbitration (January 1998).
Restatement (Second) of Contracts (1979).
Uniform Commercial Code official text and comments (2005 ed.).
アメリカ法律協会統一州法委員会全国会議編『UCC2001―アメリカ統一商法典の全訳』商事法務，2002年。
田中英夫編集代表『英米法辞典』東京大学出版会，1991年。
『基本法コメンタール債権総論(第三版)』日本評論社，1987年。

和文索引

【あ 行】

斡　旋 ……………………………………… 153
アメリカ統一商法典 …………………… 4, 11
アメリカの救済法 ………………………… 98

イギリス物品売買法(1979 年) ……… 12, 128
意思の合致 ………………………………… 6
一括払いの契約 ………………………… 198
逸失利益 ………………… 28, 29, 33, 39, 62
一般的文言 ……………………………… 145
インコタームズ ………………………… 187
インフレーション ……………………… 112

ウィーン売買条約 ……………………… 188
得べかりし利益 ………………………… 26
売主，注意せよ ………………………… 107

営利型 ADR 企業 ……………………… 155
エクイティ …………………………… 9, 10
エクイティ裁判所 ……………………… 10
エクイティ上の救済 ……… 10, 18, 21, 23
　　──を求める者は，汚れや偽りがあって
　　　はならない ……………………… 13
エクイティ部 …………………………… 11

王国の一般慣習法 ………………………… 9
王座部 …………………………………… 11

【か 行】

買主，注意せよ ………………………… 107
回避可能な結果の原則 ………………… 46
回避した損害 ……………………… 38, 39
回避した費用 …………………………… 38
価格指数条項 …………………………… 198
価格調整条項 …………………………… 119
確実性の基準 …………………………… 44
確実性の要件 ……………………… 44, 55

過失責任主義 ………………………… 129
借入価値 ……………………………… 28
関係的契約 …………………………… 71
完全履行費用 ………………………… 39

危険回避性向 ………………………… 102
危険引受の黙約 ……… 31, 32, 33, 51, 55
　　──理論 ……………………………… 32
危険負担 ……………………………… 75
期日前拒絶 ……………………… 42, 43, 48
　　──の算定時期 …………………… 43
稀少価値 ……………………………… 13
起草者不利に解釈する，という原則 … 90
基本的信頼利益 ……………………… 38
救済の目的 …………………………… 8
救済範囲の決定 ……………………… 53
救済を与える ………………………… 6
強制し得ない契約 …………………… 6
強制履行 ……………………………… 12
強制力ある ………………………… 5, 6
鏡像の原則 ………………………… 116
共通の錯誤 ……………………… 74, 75
協力義務 …………………………… 200
均　衡 ……………………………… 63
禁　輸 ……………………………… 93

グローバル商取引法 ………………… 187

経済的均衡 ………………………… 70
経済的合理性 ……………………… 18
経済的不均衡 …………………… 56, 70
経済的浪費 ………………………… 46
契　約 …………………………… 3, 5, 6
　　──における関係理論 ………… 120
　　──の解除権 …………………… 142
　　──の基礎的前提 ……………… 105
　　──の均衡に関する重大な変更 … 192
　　──の絶対性 ……………… 74, 76

──は守らなければならない
　　　　　　　　　　　　　　 60, 73, 205
　　──を破る自由 …… 58, 60, 63, 66, 68, 71
契約違反の救済原則 ……………………… 56
契約解除権 …………………………… 146
契約観 ………………………………… 67
契約救済法 …………………………… 61
契約均衡の重大な変更 ……………… 198
契約挫折 ……………………………… 95
契約条項の組み入れ ………………… 142
契約目的の挫折 ………………… 97, 99
契約約款 ……………………………… 190
厳格責任 ……………………………… 76
現実的な制限 ………………………… 14
現実的履行 …………………………… 5
現実の知識 …………………………… 30
原状回復 ………………………… 9, 36, 194
　　──の目的 ………………………… 35
　　──利益 ……………… 34, 35, 36, 40

合　意 ………………………………… 5
後続的損害 ……………………… 43, 46
　　──賠償 ………………………… 39
拘束力ある …………………………… 6
後発的事態 …………………………… 103
　　──の発生 …………… 148, 150, 151
後発的実行困難性 …………………… 101
　　──の理論 ……………………… 98
後発的な事態 ………………………… 205
後発的不能 …………………………… 99
高付加価値製品 ……………………… 17
衡　平 …………………………… 10, 62
　　──法 ……………………………… 3, 9
合理性 ………………………………… 17
効率的違反 …………………………… 60
効率的契約違反 ………………… 25, 67
合理的期間 …………………………… 48
合理人 ………………………………… 39
国王評議会 …………………………… 10
国際物品売買契約に関する国連条約
　　　　　　　　　　　　　　 135, 188
国際民事訴訟 ………………………… 158
コスト回避 …………………………… 102

コモン・ロー …………………………… 8, 9
　　──裁判所 ……………………… 9, 10
　　──上の救済 …………………… 23

【さ　行】

再記述 ………………………………… 189
再交渉 ………………………………… 198
最高法院 ……………………………… 11
財産に対して働く …………………… 10
裁判所の裁量的制限 ………………… 14
裁判所附属仲裁 ……………………… 163
最安値損害回避者 ………… 108, 148, 149
最安値損害回避主体 ………………… 108
差止命令 ………………… 3, 10, 12, 16, 166

市価変動リスク ……………………… 119
事業の挫折 …………………………… 75
市場価格 ……………………………… 29
事情変更の原則 ………………… 73, 135
実行困難 ……………………… 99, 104, 116
実行困難性 …………… 97, 116, 135, 202
　　──の理論 ……………… 97, 115, 117
実行不能 ………………………… 97, 104
　　──理論 ………………………… 99
私的仲裁 ……………………………… 169
私法統一国際協会 …………………… 188
資本材 ………………………………… 17
仕向地基準 …………………………… 43
集団代表訴訟 ………………………… 166
修正条項 ……………………………… 199
上位リスク負担者 …… 61, 62, 102, 108, 119
障　害 ………………………………… 202
商学的合理性 …………………… 17, 18
商慣習法 ………………………… 126, 188
商業的実行困難 ……………………… 114
商業的実行困難性の理論 …………… 99
証拠漁り ……………………………… 160
商取引事業 …………………………… 77
女王座部 ……………………………… 11
書式の戦い …………………………… 117
新規事業の原則 ……………………… 45
信義則 ………………………………… 200
　　──の一般原則 ………………… 200

信託上の義務違反 ················· 25
信用・評判 ······················· 46
信用状統一規則 ··················· 187
信　頼 ····················· 18, 34, 71
信頼費用 ························· 39
信頼利益 ············· 34, 35, 36, 37, 40

スエズ運河閉鎖に関する事例 ····· 103, 104

絶対契約責任 ···················· 118
ゼロサムの取引 ··················· 71
宣言判決 ························· 24

早期中立評価 ···················· 166
訴　訟 ·························· 153
　──における和解 ··············· 162
　──の爆発的増加 ··············· 156
訴訟観 ··························· 67
訴訟提起数の爆発的増加 ·········· 157
訴訟附属型ADR ·················· 156
その他損害 ··················· 38, 39
損害軽減義務 ····················· 46
損害軽減の原則 ··················· 49
損害の疎遠性 ····················· 33
損害賠償 ··············· 9, 16, 19, 23
　──の算定 ····················· 26
　──の範囲 ····················· 70
損害賠償額の予定 ············· 51, 70

【た　行】

対　価 ··························· 32
戴冠式事件 ··················· 75, 99
第三者 ·························· 140
対審型 ·························· 181
代替的紛争解決 ·················· 163
代替的紛争処理 ·················· 161
　──制度 ······················ 153
代替品 ··························· 41
代替品入手価格 ··················· 40
第二次契約法リステイトメント ···· 4, 97, 128
大法官 ··························· 10
大法官裁判所 ····················· 10
大法官府 ························· 10

仲　裁 ····················· 121, 153
　──の訴訟化 ··············· 170, 182
仲裁条項 ························ 182
中立的な第三者 ·················· 173
中立評価人 ······················ 167
長期供給契約 ···················· 117
長期継続関係 ···················· 184
長期契約 ························ 197
長期的観点 ······················· 71
調　停 ············· 153, 154, 169, 171
調停後仲裁 ······················ 172
懲罰的損害賠償 ············ 19, 24, 25

追加(的)費用 ················· 39, 44
通常損害 ··············· 19, 28, 41, 44
積地売買条件 ····················· 42

抵触法 ·························· 188
ディスカヴァリ ·············· 161, 174
　──制度 ······················ 160
デュー・プロセス条項 ············ 164
転売価格 ························· 40
填補賠償額 ··················· 38, 39

統一商法典 ······················· 14
当局の行為 ······················ 141
動産売買法 ······················· 12
当事者勘案原則 ··················· 50
当事者の勘案ルール ··············· 49
同類解釈則 ·················· 90, 134
独自性 ··························· 14
特定的救済 ························ 5
特定物 ··························· 79
特定物売買 ······················· 80
特定履行 ······ 3, 10, 12, 15, 16, 19, 22, 23,
　　　　　　　　　　　　 28, 31, 41, 44
特別な価値 ······················· 13
特別の事情 ······················· 30
取引高の減少 ····················· 49

【な　行】

内在的原因 ······················ 124
捺印証書 ························· 10

日本人の法意識 ……………………………… 67

暖　簾 …………………………………… 45, 46

【は　行】

ハードシップ ………………………… 191, 192
　──条項 ……………………………… 83, 191
　──の効果 ……………………………… 197
陪　審 …………………………………………… 26
売買の合意 ……………………………… 7, 79, 101
パウンド会議 …………………………………… 154
パネル …………………………………… 173, 174

非営利型 ADR ………………………………… 155
ビジネスパーソン …………………… 64, 65, 69
必要量購入契約 ………………………………… 15
人に対して働く ………………………………… 10
評価人 …………………………………………… 177
標準取引条項 ………………………………… 147
非連続的な交換モデル ……………………… 117

不可抗力 ………… 123, 124, 130, 135, 140, 141,
　　　　　　　　142, 146, 197, 201, 202, 206
　──条項 ………… 83, 88, 89, 93, 123, 130,
　　　　　　　　　133, 137, 147, 148, 151
不可能性 …………………………………… 75, 76
不公正契約条項法 ……………………………… 90
不実表示 ………………………………………… 143
付随的信頼利益 ………………………………… 38
付随的損害賠償 ………………………………… 39
不代替物 …………………………… 14, 16, 20, 22
普通法 …………………………………………… 9
物品売買法 ……………………………………… 12
物品売買法(1979年) …………………………… 79
物理的不能 ……………………………………… 99
不当な遅延 ……………………………………… 199
不当利益 ………………………………………… 36
不特定物 …………………………………… 20, 79
プラスサムの取引 ……………………………… 71
フラストレーション ………… 75, 81, 135, 202
　自ら引き起こした── ………………… 84, 85
　──理論 ………… 74, 75, 77, 78, 82, 84, 93, 94,
　　　　　　　　98, 99, 114, 128, 129, 133, 148

不履行 …………………………………………… 201
法以外の制裁 …………………………………… 113
法改正法 ………………………………………… 95
法が救済を与える ……………………………… 5
法的な合理性 …………………………………… 18
法と経済学 ………………… 7, 59, 61, 68, 148
法の一般原則 …………………………………… 190
法の経済分析 …………………………………… 70
補　償 …………………………………………… 24
　──的でないもの …………………………… 24
　──的なもの ………………………………… 24

【ま　行】

マス・カスタマイゼーション ……………… 147

見做される知識 ………………………………… 30
ミニ・トライアル ……………… 172, 173, 174
未履行契約 ……………………………………… 10
未履行の売買契約 ……………………………… 7

名　声 …………………………………………… 18
名目的損害賠償 ………………………………… 24, 41
免　責 …………………………………… 62, 141
　──条項 ……………… 89, 119, 131, 133
　──の組み入れ ……………………………… 144
　──法理 ……………………………………… 133

黙示条件 ………………………………………… 100
モデル不可抗力条項 ………………… 123, 151

【や　行】

約　因 …………………………………………… 6

ユニドロワ国際商事契約原則 ……………… 188

ヨーロッパ契約法原則 ……………………… 139
予見可能性 ……… 31, 50, 53, 54, 59, 62, 70
　──の基準 …………………………………… 83
　──の原則 ………………………………… 49, 58
予見できた事態 ………………………………… 83
予定損害賠償 …………………………………… 19

【ら 行】

履　行：
　——困難性 ……………………………… 136
　——の強制的な効果 …………………… 92
　——の実行困難性 ……………………… 97
　——の保留 ……………………………… 199
　——不能 ………………………… 62, 115, 151
　——目的の挫折 ………………………… 194
　——利益 ……… 8, 15, 19, 26, 31, 34, 35, 36,
　　　　　　　　　　　　　　　　37, 38, 40

——を妨害する事象 …………………… 142
略式陪審審理 ……………………………… 165

レセプツム責任の法理 …………………… 124
レター・オブ・インテント ………… 87, 88
レッセ・フェール ………………………… 128
レンタル価値原則 ………………………… 29

【わ 行】

和解協議 …………………………………… 168
和解促進型 ………………………………… 181

欧文索引

【a】

a reasonable person …………………………… 39
a violation of fiduciary duties ……………… 25
Act of God …………… 124, 126, 127, 129, 145
Action at Law ………………………………… 10
acts of authority …………………………… 141
actual knowledge …………………………… 30
actual performance …………………………… 5
Adaptation Clause ………………………… 199
added expenses ……………………………… 44
additional cost ……………………………… 39
adjustment ………………………………… 171
ADR ……… 153, 154, 155, 157, 158, 162, 163,
　　　　　　166, 168, 174, 176, 183, 184
adversary …………………………………… 181
agreement …………………………………… 5
Alternative Dispute Resolution ………… 153
an agreement to sell ………………… 7, 79, 101
anticipatory repudiation …………………… 42
arbitration …………………………… 121, 169
assessment ………………………………… 26
avoidable consequence rule ……………… 46

【b】

basic assumption ………………………… 105
Battle of the Forms ……………………… 117

better approach rule …………………… 189
binding ……………………………………… 6
Bounded or High-Low Arbitration …… 170

【c】

cas fortuit ………………………………… 124
Caveat emptor …………………………… 107
Caveat venditor ………………………… 107
CDR ………………………………………… 153
certainty test ……………………………… 44
Chancellor ………………………………… 10
Chancery ………………………………… 10
CISG ……………………… 135, 139, 188, 189, 206
class action ……………………………… 166
commercial adventure …………………… 77
commercial rationality …………………… 17
common core rule approach …………… 189
common law ………………………………… 9
common mistake ………………………… 74
compensation …………………………… 24
compensatory …………………………… 24
compromise ……………………………… 171
conciliation ……………………………… 171
conflict of laws ………………………… 188
consequential damages ………… 39, 43, 46
consideration ………………………… 6, 32
contemplation ………………………… 100

contemplation of both parties ········ 50
contemplation of the parties ········ 50
contingency ········ 103
Contra Proferentem 原則 ········ 90
contract ········ 3, 5
coronation cases ········ 75, 99
cost avoidance ········ 102
Cost avoided ········ 38, 39
Cost of complete performance ········ 39
Cost of reliance ········ 39
Court of Chancery ········ 10
Court of Equity ········ 10
Court-Annexed ADR ········ 156
Court-annexed arbitration ········ 163
Court-Connected ········ 156
Court-Related ········ 156

【d】

damage ········ 24
declaratory judgment ········ 24
Decree ········ 10
deed ········ 10
discovery ········ 160
discretionary limitations ········ 14
due process ········ 164
duty to mitigate ········ 46

【e】

Early Neutral Evaluation ········ 166
economic disproportion ········ 56
economic waste ········ 46
efficient breach ········ 60
Ejusdem generis ········ 134
──原則 ········ 90
ENE ········ 166
enforceable ········ 5, 6
equilibrium ········ 63
equity ········ 3, 9, 10, 63
Equity acts *in personam* ········ 10
Equity Division ········ 11
Escalation Clause ········ 51, 147, 150
essential reliance ········ 38
event ········ 103

excuse ········ 62
executory contract ········ 10
Exemption Clause ········ 89, 131
expectation ········ 100
expectation interest ········ 8, 19, 34

【f】

Final Offer (Baseball) Arbitration ········ 170
Fishing Expedition ········ 160
Force Majeure ········ 124, 125, 126, 127, 129, 197
Force Majeure Clause ········ 83, 88
foreseeability ········ 49, 50, 53, 62
Forum Non Conveniens ········ 158
Forum Shopping ········ 159
Free-Standing ADR ········ 156
Frustrated Contracts ········ 95
Frustration ········ 75, 202
frustration of adventure ········ 75
Frustration of Purpose ········ 97, 99, 194

【g】

GAFTA ········ 146
general damages ········ 19, 28, 29, 41
general sweeper up formula ········ 145
good faith ········ 200
goodwill ········ 46

【h】

Hadley 原則 ········ 31, 33, 49, 51, 54
Hardship ········ 191, 194, 195, 196, 197, 198, 199, 200, 204, 205, 206
Hardship 条項 ········ 83, 123, 137, 147, 150, 151, 152, 204
Hardship の効果 ········ 197
He who comes to Equity must come with clean hands. ········ 13
hindered ········ 91

【i】

ICC 仲裁規則 ········ 194
ICC モデル国際売買契約書 ········ 206
ICC のモデル不可抗力条項 ········ 137

ICC モデル契約書 ······ 146
impediment ······ 140
impossibility ······ 62, 75, 76, 202
impossible ······ 99, 104
Impracticability ······ 97, 99, 116, 117, 118
Impracticability of Performance ······ 97
Impracticability 理論 ······ 128
impracticable ······ 104
impractical ······ 99
imputed knowledge ······ 30
in terrorem effect ······ 92
incidental damages ······ 39
incidental reliance ······ 38
INCOTERMS ······ 187
inflation ······ 112
injunction ······ 3, 10, 12, 166
injury ······ 24
ius commune ······ 190

【j】

Judgment ······ 10
jury ······ 26

【k】

King's Bench Divison ······ 11
King's Council ······ 10

【l】

laissez-faire ······ 128
law merchant ······ 126
Law Reform Act 1943 ······ 95
Legal Drafting ······ 95
letter of intent ······ 87
lex contractus ······ 190
lex mercatoria ······ 188, 190
Limitation 条項 ······ 123, 150
liquidated damages ······ 19, 51
litigation explosion ······ 157
litigotiation ······ 162
long-term contract ······ 197
losing contract ······ 35
loss ······ 24
Loss avoided ······ 38, 39

Loss in value ······ 38, 39
lost profit ······ 26, 28, 29
lost volume ······ 49
Lump sum ······ 198

【m】

Med-Arb ······ 172
mediation ······ 169, 171
meeting of minds ······ 6
Mini-Trial ······ 172
Mirror image rule ······ 117
Multidoor Courthouse ······ 175, 181

【n】

Neutral ······ 173, 174, 175
Neutral Evaluator ······ 167, 177
new business rule ······ 45
nominal damages ······ 24, 41
non-compensatory ······ 24
non-legal sanctions ······ 113
Non-Performance ······ 201

【o】

Opting-in ······ 206
Other loss ······ 38, 39, 40

【p】

Pacta sunt servanda ······ 73, 204
PECL ······ 139
plus sum ······ 71
Pound Conference ······ 154
practical limitations ······ 14
pre-state ······ 189
prevented ······ 91
prevention ······ 130
Price Indexation Clause ······ 198
Prohibition 条項 ······ 124, 150
Promissory Estoppel ······ 37
punitive damages ······ 19, 24

【q】

quantum meruit ······ 9
Queen's Bench Division ······ 11

【r】

rarity ……… 13
rationality ……… 17
reasonable time ……… 48
Rebus sic stantibus ……… 73
receptum ……… 124
Re-disposition price ……… 40
reliance ……… 18, 34
reliance interest ……… 34
remoteness of damage ……… 33
rental value ……… 28
replacement goods ……… 41
Replacement price ……… 40
reputation ……… 18
requirement contract ……… 15
requirement of certainty ……… 55
Restatement ……… 4, 58
Restatement(Second) of Contracts … 4, 97
restitution ……… 9, 194
restitution interest ……… 34
risk allocation ……… 75
risk aversion ……… 102

【s】

Settlement Conference ……… 168
settlement in litigation ……… 162
SGA ……… 12
shipped terms ……… 42
special damages ……… 28, 29, 41, 44
specific performance ……… 3, 10, 12
specific relief ……… 5
strict liability ……… 74, 76
sub-contractor ……… 140
Suez Canal ……… 103
Suit in Equity ……… 10
Summary Jury Trial ……… 165
Superior Risk Bearer ……… 61, 102
supervening event ……… 103
Supreme Court ……… 11
Supreme Court of Judicature ……… 11

【t】

tacit agreement ……… 31, 55
the Doctrine of Frustration ……… 74
The Doctrine of Impossibility ……… 99
the Doctrine of Impracticability ……… 97
the effcient breach of contract ……… 25
The ICC Model International Sale
  Contract ……… 206
The law acts *in rem* ……… 10
the requirement of certainty ……… 44
The Sale of Goods Act 1979 ……… 12
Trial ……… 154, 166

【u】

UCC ……… 4, 58
UCP ……… 187
UNCITRAL 国際商事仲裁モデル法
  (1985 年) ……… 121
undue delay ……… 199
unenforceable contract ……… 6
UNIDROIT Principles of International
  Commercial Contracts ……… 188
UNIDROIT 国際商事契約原則 ……… 58,
  139, 188, 189
Uniform Commercial Code ……… 4
unique goods ……… 14, 16
unique value ……… 13
uniqueness ……… 14
universal custom of the realm ……… 9

【v】

Vis Major ……… 124, 125, 127

【w】

withholding of performance ……… 199

【z】

zero sum ……… 71

判例索引

Aluminum Co. of America v. Essex Group Inc. ········ 107, 128, 149
American Trading and Production Corp. v. Shell Int'l Marine Ltd. 事件 ········ 104
Andre & Cie S. A. v. Tradax Export S. A. 事件 ········ 94
Appliances, Inc. v. Queen Stove Works Inc. 事件 ········ 32
Blackburn Bobbin Co., Ltd. v. T. W. Allen & Sons Ltd. ········ 81
Bremer Handelsgesellschaft m. b. H. v. C. Mackprang Jr. ········ 130
Browman v. Columbia Telephone Co. ········ 126
Bunge Corp. v. Recker ········ 109
Bush v. Canfield 事件判決 ········ 36
Center garment Co., Inc. v. United Refrigerator Co. ········ 109
Channel Island Ferries Ltd. v. Sealink U. K. Ltd. ········ 130, 132
Cosden Oil & Chemical Co. v. Karl O. Helm Actiengesellschaft ········ 48
Davis Contractors Ltd. v. Fareham Urban District Council ········ 76
Delano Grower's Coop. Winery v. Supreme Wine Co. ········ 46
Dunkirk Colliery Co. v. Lever ········ 47
Eastern Air Lines Inc. v. McDonell Douglas Corp. 事件 ········ 106, 128, 134
Empresa Exportadora De Azucar v. Industria Azucarera National SA (The Playa Larga) ········ 133
Fairclough Dodd & Jones Ltd. v. J. H. Vantol Ltd. ········ 89
Florida Power & Light Co. v. Westinghouse Electric Corp. ········ 107, 128
Forward v. Pittard ········ 126
Globe Refining Co. v. Lauda Cotton Oil Co. ········ 32, 33
Griffin v. Clover 事件 ········ 45
Hadley v. Baxendale 事件判決 ········ 23, 25
Hickman v. Taylor ········ 160
Huntington Beach School District v. Continental Info. Systems Corp 事件 ········ 109
International Minerals and Chemical Corp. v. Liano, Inc. ········ 128
Intertradax S. A. v. Lesieur-Tourteaux S. A. R. L. ········ 132
Iowa Electric Ligh tand Power Co. v. Atlas Corp. 事件 ········ 106
J. A. Maurer v. United States 事件 ········ 107
J. Lauritzen A. S. v. Wijsmuller B. V. 事件 ········ 78, 85
Jackson v. Union Marine Insurance Co., Ltd. 事件 ········ 77
Joseph Constantine S. S. Line Ltd. v. Imperial Smelting Co., Ltd. ········ 82, 133
Joseph Constantine 事件 ········ 83
Kenford Co., Inc. v. County of Erie ········ 54
Kerr S. S. Co. v. Radio Corp. of America ········ 49, 55
Lamkins v. International Harvester Co. 事件 ········ 32, 49
Lebeaupin v. Richard Crispin & Co. 事件判決 ········ 123, 127
Louis Drey f us & Cie v. Parnaso Cia Naviera ········ 24
Maritime National Fish Ltd. v. Ocean Trawlers Ltd. 事件 ········ 85, 86
Mineral Parkland Co. v. Howard 事件 ········ 106
Ministry of Defense and Support for the Armed Forces of the Islamic Republic of Iran v. Cubic Defense Systems Inc. ········ 194

Morgan v. Manser 95
New Orleans & N. E. R. Co. v. J. H. Miner
　Saw Mfg. Co. 29
Nickoll and Knight v. Ashton, Edridge &
　Co. 80
Nippon Yusen Kaisha v. Acme Shipping
　Corp. 24
Ocean Tramp Tankers Corp. v. V/O
　Sovcracht 事件 84
Oloffson v. Coomer 48
Paradine v. Jane 事件 76, 77, 78, 98
Patton v. Mid-Continent Sys. 61
Peter Dixon & Sons Ltd. v. Henderson,
　Craig & Co., Ltd. 129
Publicker Industry v. Union Carbide
　Corp. 事件 106
Reliance Cooperate Corp. v. Treat 48
Saw Mill Co. v. Nettleship 32

Sciffer v. Board of Educ. 46
Spang Indus. v. Aetne Cas. & Sur Co.
　... 50
Taylor v. Caldwell 事件判決 76, 78, 79
The Eugenia 事件 84
The Super Servan Two 事件 78, 85
Thomas Borthwick (Glasgow) Ltd. v.
　Faure Fairclough Ltd. 事件判決 123
Transatlantic Fin. Corp. v. United States
　... 100, 104
Tsakiroglou & Co. v. Noblee Thorl G. m.
　b. H. 事件 80, 104
Vertue v. Bird 事件 47
Victoria Laundry (Winsor) Ltd. v.
　Newman Industries, Ltd. 事件 29, 32
Winston Cigarette Mach. Co. v. Wells-
　Whitehead Tabacoo Co. 56

〈著者紹介〉

中村　嘉孝(なかむら・よしたか)

神戸市外国語大学助教授，博士(学術)。
1968年　兵庫県生まれ。
1991年　関西学院大学商学部卒業。
　　　　株式会社住友銀行(現・三井住友銀行)を経て
1995年　同志社大学大学院商学研究科博士前期課程　修了
1999年　同志社大学大学院商学研究科博士後期課程　単位取得満期退学
2000年　平安女学院大学　専任講師
2002年　神戸市外国語大学　助教授
2006年　博士(学術)（神戸市外国語大学）
　1997年財団法人貿易奨励会より「英米におけるフラストレーション理論に関する研究」にて「平成9年度貿易奨励賞」を受賞。国際ビジネスコミュニケーション学会，日本貿易学会，国際商取引学会の各会員。
E-mail：nakamura@inst.kobe-cufs.ac.jp

平成18年11月20日　初版発行　　　《検印省略》
　　　　　　　　　　　　　　　　略称：契約不履行

国際商取引における契約不履行
―英米物品売買契約をめぐる商学的考察―

著　者　　中　村　嘉　孝
発行者　　中　島　治　久

発行所　　同文舘出版株式会社
　　　　　東京都千代田区神田神保町1-41　〒101-0051
　　　　　電話 営業(03)3294-1801　編集(03)3294-1803
　　　　　振替 00100-8-42935　http://www.dobunkan.co.jp

Ⓒ Y. NAKAMURA　　　　印刷：萩原印刷
Printed in Japan 2006　　製本：加瀬製本

ISBN4-495-67791-8